Travaux dirigés d'introduction au droit

DROIT FONDAMENTAL
COLLECTION DIRIGÉE PAR
STÉPHANE RIALS

MANUELS

Travaux dirigés d'introduction au droit

sous la direction de

BERNARD BEIGNIER

DOYEN DE LA FACULTÉ DE DROIT
DE L'UNIVERSITÉ DES SCIENCES SOCIALES DE TOULOUSE

CORINNE BLÉRY

MAÎTRE DE CONFÉRENCES À LA FACULTÉ DE DROIT
DE L'UNIVERSITÉ DE CAEN - BASSE-NORMANDIE

PRESSES UNIVERSITAIRES DE FRANCE

ISBN 2 13 054748 6
Dépôt légal — 1re édition : 2004, novembre

6, avenue Reille, 75014 Paris

Sommaire

Présentation

Après un manuel de cours, nous avons souhaité compléter celui-ci par un second manuel de travaux dirigés. En effet, le manuel de cours est réparti en dix leçons qui correspondent aux habituelles dix séances de travaux dirigés d'un semestre. Par ailleurs, depuis longtemps désormais, la pédagogie des facultés de droit est fondée sur l'alliance étroite entre le *cours magistral* (le professeur ou le maître de conférences) et les *travaux dirigés* (parfois l'enseignant magistral, le plus souvent les ATER, les moniteurs ou les chargés de travaux dirigés) : la théorie et la pratique. L'équipe forme un tout. Les travaux dirigés suivent le cours et préparent aux exercices qui peuvent être donnés lors de l'examen final.

Ce second volume a des ambitions raisonnables. Nous avons, en préambule, fourni une méthodologie des divers exercices les plus ordinairement pratiqués dans les séances de travaux dirigés. Cette méthodologie ne dispensera pas l'étudiant désireux de se perfectionner de se reporter vers d'autres ouvrages de méthodes, en particulier le fort précieux livre de MM. Goubeaux et Bihr, *Les épreuves écrites de droit civil,* publié par la LGDJ. Ce ne sont pas non plus les manuels qui manquent en la matière.

Simplement, pour avoir été nous-mêmes étudiants et nous en souvenir, nous ne voulons pas sombrer dans le péché qu'est le perfectionnisme, lequel peut rebuter l'étudiant encore novice. Le professeur est généralement un très bon étudiant... à titre rétroactif. Au premier semestre, ce qui importe c'est bien de connaître l'essentiel (au sens précis du mot) de ce qui est requis. Nous avons insisté sur le *sens* et la *valeur des exercices.* Trop souvent les étudiants les connaissent mécaniquement, sans se demander un instant pourquoi on exige cela d'eux. Un exercice est nécessairement « académique » avec ce que de gratuit comporte un tel qualificatif. Mais les exercices d'une auto-école ne sont-ils pas tout aussi « académiques » ? Un exercice a pour vocation de former un jeune esprit à une discipline infiniment nouvelle pour lui. C'est peu et c'est aussi beaucoup ; c'est, surtout, très suffisant.

Par ailleurs, nous avons sollicité nos propres équipes pédagogiques, renouvelant ainsi la fameuse transaction de Portalis entre les pays de coutume (Caen) et ceux de tradition romaine (Toulouse), sans oublier quelques aides des provinces plus excentrées. Il arrive, souvent, que les manuels de travaux dirigés soient lissés et uniformes. Telle n'est pas la pratique d'une faculté. L'équipe est diverse de toutes les personnalités qui la compose. L'étudiant l'apprendra très vite. Chaque chargé de travaux dirigés a sa manière. Raison pour laquelle nous avons, volontairement, respectée cette enrichissante diversité des hommes.

Nous avons également sollicité de chaque auteur, en sus d'un corrigé type, qu'il fournisse soit des conseils méthodologiques propres à l'exercice demandé, soit un autre plan possible, soit des mises en garde. De cette manière, le manuel se présente vraiment comme une suite de séances de travaux dirigés telles qu'elles se pratiquent au sein de la faculté.

Enfin, nous remercions notre collègue et ami, M. Philippe Le Tourneau, professeur émérite de la Faculté de Toulouse, qui a bien voulu nous autoriser à publier une partie de son fameux fascicule qui a fait le bonheur de nombreuses promotions, à Toulouse et ailleurs. Si le droit requiert de la précision, il suppose l'usage d'une langue exacte, fine et élégante ; s'il a des racines ancestrales, le souvenir du droit romain et du droit canonique se maintient par ces adages qui sont un peu nos souvenirs de famille à nous.

Joubert eut un jour cette réplique : « Adressez-vous aux jeunes gens : ils savent tout ! » Autant dire que c'est avec la grande modestie et l'incompétence croissante de la maturité que nous nous sommes hasardés à ces prolégomènes.

Méthodologie

Les exercices universitaires effectués lors des travaux dirigés et donc susceptibles d'être donnés à l'examen sont de diverses sortes. L'étudiant de 1re année pourra ainsi se trouver confronté au cas pratique, à la dissertation, au commentaire d'arrêt, au commentaire de texte (loi, article du Code civil, doctrine), voire au « QCM » (questions à choix multiple) ou « QRU » (questions à réponse unique). Chaque type d'épreuve obéit à des règles qui seront exposées, puis illustrées (leçons 1 à 10 – cf. *Le manuel de cours d'introduction au droit,* chez PUF).

Conseils généraux

Ce qui semble évident et pourtant n'est pas toujours accompli : il faut lire l'énoncé, c'est-à-dire qu'il faut faire attention à toutes les indications données, notamment aux dates et délais (cas pratique), aux articles cités (commentaire d'arrêt).

Se ménager un temps de réflexion suffisant, mais pas non plus trop long, avant de rédiger la copie. On apprend à gérer son temps notamment en préparant les séances de travaux dirigés : il est ainsi très utile d'apprendre d'abord son cours et de résoudre ensuite les exercices de la séance, cours fermé et en contrôlant le temps. Quelle que soit la durée de l'épreuve – *grosso modo* –, la moitié du temps devrait être consacrée à la préparation et l'autre moitié à la rédaction.

Faire des brouillons utiles : n'utiliser que les *recto,* ne pas rédiger de phrases complètes (et encore moins l'examen tout entier), y noter les différentes idées qui viennent au fur et à mesure de manière suffisamment claire pour pouvoir se relire et s'y retrouver (!), biffer tout ce qui s'avère inutile après plus ample réflexion, numéroter les idées selon l'ordre où elles figureront dans la copie.

Soigner la présentation de la copie : l'écriture doit être lisible ; les fautes de grammaire et d'orthographe ne sont admissibles qu'en quantité infime ; les abréviations, les flèches sont à bannir ; la présentation doit être aérée, aucun intitulé ne devant figurer en bas de page (à noter qu'il ne faut pas mettre de point final ou deux points à la fin d'un intitulé et qu'il est inutile de changer de couleur d'encre). Attention : si le correcteur a besoin d'une loupe, s'il doit se transformer en Champollion, pour déchiffrer la copie, cela lui fait perdre le fil et nuit à sa compréhension du fond, ce qui n'est jamais favorable à l'étudiant. Il ne faut donc jamais oublier qu'une mauvaise forme retentit sur le fond... ce qui se traduit souvent par la perte de quelques points. Là encore, bien préparer ses TD est très utile pour apprendre à rédiger correctement en droit : bien apprendre ses cours, lire les manuels, le Code civil, faire les préparation par écrit permet de se familiariser avec le vocabulaire et le style juridique. L'utilisation d'un lexique de termes juridiques, ou d'un simple dictionnaire de la langue française est très vivement recommandé lors de cette préparation : plus d'un étudiant n'a pas compris un arrêt, un énoncé, parce qu'il a commis un contresens sur le mot « nonobstant », sur l'expression « solution de continuité » ou qu'il a confondu un magasin bien « achalandé » avec un magasin bien « approvisionné » ! (de plus (re)lire Victor Hugo ou Stendhal ne peut que contribuer à l'amélioration du style).

Pour que le Code civil se révèle un instrument utile, il est nécessaire d'en apprendre le maniement. Le jour de l'épreuve – lorsque le Code est autorisé – il serait trop tard pour savoir s'y retrouver. Le mieux est d'étudier son cours le Code à la main et de se référer aux différents articles, à la jurisprudence rendue à leurs propos et citée sous l'article concerné.

La dissertation

L'exercice de la dissertation a longtemps était tenu pour classique dans les facultés de droit, en partant du principe que l'étudiant le connaissait depuis ses études secondaires et qu'il convenait parfaitement à un enseignement essentiellement magistral.

Les choses ont beaucoup changé dans la mesure où la dissertation se pratique nettement moins dans les études secondaires et que le rôle des travaux dirigés a accru le poids des exercices pratiques dans les facultés de droit. C'est dire que cet exercice semble connu de tous alors qu'il est, peut être, de plus en plus méconnu.

Quels conseils donner ?

La dissertation se dénomme parfois « sujet théorique ». L'appellation risque d'être trompeuse : tout sujet peut être considéré comme théorique. Un commentaire d'arrêt est souvent plus théorique qu'une dissertation d'exposé. Disons simplement que la dissertation est l'exercice par lequel l'étudiant prouve qu'il sait dominer un sujet généralement vaste, en développant une pensée personnelle d'une manière cohérente et démonstrative. C'est par excellence le sujet faisant appel aux qualités de l'esprit de synthèse. Autant le cas pratique développe *l'esprit d'analyse,* autant la dissertation suscite *l'esprit de synthèse.* C'est bien en cela que cet exercice académique est vivifiant. L'étudiant en droit contemporain fait trop de la « dissection » du droit (cas pratiques, questionnaires, etc.) et perd peu à peu une certaine largeur de vue qui faisait la réputation des juristes. En pratique, celui qui sait faire une bonne dissertation sera plus tard un bon rapporteur (magistrat) ou un bon rédacteur de conclusions (avocat).

De prime abord, il faut donc comprendre le but recherché par l'exercice : voir les choses d'en haut.

La dissertation suppose une bonne compréhension du sujet donné. C'est une banalité que de le rappeler. Mais il important de dire que le sujet doit être cerné. Trop souvent des contresens redoutables sont commis, conduisant à une impasse et à une note désastreuse. Cette compréhension suppose une relative *méditation* sur le sujet, cela d'autant plus que la plupart du temps le libellé est bref (ex. : La preuve préconstituée), voire sous forme d'une interrogation (ex. : Le Code civil est-il toujours le Code civil des Français ?).

Très vite l'étudiant apprendra que le propre des devoirs de droit est d'être « construits » d'une manière aussi méticuleuse qu'une charpente d'un voilier de la belle époque. Ce souci louable conduit fréquemment les enseignants à tout sacrifier à « l'impératif du plan ». L'usage fréquent de la remise d'un « plan détaillé » lors des exercices de travaux dirigés ne fait qu'aggraver cette dangereuse dérive. *L'étudiant sait faire un plan, mais pas écrire une dissertation.*

Le conseil à donner est qu'un plan n'est que le support d'idées exposées, démontrées et illustrées.

Trop précipitamment, l'étudiant se lance à bâtir un « bon plan » « bien balancé » et ensuite, son squelette ainsi édifié, se demande ce qu'il va bien pouvoir mettre dans son plan. N'est pas qui le veut, le prophète Ézéchiel promettant la vie aux os blanchis.

Il importe donc de dire qu'une dissertation suppose un plan mais que *le plan est au service des idées et non le contraire.*

Lorsqu'on veut faire un gâteau, il ne vient à l'idée de personne de se ruer sur un moule, de se demander ensuite ce que l'on va faire du moule, puis en fonction de sa forme de se dire que cela doit être celui de tel gâteau, de quérir les ingrédients idoines, de les rassembler et de les pétrir. C'est plutôt la démarche inverse qui prévaut. L'on souhaite faire un cake anglais. L'on recherche donc les ingrédients, on les prépare et ensuite on prend le moule qui convient.

Ainsi donc la chronologie de la réalisation d'une dissertation est de savoir quel gâteau on va faire (comprendre le sujet), avec quels ingrédients (la matière), de quelle manière on va l'accommoder (les idées), comment on va le préparer (la démonstration), enfin l'on cherche le moule (le plan) pour cuire le produit fini (la rédaction).

Cela signifie que, dans l'ordre des choses, le candidat doit, en premier, *fixer les limites de son sujet.* Une bonne méthode étant de partir d'une conception large du sujet puis d'éliminer au fur et à mesure de la réflexion ce qui en est manifestement éloigné ou qui ne s'impose pas (l'introduction sert, en partie, à cadrer la dimension du sujet). Cet inventaire « à la Prévert » se fait en vrac. Au début de l'épreuve, cela sert un peu de défouloir à l'esprit inquiet et stressé. À la suite de cela, il faut ensuite réfléchir. L'on ne saurait que trop insisté sur cet élément cardinal de la dissertation (comme par la suite du mémoire ou de la thèse) : la réflexion. Là encore, il s'agit d'une banalité, mais il est bon de la rappeler.

Face à la masse, plus ou moins considérable de la matière assemblée, l'étudiant doit poser la question, introduire le levain dans la farine. Que vais-je pouvoir dire ? Quel est le fil conducteur ? Qu'est-ce qui unit ou divise cette matière ? C'est bien à ce stade que commence véritablement l'exercice intellectuel et où germe la pensée.

Une nouvelle fois, rien ne sert de s'agiter à élaborer un plan à la va-vite. Il faut classer les idées qui viennent à l'esprit : les plus importantes par rapport aux plus accessoires, les plus classiques par rapport aux plus nouvelles, les plus fortes par rapport aux plus contestables. À ce niveau, la farine est enrichie des ingrédients qui vont donner goût et parfum au gâteau.

Ce n'est qu'ensuite, et ensuite seulement, qu'il faudra bâtir le plan. Le plan, c'est le moule.

S'agissant du plan, disons d'emblée que depuis les années 1950, règne le culte du plan dit « en deux parties ». Comme en France on cherche toujours à s'identifier contre quelqu'un, on a même été jusqu'à dire (le plus sérieusement du monde) que le plan « en deux parties » était celui des facultés de droit et le plan « en trois parties », celui des facultés des lettres ! De semblables élucubrations ont toujours cours et sont cause de bien des absurdités dans la formation intellectuelle des jeunes juristes. Les plus curieux d'entre eux sont invités à lire un suggestif article de M. Michel Vivant sur le mythe du plan en deux parties, paru dans les *Études offertes à Pierre Catala* (Litec, 2001, p. 969), « Le plan en deux parties, ou de l'arpentage considéré comme un art » ; ainsi qu'un très bel article de M. Roger Merle, « La leçon d'agrégation dans toute sa splendeur » (Dalloz, 1987, chr. p. 143). La seule particularité de la dissertation « française » (et non littéraire ou juridique) est d'être répartie en deux ou trois parties, pour l'excellente raison que tout peut être réduit à deux points (quatre est divisible par deux) ou à trois. Héritage cartésien, véritablement.

Pourquoi alors cette préférence si marquée des juristes, pour le plan « en deux parties » ? Fort simplement parce que ce plan permet, le plus souvent, une meilleure exposition de la pensée juridique : principe/exception – notion/régime – cause/effet. Le plan en trois parties incline plus vers d'autres disciplines : thèse/antithèse/synthèse.

De là à faire du plan en deux parties l'horizon insurpassable de la pensée juridique... il y a un véritable abus.

Que faire concrètement ? L'étudiant essayera, d'abord, les bonnes vieilles méthodes du plan en deux parties (étant précisé que l'armature doit être « habillée »). Mais une fois son plan en deux parties construit, qu'il regarde alors si ce plan ne court pas le péril d'un grave déséquilibre. Il arrive souvent que la seconde partie gonfle à l'infini : c'est alors le signe que les deux sous-parties internes sont autonomes l'une de l'autre et qu'on est face à un vrai plan en trois parties engoncé dans un faux plan en deux parties.

Une mesure de prudence consiste à réfléchir à deux types de plan : un plan en deux parties et un plan en trois parties. Dans tous les cas, le véritable culte du plan en deux parties (dépourvu de tout fondement sérieux) conduit souvent l'étudiant à une fausse rigueur et à des réflexes pavloviens qui n'ont jamais été la marque d'une émancipation. *In fine,* l'on pourrait recommander la lecture de quelques-uns des plus célèbres sermons de Bossuet (il en existe un choix dans la collection de poche « Folio ») : le célèbre prédicateur usait tantôt du plan en trois parties, tantôt en deux parties. *Le sermon sur la mort* étant, probablement, le plus beau plan en deux parties jamais écrit.

Bref, en un mot comme en dix, faites le plan que vous voudrez mais sachez pourquoi vous retenez telle méthode plutôt que telle autre. Il n'y a rien de plus stupide que de vouloir faire bêtement des choses intelligentes.

Le point commun à tous ces plans, c'est l'introduction. Généralement l'étudiant est pris de panique pour l'introduction car on lui a dit qu'elle doit être parfaite (ce qui est vrai), car les correcteurs ne lisent que l'introduction (ce qui est faux).

L'introduction est à la dissertation ce que l'apéritif est au repas : ouvrir l'appétit sans le couper.

Qui ne sait qu'une introduction est faite « en entonnoir » et se termine par l'annonce du plan. Un maître de la faculté de Paris faisait, jadis, une autre comparaison plus suggestive : une introduction est comme le décolleté d'une belle femme, amener le regard sur des beautés qu'il ne dévoile pas...

Cela signifie quoi ? L'introduction forme un tout, c'est-à-dire qu'elle n'a pas de divisions internes, mais l'on conseillera de la construire par morceaux : le sujet, ses contours (c'est ici que l'on indique ce qui sera traité et ce qui sera éliminé), son intérêt (classique ou très nouveau, on peut aussi dire classique mais avec des conséquences nouvelles), son contexte (ici : histoire, sociologie, économie, etc.) ; puis on expose sommairement les grandes idées qui découlent de cette première analyse (c'est la substance du plan) ; enfin, l'on annonce le plan d'une manière claire (c'est la dernière phrase de l'introduction : « C'est pourquoi nous verrons, tout d'abord, que le principe est la préconstitution de la preuve écrite (1re partie), mais ensuite, que ce principe souffre diverses exceptions en cas d'impossibilités de natures diverses (2e partie). »

À propos de l'annonce du plan et des intitulés des titres, l'idéal est l'élégance, le sens de la répartie et de la rhétorique : un bon juriste est d'abord quelqu'un qui sait bien écrire et bien parler. Mais attention aux abus et aux facilités !

Pour s'amuser, on a souvent dit que le plan en deux parties parfait était : « Il est plus facile de se laver les dents dans un verre à pied (I) que les pieds dans un verre à dents (II). » C'est joli, cela amuse la galerie... mais cela ne veut rien dire ! Il y a une nuance entre l'élégance de la plume et la vanité de la pensée. De même, mieux vaut proscrire les plans à mystère : « Le Code civil est immuable depuis 1804... (I) ... mais il n'en reste plus rien de l'origine (II). » Une dissertation de droit n'est pas un roman policier !

En première année, on se contentera, sagement (chaque chose en son temps), de construire de solides plans « bateaux » (ce sont encore ceux qui naviguent le mieux) présentés d'une manière élégante. On verra la suite ultérieurement.

Chaque partie se trouve répartie en deux sous-parties (A et B). Immédiatement après le titre de la partie se place le « chapeau » de transition qui les annoncent (une seule phrase : ce n'est pas une petite introduction). La fin de la première partie se termine par une phrase de transition (indépendante) qui annonce la seconde ou la deuxième partie.

Question sur la conclusion ? Là encore le mythe est tenace : une dissertation de droit n'a pas de conclusion. On se demande pourquoi ? Il peut y avoir une conclusion, à beaucoup d'égards c'est même souhaitable. Simplement, cette conclusion est toujours brève et n'est pas une obligation impérieuse. Au fond, dans l'introduction, il faut poser une question. La conclusion c'est l'art d'y répondre en terminant par une nouvelle question qui ouvre d'autres horizons (« à la fin de l'introduction, on ferme la porte ; à la fin de la conclusion, on ouvre la fenêtre »).

Il est parfois dit que le juriste s'explique de la manière suivante : voici ce que je vais dire ; voici ce que je dis ; voici ce que j'ai dit. Tout l'art est de répéter en affinant sans lasser.

L'intérieur du devoir est, naturellement, le corps. Il est plus difficile de donner des conseils stéréotypés, car tout est lié au fond du sujet. L'on rappellera toutefois quelques règles simples. Affirmer n'est pas prouver ; déclarer n'est pas démontrer. Rien n'est évident, tout est probant. Constamment, l'étudiant doit se faire à cette école de rigueur, de prudence mais aussi de confiance en soi. Il faut savoir « cheminer » intellectuellement. Poser une hypothèse, la démontrer (si possible d'une manière positive puis négative, la preuve par le contraire), l'illustrer. C'est d'ailleurs par l'exercice de la dissertation, mieux que partout ailleurs, que le jeune juriste prendra conscience que le droit est un art autant qu'une technique ; bien des choses sont relatives dans cette matière qui aime cantonner un principe par une exception, elle-même atténuée par une dérogation.

Au sujet de la démonstration, ne pas oublier qu'il faut s'abstenir de l'argument d'autorité. Cela signifie qu'il faut proscrire : « La doctrine est unanime pour dire que... », il vaut mieux dire, « les arguments divers et nourris d'une doctrine dense aboutissent à une unanimité d'opinion... » ; « la Cour de cassation a tranché définitivement la question d'une manière indiscutable... », le correcteur risque d'ajouter en marque « jusqu'au prochain revirement ».

On usera de termes nuancés : « il est douteux » ou « il est certainement inexact », plutôt qu' « il est faux ».

Pour conclure : la dissertation est l'exercice des études « supérieures » par excellence, là où l'élève s'exerce à devenir maître.

Le commentaire de texte

Tout de suite une précision : par commentaire de texte on va, ici, entendre uniquement un texte législatif (un ou deux articles d'une loi, le Code civil par exemple) ou d'un texte de doctrine. Il va, toutefois, sans dire que le commentaire d'une décision de justice, à l'état pur, est aussi un commentaire de texte, mais, dans ce cas, l'on parle ordinairement d'un commentaire d'arrêt.

Le commentaire de texte est, pour l'étudiant, l'un des exercices parmi les plus simples... en apparence, car on peut soutenir qu'il est l'exercice le plus périlleux qui soit. Pourquoi donne-t-il l'impression de simplicité ? Parce qu'*a priori* il ne s'agit que de commenter un texte : exercice réputé passif. Certes, mais encore faut-il : *a)* avoir compris le texte ; *b)* être susceptible de l'enrichir. Double écueil.

La compréhension du texte, tout d'abord, peut présenter une difficulté si (comme le plus souvent) on ne dispose pas du contexte, si on ignore tout de l'auteur (d'où le fait que cet exercice suppose généralement une bonne culture générale juridique). L'enrichissement ensuite n'est pas une *répétition* de cours ou, pire, une pitoyable *paraphrase*. Dès lors, l'exercice devient délicat.

Néanmoins le commentaire de texte présente une facilité : le plan. Dans tous les cas, il faut suivre le courant du texte. Ce serait une grave erreur que de « recomposer » le texte. De ce point de vue, il faut observer le texte comme formant un tout, en rechercher les articulations internes. Par voie de conséquence, le plan est celui dicté par l'auteur à son rythme. L'on ne commettra pas l'erreur de penser que le plan d'un commentaire de texte se construit exactement comme un plan de dissertation. D'ailleurs le péril suprême est de transformer un commentaire de texte en un sujet théorique (surtout s'il s'agit d'un commentaire de dispositions législatives).

Le commentaire de texte oblige, plus que le commentaire d'arrêt, à une exégèse au sens complet du mot. Il faut « presser » le texte comme un agrume pour en sortir toute le jus. S'agissant d'un commentaire d'un ou deux articles de loi, le « poids des mots » revêt tout son sens. Par exemple, dans l'article 212 du Code civil, qui énumère les devoirs des époux, il n'est que trop clair que le mot « fidélité » est le cœur même de ce texte.

Dans un premier temps, il faut « plonger » dans le texte et en faire l'analyse précise et détaillée. Dans un second temps, il faut « remonter » du texte pour en faire le commentaire plus détaché. Cet exercice requiert donc aussi bien l'esprit déductif qu'inductif.

Quels sont les pièges à éviter (outre la confusion avec un sujet théorique) ? S'il s'agit d'un texte d'un auteur ancien, il est souhaitable de le lire tant dans son contexte qu'avec les données actuelles (on se rend compte ainsi que certains textes conservent toute leur actualité, d'autres, célèbres en leur temps, ont bien vite vieillis) ; mais, il faut veiller à ne pas faire de fausse interprétation ni surtout d'anachronisme.

Pour un texte de loi, il faut regarder de quand date le texte. Il se peut que le texte ait été modifié depuis l'entrée en vigueur de tel code ou de tel loi. Si le texte a mûri, il faut tenir compte de la jurisprudence ; si c'est un texte d'une loi nouvelle, il faut faire preuve de prospective (en s'aidant au besoin de la jurisprudence antérieure ou des travaux préparatoires de la loi).

En définitive, l'exercice en deux mouvements suppose que le correcteur puisse dire que l'étudiant a parfaitement compris ce que l'auteur ou le législateur voulait dire (compréhension) et qu'il est, dès lors, capable de donner un éclairage personnel à ce texte (enrichissement).

Ce fut, jadis, un exercice classique parmi les classiques : celui de la glose. À la base de cet exercice, il y a l'idée qu'un texte renferme une richesse féconde et renouvelée. Les juristes l'ont repris largement des théologiens exégètes de l'Écriture. Un psaume dit que la Parole de Dieu est vivante et plus vive qu'une épée. Cela signifie que l'éternité du texte (la Bible est écrite une fois pour toutes) suscite à chaque génération sa propre actualité : l'éternité ne signifie pas l'intemporalité. Chaque génération perçoit d'une manière variable tel ou tel message de l'Écriture. Plus modestement, il en est de même pour la loi ou pour la doctrine. La glose suppose aussi que le lecteur ait son mot à dire : il reçoit un texte mais il lui ajoute aussi.

Cet exercice est infiniment pratique. Quotidiennement, le travail d'un juriste, surtout dans des pays de droit écrit, est de décrypter des textes et de les assimiler. Au-delà des textes législatifs, il faut aussi savoir lire un contrat (importance des définitions contractuelles) ou des pièces d'un dossier. Lorsqu'un notaire interprète un testament ou un contrat de mariage, que fait-il d'autre ?

Le commentaire de texte, en définitive, suppose de recevoir un texte et de savoir en restituer la substance et la richesse. Il impose de triompher d'un texte, donné comme un défi à l'intelligence et à l'imagination.

Cas pratique

Dans ce type d'exercice, l'étudiant joue le rôle d'un avocat, d'un notaire... Un profane, qu'il soit client ou simple ami en quête d'information, s'adresse à ce conseiller auquel il expose les difficultés concrètes qu'il rencontre ; il s'agit de résoudre celles-ci grâce aux connaissances juridiques acquises dans le cadre du cours magistral, des manuels et des travaux dirigés (c'est pourquoi on parle aussi de « consultation »). Pour ce faire, il faut respecter un certain ordre, une méthode ; c'est nécessaire, pas seulement parce que le cas pratique est une épreuve universitaire, mais aussi parce que c'est le seul moyen d'être rigoureux et donc de ne pas se tromper (au moins de limiter les risques d'erreur !).

Il est bien rare que plusieurs difficultés ne soient pas évoquées par le client. Pour les résoudre, il faut bien les distinguer et les envisager l'une après l'autre – ce qui implique d'avoir bien compris les faits, écarter ceux qui sont sans intérêt, et (re)mis ceux qui importent dans un ordre chronologique. Attention : les explications de votre client (c'est-à-dire l'énoncé) peuvent être peu claires, encombrées de données inutiles ou au contraire lacunaires : il faut faire le tri et essayer de comprendre ce qui n'a pas été dit (sans aller jusqu'à inventer). Pour chaque difficulté, les étapes du raisonnement sont au nombre de quatre.

1 / Sans recopier l'énoncé, il faut poser la question en fait, c'est-à-dire dire ce qui arrive concrètement au client, en termes courants, ceux du non juriste. Par exemple, Ernest Bigoudi prétend avoir prêté 1 000 € à sa femme Arlette qui a verbalement promis de lui rendre la somme ; comment peut-il prouver ce prêt ?

2 / Il faut ensuite poser cette même question en droit, ce qui consiste à traduire en termes juridiques la question posée précédemment. Ce faisant, la question se trouve généralisée, théorisée : elle dépasse le cas concret que vous avez à traiter. On pourrait donc penser que c'est une étape inutile puisqu'on s'éloigne ainsi des faits ; or, c'est indispensable pour pouvoir raisonner juridiquement (cf. 3 /) : une réponse en droit ne peut être apportée qu'à une question de droit. Dans notre exemple : en l'absence de tout écrit, comment rapporte-t-on la preuve d'un acte juridique ? En effet, prêter de l'argent, c'est accomplir un acte juridique. Avoir opéré cette qualification permet déjà d'avancer vers la réponse, car on peut écarter les règles de preuve relatives aux faits juridiques, pour ne retenir que celles concernant les actes. Mal poser la question en droit, c'est s'exposer à passer à côté du cas pratique... et à rater l'examen ! Cette étape est à soigner tout particulièrement.

3 / Il s'agit maintenant de répondre en droit. Cela suppose de rassembler toutes les règles juridiques susceptibles d'être utilisés. Au brouillon, indiquer tout ce qui paraît correspondre au sujet. Retenir seulement ce qui s'applique effectivement au problème de droit traité. Sur la copie, commencer par présenter la règle retenue tout en précisant sa source : article du Code civil, loi, décret, coutume, jurisprudence. Dire si c'est une règle de principe, ou une règle dérogatoire au principe applicable normalement en la matière : dans ce cas, exposer en premier lieu ce principe, puis l'exception – là encore en justifiant de son origine. Toujours justifier vos réponses et définir les notions, ce qui ne signifie pas faire de la récitation de cours. À ce moment, tous les éléments sont à disposition, l'essentiel du travail est effectué. La 3e étape de l'exemple implique de mentionner l'article 1341 alinéa 1er du Code civil : ce texte indique comment prouver un acte juridique, à savoir par un écrit préconstitué. L'écrit est un acte *(instrumentum)* authentique ou sous seing privé. Le souci est que justement, ici, aucun écrit n'a été rédigé. La règle de l'article 1341 n'est cependant qu'un principe et des exceptions, qui résultent de la loi ou de la jurisprudence, permettent d'apporter la preuve de l'existence ou du contenu d'un acte juridique *(negotium)* par tous moyens, y compris par témoignages ou présomptions. Celles-ci sont très diverses et, pour certaines, manifestement hors de propos. Ainsi, la preuve des actes dont le montant est inférieur ou

égal à 800 € est rapportée librement dans cette somme (art. 1341 lui-même) – mais, ici le « prêt » est supérieur à 800 €. Les parties peuvent écarter la nécessité d'un écrit – qui n'est pas d'ordre public – et admettre la preuve par témoins et par présomptions (jurisprudence) : Ernest Bigoudi ne nous a pas parlé d'un tel accord entre les parties, d'ailleurs rare : il est peu probable qu'il y en ait un ici. En vertu de la maxime « la fraude corrompt tout », les juges peuvent autoriser une partie à prouver un acte par tous moyens (jurisprudence) : là encore, rien ne permet de penser à l'existence d'une telle fraude. L'aveu et le serment décisoire permettent de prouver l'existence d'un acte juridique *(negotium)* supérieur à 800 € et qui n'a pas été constaté par écrit, en l'absence de tout fraude : de tels modes de preuve supposeraient qu'Ernest Bigoudi assigne sa femme en justice et que celle-ci reconnaisse lui devoir de l'argent, d'elle-même ou sur la demande du juge : c'est une solution extrême et bien aléatoire ; il est inutile d'évoquer la possibilité de compléter un commencement de preuve par écrit par tous moyens (art. 1347), puisque aucun écrit (ou équivalent jurisprudentiel) n'existe ici. On peut aussi facilement écarter deux exceptions tirées de l'article 1348 : la preuve par tous moyens est admise si le créancier a perdu l'écrit qu'il avait préconstitué par suite d'un cas de force majeure ou si une partie, qui n'a conservé le titre original, présente une copie fidèle et durable. L'article 1348 permet encore aux parties à un acte d'en rapporter la preuve par témoins ou par présomptions, si elles convainquent le juge qu'elles n'ont pu se procurer un écrit lors de la formation de l'acte juridique : un contrat conclu par téléphone, sur un champ de foire... (impossibilité matérielle) ou entre époux, entre parents et enfants, entre collègues de travail... (impossibilité morale), pourra être prouvé par le recours à un témoignage, à un enregistrement, à une lettre missive... : il semble bien, cette fois, que le cas d'Ernest Bigoudi corresponde à l'impossibilité morale de s'être procuré un écrit.

4 / La dernière étape constitue la réponse concrète à la question posée en 1 /. C'est cela seul qui intéresse le client. Toutefois, l'étudiant doit bien se garder de faire l'économie des étapes 2 et 3 : encore une fois, c'est l'essentiel du cas pratique (et des points !). Maintenant, il faut prendre les éléments de droit, les appliquer aux faits, c'est-à-dire vérifier que les faits correspondent aux conditions

d'application de la règle et répondre précisément aux demandes du client. Ernest Bigoudi est marié avec Arlette : le mariage constitue une cause d'impossibilité morale de se procurer un écrit. Par conséquent, dans l'hypothèse où il devrait attraire sa femme en justice pour obtenir le remboursement du prêt qu'il dit lui avoir consenti, Ernest Bigoudi, n'ayant pas préconstitué de preuve écrite, devrait invoquer l'impossibilité morale où il a été de se procurer un écrit. Il ne devrait pas être trop difficile convaincre le juge étant donné les liens d'alliance entre Ernest Bigoudi et Arlette. Il pourrait alors prouver par tous moyens l'existence et l'étendue du prêt. Cela risque d'être plus difficile en l'absence de témoin : il devrait alors invoquer des présomptions tenant, par exemple, à des disponibilités financières soudaines de l'épouse au foyer (c'est-à-dire sans revenu)...

Si les indications du client (de l'énoncé) sont très précises, il ne faut pas hésiter à donner une seule réponse (justifiée). Si le client arrive avec une idée préconçue de la solution à son cas, il faut rectifier son éventuelle erreur, ou lui suggérer une voie plus judicieuse. En revanche, en l'absence d'indications suffisantes, on attendra du « conseiller » qu'il propose plusieurs solutions. Et même, le cas échéant, l'honnêteté de l'avocat le conduira à prévenir son client que la solution est incertaine : par exemple, elle résulte d'un apparent revirement de jurisprudence ; elle est issue d'un texte de loi récent qu'on ne sait encore comment interpréter, elle fait l'objet d'une jurisprudence divergente...

Rappels importants :

— ne pas faire de la récitation de cours ;
— toujours justifier les réponses et citer leur source ;
— répondre en suivant 4 étapes, sans en omettre une seule.

Commentaire d'arrêt

Le plus souvent, il est demandé aux étudiants de commenter un arrêt de la Cour de cassation ; en effet ce type de décision, parce qu'il émane de la plus haute juridiction judiciaire – qui ne statue qu'en droit – est le plus intéressant. Pour cette raison, les notes de jurisprudence rédigées par la doctrine concernent surtout les arrêts de la Cour de cassation : les étudiants pourront se référer avec profit à ces notes dans les revues spécialisées et s'en inspirer pour leurs préparations de TD et leurs révisions pour les examens. (Pour autant, il n'est pas interdit de commenter des arrêts de cours d'appel, voire des jugements : ces décisions, parce qu'elles sont rendues par des juridictions du fond comportent beaucoup plus d'indications de faits, elles sont beaucoup plus longues et restent plus limitées au cas d'espèce qu'elles sont appelées à résoudre.) C'est donc au commentaire d'un arrêt de la Cour de cassation que l'on va s'attacher désormais. Il suppose un travail en deux temps.

A - La compréhension de l'arrêt

Il faut commencer par lire attentivement l'arrêt pour comprendre ce qui s'est passé et quelle question de droit a dû trancher la juridiction saisie. Dans l'arrêt figurent des éléments similaires à ceux du cas pratique : le plaideur est venu devant le juge avec un ou plusieurs ennuis concrets – question(s) de fait – et le juge a dû traduire la ou les questions posées en termes juridiques – question(s) de droit.

Pour pouvoir lire sans trop de difficulté un arrêt rendu par la Cour de cassation et éviter les confusions, il faut savoir que l'on retrouve certaines constantes communes à tous les types d'arrêts (1 /) et certaines propres aux arrêts de rejet ou de cassation (2 /).

1 / Les éléments communs à tous les arrêts de la Cour de cassation

Les arrêts de la Cour de cassation ont une structure très précise et sont rédigés avec un style très particulier qui n'en facilite pas la lecture pour un profane. L'arrêt n'est composé que d'une longue, voire très longue, phrase dont le sujet apparaît en premier lieu – « La Cour » – et le verbe à la fin – « casse et annule » (éventuellement seulement partiellement) ou « rejette » : c'est la décision proprement dite prise par la Cour de cassation – le dispositif de l'arrêt. Entre les deux, il y a les motifs – au sens large –, rédigés sous forme d' « attendus » qui fournissent toutes les informations sur l'affaire. Celles-ci s'organisent en trois groupes d'éléments : les faits, la procédure, les thèses en présence, à savoir celles des parties et de la cour d'appel et la réponse de la Haute Juridiction. Attention : il est nécessaire – mais difficile – de savoir où commence et où finit l'exposé de chaque thèse. Il faut discerner précisément qui est l'auteur de tel ou tel propos, celui-ci pouvant être la juridiction ayant rendu la décision attaquée, le demandeur au pourvoi ou la Cour de cassation elle-même. Il est évident qu'attribuer au demandeur au pourvoi des propos de la cour d'appel ou à la Cour de cassation des propos du demandeur au pourvoi conduit inévitablement à des contresens et incompréhensions. (Il peut être utile de souligner ou surligner chaque groupe d'éléments selon une couleur choisie une fois pour toutes, afin de s'y retrouver facilement.)

À noter que les éléments de fait sont peu développés devant la Cour de cassation. N'étant pas un troisième degré de juridiction, elle prend les faits tels qu'ils lui sont donnés par les juges du fond, ne retenant que ce qui est indispensable à la compréhension du litige et du déroulement de la procédure. Sur le plan de la rédaction, en principe, les faits sont rassemblés au début de l'arrêt, mais il faut toujours vérifier que certains ne sont pas disséminés dans les motifs de la cour d'appel, voire dans le pourvoi. Les faits, c'est tout ce qui ne fait aucun doute, à l'exclusion par exemple de ce qu'affirme une partie et qui est contesté par l'autre : une haie est plantée à 0,50 m de la limite de la propriété du voisin, un créancier a prêté 1 000 € à un débiteur qui admet avoir emprunté cette somme, des parents ont voulu prénommer un enfant « Scoubidou » et l'officier de l'état civil s'y est opposé...

Les indications relatives à la procédure suivent immédiatement les faits : il faut d'ailleurs faire attention de ne pas les confondre, étant entendu que la procédure commence avec la saisine de la justice. Ces informations permettent de déterminer qui est demandeur/défendeur en 1re instance ? Éventuellement qu'a décidé le tribunal et pourquoi ? Qui est appelant/intimé au 2e degré ? Qu'a décidé la cour d'appel ? Enfin, qui est demandeur/défendeur au pourvoi en cassation ? Attention : la solution de première instance n'est pas toujours clairement indiquée ; elle peut cependant être déduite de l'arrêt grâce à des formules telles que « l'arrêt infirmatif attaqué » – ce qui veut dire que la cour d'appel a infirmé (= réformé) la solution de première instance – ou « l'arrêt confirmatif attaqué » dans l'hypothèse inverse. Quoi qu'il en soit, il faut toujours se rappeler (et rappeler dans le commentaire – cf. *infra*) que la procédure débute en 1re instance et pas devant la cour d'appel.

Les thèses susceptibles d'apparaître sont :

— d'une part, celle de la cour d'appel (ou uniquement du tribunal si le pourvoi en cassation est dirigé contre un jugement) : ce sont les motifs (dans un sens plus étroit que celui vu *supra*) de l'arrêt d'appel ;
— d'autre part, il y a la thèse du demandeur au pourvoi en cassation présentée sous forme de moyens. Un moyen critique une disposition de cette décision attaquée, en proposant un raisonnement complet : ainsi dans chaque moyen sont rappelés la disposition critiquée et le motif de celle-ci puis est indiquée la critique de cette disposition. Cette critique est strictement encadrée, le plaideur ne pouvant en effet invoquer qu'un des « cas d'ouverture » dégagés par une longue pratique (à défaut d'être réglementés par le nouveau Code de procédure civile) : le plus fréquemment, il est reproché aux juges du fond d'avoir violé le

texte de droit appliqué ou d'avoir rendu une décision manquant de base légale (cf. *infra,* Pour aller plus loin). Formellement, chaque critique commence avec les termes « alors que... ». Il y a autant de moyens que de dispositions critiquées. Si une disposition est critiquée pour plusieurs raisons, chaque raison constitue alors une branche de moyen, ainsi formulées : « alors que d'une part..., que d'autre part..., qu'enfin... » (si le moyen comporte trois branches) ;

— enfin, il y a la thèse de la Cour de cassation ; celle-ci vérifie seulement la conformité aux règles de droit de la décision contre laquelle le pourvoi en cassation est dirigé ; la Cour de cassation statue en répondant au pourvoi en cassation fondé sur un ou plusieurs moyens.

Puis en dernier lieu on trouve le dispositif, introduit par l'expression « Par ces motifs » (qui fait allusion aux trois parties qui précèdent). Si la Cour de cassation estime que les arguments du pourvoi ne sont pas justifiés, elle rend un arrêt de rejet (du pourvoi). Dans le cas inverse, elle rend un arrêt de cassation (de la décision attaquée par le pourvoi). Selon le cas, la Haute juridiction approuve donc la cour d'appel ou suit le demandeur au pourvoi. Par conséquent, quelle que soit la solution, il ne s'agit pas d'une troisième thèse, sauf si la Cour de cassation procède à une substitution de motifs : ce cas se produit lorsque la Cour de cassation considère que la solution des juges du fond est bonne, mais qu'elle est mal fondée (mal justifiée en droit) ; elle rejette le pourvoi mais elle remplace les motifs du jugement ou de l'arrêt d'appel par ses propres motifs de droit. De même peut-il y avoir relevé d'office d'un moyen de pur droit : dans cette hypothèse assez rare, la Cour de cassation estime que la décision des juges du fond doit être cassée, mais pour une ou des raisons différentes de celle(s) invoquées par le demandeur au pourvoi.

2 / Les éléments propres aux arrêts de rejet et aux arrêts de cassation

La structure des arrêts de rejet *(a)* et des arrêts de cassation *(b)* – bien que les uns et les autres comportent en gros quatre parties – n'est pas la même.

a) Les arrêts de rejet. Ils commencent directement par les faits et la procédure, suivis de l'énoncé de la solution retenue par la décision attaquée. Le tout est annoncé par une formule telle que « attendu qu'il résulte des énonciations de l'arrêt attaqué... ».

Ensuite, on trouve le ou les moyens formulés par le pourvoi à l'encontre de la décision attaquée. Attention : avant de présenter ses propres arguments, le demandeur au pourvoi rappelle les motifs de la cour d'appel pour mieux les critiquer ; c'est là qu'il y a un risque de confusion entre les deux thèses. La présentation étant la suivante – « attendu qu'il est reproché (qu'il est fait grief) à l'arrêt attaqué d'avoir décidé que... au motif que... alors que... » –, on voit que les arguments propres au pourvoi en cassation sont ceux introduits par « alors que ».

Puis, dans un dernier « attendu » figure la réponse donnée par la Cour de cassation au pourvoi. Puisqu'elle rejette le pourvoi en cassation, la Cour approuve les juges du fond (sauf rare substitution de motifs) ; cette partie expose en réalité les motifs essentiels de la cour d'appel ou du tribunal. Elle est introduite par une formule telle que : « Mais attendu qu'aux termes de l'article (1382 du Code civil, par exemple)... » Suit l'exposé de la solution des juges du fond – jusqu'à une formule de ce type : « Qu'ainsi, en se déterminant comme elle l'a fait, la cour d'appel (ou le tribunal) a fait une exacte application du texte susvisé (n'a pas méconnu le texte susvisé). » Attention : il faudra exposer ces motifs des juges du fond à la suite de leur décision – au terme de la procédure – dans l'introduction du commentaire – car il ne s'agit pas de motifs propres à la Cour de cassation (une nouvelle fois, sauf rare substitution de motifs).

Enfin, on trouve le dispositif : dans ce type d'arrêt, c'est toujours « rejette ». La décision attaquée – jugement ou arrêt d'appel – va donc prendre toute sa force et devenir irrévocable, c'est-à-dire insusceptible de toute voie de recours, en particulier d'un appel ou d'un nouveau pourvoi en cassation. À noter quelques réserves : un nouveau pourvoi en cassation pourrait toutefois être formé, s'il était fondé sur un cas d'ouverture différent ; par ailleurs, la voie de la tierce opposition reste ouverte aux tiers...

b) Les arrêts de cassation. À la différence des arrêts de rejet, ils ne débutent pas par l'exposé des faits mais par un visa et un « chapeau ». Le visa consiste à indiquer quel texte la Cour de cassation applique dans l'arrêt ; il est formulé de la manière suivante : « Vu l'article... » Le « chapeau » formule en termes généraux et abstraits, le principe juridique, déduit du texte visé, dont la Cour fera découler la solution retenue. C'est une partie fondamentale de la décision et il faut y attacher une grande attention : il faut toujours aller lire le texte (du Code civil, du Code de commerce, du nouveau Code de procédure civile, de la Convention EDH...) cité. Remarque : en examen, les documents nécessaires seront autorisés ; éventuellement le texte d'un article (par ex., art. 6, § 1, Conv. EDH) sera fourni avec l'énoncé. Il faut ensuite comparer le texte même et le « chapeau » tel que rédigé par la Cour de cassation : la Cour de cassation a-t-elle recopié mot à mot le visa, a-t-elle apporté des nuances ou a-t-elle pris de grandes libertés par rapport au visa ? Cette observation sera fondamentale pour le commentaire (cf. *infra,* B).

C'est donc seulement après cette première partie juridique que sont exposés les faits et le contenu de la décision attaquée. Cette deuxième partie commence par une formule telle que « attendu que pour rejeter la demande d'Ernest Bigoudi tendant à..., l'arrêt attaqué énonce que.. » ou « attendu que la cour d'appel, saisie par Gontrand Michu d'une demande en..., l'a rejetée aux motifs que... ». Dans les arrêts de cassation, la thèse du pourvoi n'est pas présentée puisque la Cour de cassation va la reprendre, sauf relevé d'office d'un moyen de pur droit. La thèse de la cour d'appel, elle, est développée dans cette partie.

La troisième partie constate l'erreur commise par la décision attaquée. Pour ce faire, la Cour de cassation rapproche le principe formulé dans le « chapeau » de la règle appliquée par la cour d'appel. Par exemple, elle va dire : « Attendu qu'en se déterminant ainsi, alors que... (rappel du principe), la cour d'appel a méconnu le texte susvisé » ou « attendu qu'en statuant ainsi, alors que..., la cour d'appel a violé l'article... ». La Cour de cassation reproche alors aux juges du fond d'avoir mal appliqué la loi ou de ne pas l'avoir mise en mesure d'exercer son contrôle.

Enfin, on a le dispositif. La cassation entraînant l'annulation, totale ou partielle, de la décision attaquée, on peut trouver les formules suivantes « casse et annule » (les deux expressions sont synonymes, donc redondantes) ou « casse et annule, mais seulement sur le 2e moyen... ». La cassation peut en effet n'être que partielle, notamment si la Cour de cassation ne fait droit qu'à certains chefs du pourvoi ou si le pourvoi ne vise qu'une partie seulement de la décision attaquée. La cassation entraîne le renvoi de l'affaire devant une autre juridiction : à la différence d'une cour d'appel, elle ne substitue pas sa décision à celle qu'elle censure, sauf lorsque, à titre exceptionnel, il y a cassation sans renvoi (art. 627, al. 1 et 2 du Nouveau Code de procédure civile et leçon 10 du *Manuel de cours*, n° 275).

Après lecture de la décision, il faut la commenter.

B - Le commentaire proprement dit

C'est un exercice difficile, car il ne faut pas se contenter de paraphraser la décision, c'est-à-dire répéter, fût-ce en d'autres termes, la solution de la décision, ce qui n'apporte rien. Il ne faut pas non plus, à l'inverse, se borner à réciter le cours et disserter sur des questions générales sans les mettre en relation directe avec l'arrêt. Le juste milieu – consistant à appliquer les connaissances théoriques à l'étude de l'arrêt – peut être atteint sans trop de peine à condition de toujours revenir à l'arrêt et de confronter les thèses en présence aux connaissances acquises en cours, en séances de travaux dirigés et dans les manuels. Il faut procéder en deux temps, avec une préparation au brouillon (1 /) de la copie (2 /).

1 / Le travail préparatoire

Le commentaire suppose une introduction suivie de développements constituant le corps du devoir. La réflexion de fond *(b)* doit être menée tout en respectant obligatoirement une chronologie *(a)*.

a) La chronologie. L'introduction, suite directe du travail de lecture, doit impérativement être rédigée, au moins sous forme de fiche d'arrêt (cf. *infra*).

Ensuite, sont indiquées les idées suscitées par l'arrêt (cf. *infra*, numéro suivant), sans pour autant les rédiger en leur entier, sous peine de manquer de temps lors d'un devoir sur table.

Après relecture, permettant d'ajouter voire d'abandonner certaines d'entre elles, ces idées doivent être organisées en deux groupes, eux-mêmes subdivisés en deux sous-groupes, ce qui fournit les deux parties et les quatre sous-parties du commentaire. Le plan est donc déduit naturellement de ce travail de sélection. Attention : il serait maladroit et dangereux de vouloir choisir d'abord le plan pour y faire entrer les idées ; il faut procéder à l'inverse : le plan n'apparaît qu'après avoir procédé à l'examen critique de la décision. Et, bien sûr, ce découpage du commentaire est tiré du problème de droit qui a été dégagé. Recommandation : il ne faut pas hésiter à utiliser plusieurs feuilles de brouillon pour que tout soit bien clair.

En dernier lieu, le corps du devoir est rédigé directement sur la copie, à partir des éléments de réflexion notés sur le brouillon.

b) La réflexion. Une fois l'arrêt lu et compris, il faut apprécier la solution, ce qui implique notamment de confronter la décision, qu'elle soit ancienne ou nouvelle, au droit positif et au droit antérieur : telle décision ancienne est-elle toujours conforme au droit positif actuel – lois ou jurisprudence aujourd'hui en vigueur ? Telle décision récente constitue-t-elle une nouvelle solution ? Plus généralement, quel est l'apport de l'arrêt commenté au droit en vigueur ? Quels sont son sens et sa portée ? Constitue-t-il une application correcte des textes visés ? Est-il conforme à la jurisprudence dominante, est-ce un arrêt à contre courant, un revirement de jurisprudence, l'amorce d'une évolution, un arrêt classique ?... Rappel : il est fondamental d'avoir de bonnes connaissances théoriques pour effectuer cet examen critique ; si lors de l'examen, seules les connaissances acquises et le Code civil sont à disposition, il ne faut pas hésiter à se reporter au cours, aux manuels, aux documents de la fiche de TD (jurisprudence et doctrine) pour s'aider lors de la préparation des séances de travaux dirigés. À noter qu'il peut être intéressant d'apprécier la solution au regard de l'équité, de la morale, des mœurs... mais cela ne remplace évidemment pas l'appréciation en droit, qui est l'objet même du commentaire juridique.

Une fois le problème juridique dégagé et l'examen critique effectué, il faut déterminer deux aspects du problème, qui constitueront les deux parties du commentaire. Une nouvelle fois, le plan ne fait que révéler cette démarche intellectuelle. À noter un cas particulier : si l'arrêt comporte deux problèmes de droit – ce qui est tout à fait possible, si le pourvoi en cassation propose plus d'un moyen – il est judicieux de consacrer une partie à chaque question (le travail se trouve alors facilité !).

2 / La rédaction du commentaire

Rappel : l'introduction doit avoir été rédigée au brouillon, le corps du devoir le sera directement sure la copie. Pour la préparation des travaux dirigés – on peut se contenter de rédiger une fiche d'arrêt, qui comprend plusieurs rubriques.

1 / Indication de la juridiction ayant rendu la décision et de la date de cette décision.
2 / Exposé synthétique et surtout chronologique des faits (réels et non inventés !).
3 / Exposé de la procédure.
4 / Prétentions respectives des parties et position de la juridiction dont la décision fait l'objet d'un appel ou d'un pourvoi. Thèse de la décision attaquée.
5 / Solution adoptée par la Cour de cassation, avec sa motivation. Il s'agit de la réponse apportée par la décision au problème de droit.
6 / Formulation du problème de droit sous forme d'une interrogation.

L'introduction doit reprendre ces différentes rubriques mais sans qu'elles soient numérotées et séparées. Elle doit débuter en situant précisément la décision à commenter : il faut indiquer quelle juridiction a rendu l'arrêt (et, pour la Cour de cassation, quelle chambre), à quelle date et quelle est la nature de l'arrêt, ainsi que la question traitée par l'arrêt (sans dévoiler, à ce stade, la solution précise qu'il retient). Par exemple : l'arrêt de rejet, rendu par la deuxième chambre civile de la Cour de cassation le 7 avril 2004 contribue à préciser les conditions de mise en œuvre de la responsabilité du fait d'autrui. Ensuite, sont énoncés les faits, la procédure, les thèses et le problème de droit. L'introduction doit s'achever par l'annonce du plan.

Après l'introduction, on doit trouver quatre « blocs », correspondant à chacune des sous-parties, qui sont numérotées I.A et B et II.A et B. Il faut sauter une ligne entre chaque sous-partie et donner un intitulé à chacune. Celui-ci doit être concis et suffisamment évocateur du contenu de la partie ; il n'est pas nécessaire d'être original, ce qui importe c'est de trouver le meilleur « présentoir » possible pour le contenu. Voir, par exemple, dans le cas où il n'y a qu'un seul problème de droit : I / Les conditions de l'action en responsabilité civile, et II / Les effets de l'action en responsabilité civile ; I / La notion de..., et II / Les effets de... Attention : ne jamais utiliser une phrase avec un verbe et ne jamais mettre d'intitulé en bas de page (s'il n'y a pas de place pour écrire au moins deux ou trois lignes en-dessous du titre, il faut le placer à la page suivante) ; ne pas utiliser de stylos de couleurs différentes – pour que les titres ressortent bien, il suffit d'aérer la copie. À noter qu'il n'est pas obligatoire de consacrer un paragraphe distinct à la conclusion. Le mieux est de la faire tenir en une phrase, montrant que le **II.B** est terminé, et de la concevoir comme une ouverture vers l'avenir ou vers d'autres problèmes de droit. Par exemple : « L'avenir dira si cette nouvelle solution posée par la jurisprudence en matière de... ne créera pas de difficulté au regard de la règle de l'article... du Code civil... »

Chaque sous-partie doit commencer par le rappel de la thèse que l'on veut analyser. L'exposé doit être fait en termes généraux pour élever le débat au-delà de l'espèce en cause. Il faut donc évoquer le demandeur / le défendeur en nullité, le demandeur / le défendeur au pourvoi en cassation, le créancier / le débiteur, les époux demandeurs (à un changement de régime matrimonial) / le ministère public... Et non Ernest Bigoudi / Gontrand Michu. Ensuite, toujours en termes généraux, doivent apparaître les appréciations, critiques, comparaisons, suggestions..., suscitées par la thèse en question. Une phrase de transition annonce enfin le passage à la sous-partie suivante.

Pour aller plus loin

L'article 978, alinéa 2 du nouveau Code de procédure civile fait obligation au demandeur, ou plutôt à son avocat aux Conseils, à peine d'irrecevabilité, de ne mettre en œuvre, dans chaque moyen ou branche, qu'un seul cas d'ouverture ; sous la même sanction, ce cas d'ouverture doit être précisé. La liste des cas d'ouverture a été dégagée par la pratique. Les deux plus importants sont la violation de la loi et le manque de base légale, mais il y a aussi le défaut de motif, l'excès de pouvoir, l'incompétence, l'inobservation des formes, la contrariété de jugements et la perte de fondement juridique.

La fausse interprétation ou la mauvaise application de toute disposition ayant force obligatoire pour les sujets de droit – et non pas seulement de la loi au sens formel du terme constitue une violation de celle-ci, qui doit être précisément visée dans le moyen du pourvoi. Une mauvaise qualification débouchant donc sur une solution de droit erronée, peut, par ce même biais, être censurée. Le juge de renvoi, si cassation il y a, devra rectifier l'erreur commise par les juges critiqués.

Il y a donc trois catégories de violation de la loi :

— par fausse interprétation de la loi ;
— par fausse qualification des faits ;
— par fausse application ou refus d'application de la loi.

Le manque de base légale vient sanctionner les jugements dont la motivation insuffisante, dubitative ou hypothétique, empêche la Haute Juridiction d'exercer son contrôle. Ce cas d'ouverture suppose l'invocation du texte dont les conditions d'application ont été mal exposées par la décision critiquée. Si la cassation est prononcée de ce chef, le juge de renvoi aura donc à rechercher les éléments de fait qui manquaient, avant de pouvoir tirer, de ces énonciations complétées, une solution de droit ; celle-ci pourra être identique à celle donnée par la décision cassée ou différente.

Les autres cas d'ouverture sont beaucoup plus marginaux. V. Marie-Noëlle Jobard-Bachelier et Xavier Bachelier, *Technique de cassation. Pourvois et arrêts en matière civile,* Dalloz, 3e éd., 1994.

De la langue française et de la langue latine

par Philippe LE TOURNEAU
Professeur émérite de la Faculté de droit de Toulouse

> La clarté du français, langue intellectuelle s'il en fut, lui [vient] essentiellement de ses abstractions [...]. La première preuve de l'abstraction du français est, non pas précisément la pauvreté, mais la richesse tempérée de son vocabulaire, qui est d'environ 93 000 mots en face des 317 000 mots de l'anglais. C'est ainsi que le français est l'une des plus pauvres des langues romanes : parce qu'issu du latin, qui était pauvre, il a reçu moins d'apports exotiques que ses voisins ibériques. Il est cependant l'une des langues les plus précises qui soient. C'est d'abord que l'abstrait, étant plus pauvre en quantité, est plus intelligible que le concret. C'est aussi que le français, grâce à l'abondance de ces gonds de la pensée que sont les conjonctions de subordination, insiste sur les relations des êtres et des choses plus que sur leurs qualités sensibles. C'est encore que le français est pourvu d'une grande variété de préfixes et de suffixes, qui lui permet de former des familles de mots parfois très étendues, mais surtout que ces affixes, parce que venus pour la plupart du latin ou du grec, sont par là plus intelligibles, même aux non francophones, pourvu qu'ils aient une culture générale.
>
> Léopold Sédar Senghor,
> ancien président du Sénégal,
> de l'Académie française.

I | DU BON USAGE DE LA LANGUE FRANÇAISE

A - Observations liminaires

Notre langue, héritière de *la méthode grecque* et de *l'efficacité romaine,* qui ont fait l'Europe, est une langue précise, particulièrement bien *adaptée au droit.* Mieux, le français est la langue juridique par excellence. Telle est la raison pour laquelle il fut pendant très longtemps la seule *langue diplomatique.* Le Traité de Radstadt (1714), officialisant l'usage antérieur, déclara que la langue diplomatique obligatoire était le français : « Désormais les intérêts des peuples et les volontés des rois reposeront sur une base plus fixe ; on ne sèmera plus la guerre dans des paroles de paix » (Rivarol, *Discours sur l'universalité de la langue française,* Desjonquères, 1998, p. 134). Mais le Traité de Versailles, en 1919, connut pour la première fois une seconde version, en anglais ; cette pratique s'est progressivement répandue, non sans de fâcheuses conséquences ; ainsi la version anglaise de la résolution 242 de l'Organisation des Nations Unies (1967), relative à la guerre israélo-arabe, est à l'origine de drames. Selon la version française les Israéliens se retireront *« des territoires occupés »* (non pas *de,* mais *des* territoires, donc de *tous* ces territoires) ; or l'anglais ne connaît pas cette précision : la version anglaise parle de l'évacuation *« of occupied territories »,* ce qui peut signifier aussi bien *de* ou *des* ; cette ambiguïté alimenta la controverse, et suscita des guerres. D'autre part, l'absence de rigueur de l'anglais oblige à insérer dans les contrats internationaux rédigés dans cette langue un lexique, précisant le sens des mots et expressions, même juridiques, qui seront utilisés dans le corps du texte ; un lieu commun, en partie vrai, est de dire que l'anglais est une langue commode : ici, à la vérité, il est une source de difficultés.

Puisque notre langue est précise, il est nécessaire d'en posséder les subtilités : Aussi, les juristes ont toujours eu la réputation (justifiée) d'employer un langage châtié. Robert Estienne rendait hommage en 1557 à la langue des juristes du Parlement de Paris, de la Chancellerie et de la Cour des comptes, « esquels lieux le langage s'escrit et se prononce en la plus grande pureté qu'en autres lieux » *(Traité de la grammaire française).* Il vous appartient de maintenir cette tradition. Ce sera pour vous une obligation professionnelle en tant que juriste d'entreprise, afin de rédiger des contrats dotés d'une grande sécurité.

Méditez ces fortes réflexions de *Jean-Louis Curtis* : « La première liberté, c'est celle que confère la maîtrise de la parole, et [...] la pire des aliénations, pire même que la pauvreté, c'est de ne pas savoir parler et écrire d'une façon claire, correcte et précise, c'est d'être un sous-développé du langage, un paria de la communication verbale » (*Le Monde comme il va,* Éd. du Rocher, 1995, p. 18). Et celles-ci, plus poétiques, d'*Oscar Wilde* : « Les mots n'ont pas seulement une musique aussi douce que celle de la viole et du luth, des couleurs aussi riches et chatoyantes que celles qui nous font admirer les toiles des Vénitiens et des Espagnols, et une forme plastique aussi sûre et aboutie que celle qui se révèle dans le marbre ou le bronze, mais la pensée, la passion et la spiritualité leur appartiennent aussi et n'appartiennent, d'ailleurs, qu'à eux seuls » *(Aphorismes)*.

Sans doute la langue n'est pas figée : Elle a évolué et évoluera encore. Certes, tous les grands écrivains, de *Chateaubriand* à *Malraux,* en passant par *Balzac* ou *Baudelaire,* ont pris, consciemment ou non, des licences avec les règles les mieux établies. Mais, avant d'user de cette liberté créatrice, encore faut-il commencer par bien posséder sa langue, donc par *l'apprendre et la respecter.* Si vous avez le goût de l'écriture, voire du génie (c'est tout de même peu fréquent), vous aurez le temps, vos études achevées, vos diplômes en poche, d'en fournir la preuve. À ce moment, il s'opérera peut-être un retournement d'attitude des tiers à votre égard : telle tournure, imputée à faute à un étudiant, sera regardée comme une originalité plaisante lorsqu'elle se trouvera sous la plume d'un professeur ou d'un écrivain reconnu *(selon que vous serez puissant ou misérable...).* Pourtant, il ne s'agit pas de parler ou d'écrire comme un livre : une *touche personnelle* est toujours bienvenue.

B - Conseils pratiques

1 / Évitez d'écrire des phrases sans verbe ; de répéter un mot à des intervalles rapprochés (sauf quand la répétition est inévitable, parce qu'il s'agit du thème essentiel donnant lieu au développement, ou d'une institution qu'il est nécessaire de nommer : Ainsi il est préférable de répéter, fût-ce à quelques lignes, la *Cour de cassation* que d'utiliser une périphrase impropre, telle la Haute Juridiction. L'accumulation des pronoms relatifs *(que, qui, dont, quoi)* est inélégante et rend la lecture indigeste. Dans une lettre Flaubert critiquait le style de Lamartine (à propos de son abondante œuvre non poétique), qui « s'embrouille souvent dans des tournures lourdes de

que, de *qui,* etc. J'aime les phrases nettes et qui se tiennent droites, debout tout en courant » (*Correspondance,* Pléiade, t. III, 1980, p. 105). Je crois que, dans un souci de clarté, vous devriez vous astreindre à ce qu'il n'y en ait jamais plus de trois par phrase ; mieux, évitez qu'il y en ait deux très près l'un de l'autre (ex., plutôt que *« la cour d'appel, qui affirme que la cause est illicite »,* écrivez *« affirmant que... »*). Le pronom impersonnel *on* a son utilité, mais aujourd'hui il est employé abusivement au détriment des pronoms personnels, dont les journalistes des mass media semblent ignorer l'existence ; aussi, méfiez-vous du *on* : ne l'utilisez que lorsque l'idée ou le sentiment que vous exprimez est vraiment impersonnel.

Pour la forme féminine, il y a lieu de distinguer d'une part les fonctions, titres et grades, d'autre part les métiers. Les premiers appartiennent au genre neutre (rendu en français par le masculin), « car la nature de la fonction, du titre ou du grade est indépendant de la personne qui l'exerce ou les porte » (M. Druon, *Le Figaro,* 6 août 1999 ; ex., le bachelier, le maître en droit, le docteur, l'agrégé, le maire, le député, le ministre, y compris à propos de demoiselles ou de dames). En revanche, les métiers peuvent comporter une forme féminine, qu'il convient d'utiliser lorsqu'elle existe et que vous parlez d'une femme (ex., l'institutrice, la boulangère, l'avocate, la chercheuse, l'actrice, la danseuse). Si ce n'est pas le cas, employez le masculin, en disant par exemple le professeur, le médecin, même s'il s'agit d'une femme ; il est ridicule de parler de Madame la professeur (c'est une incorrection quant à la langue, l'article féminin « la » ne pouvant pas précéder un nom masculin ; *vice versa,* il peut se faire, bien que cela soit plus rare, qu'un mot féminin désigne une fonction, alors même qu'elle est exercée par un homme, comme la sentinelle).

2 / Les *accents* doivent toujours être indiqués (et ne confondez pas l'accent aigu é et l'accent grave è). À ce propos, souvenez-vous que prennent un merveilleux accent circonflexe : *Il plaît, il paraît* et leurs composés. De même, il faut un tel accent à la troisième personne du singulier du plus-que-parfait du subjonctif *(J'aurais aimé qu'il* ***eût*** *réussi et qu'il* ***fût*** *félicité)* ; en revanche, cette personne au passé simple et au passé antérieur de l'indicatif n'en prend pas *(quand il* <u>*eut*</u> *réussi, il* <u>*fut*</u> *félicité).* Autre subtilité du même genre : *Il a dû* (participe passé masculin), *c'est son dû* (nom masculin), mais

elle est due. « L'accent circonflexe est l'hirondelle de l'écriture » *(Jules Renard).*

3 / La *ponctuation* mérite également de retenir vos soins. Elle est la *respiration de la langue.* Arrêter, exprimer, expliquer ; opposer, rapprocher, éloigner, associer : La ponctuation, servante docile et commode, peut remplir toutes ces tâches. « On reconnaît tout de suite un homme de jugement à l'usage qu'il fait du point et virgule » (Henri de Montherlant, *Carnets, 1930-1944*), qui facilite l'exposition d'une succession d'idées, s'enchaînant les unes les autres. « La différence entre le ; et le : manifeste au suprême degré le sens de la nuance, et qu'est-ce que la nuance sinon la pensée dans sa fleur ? » (J. Guitton, *Écrire comme on se souvient,* Fayard, 1974). N'oubliez pas le point d'interrogation dans les phrases interrogatives. En France les guillemets sont « » et non " " (en usage dans les pays de langue anglaise) ; ces derniers sont toutefois utilisés lorsque des guillemets figurent au sein d'une citation. N'utilisez jamais les deux points (:) plus d'une fois dans une phrase. Voici maintenant quelques directives relatives à l'emploi de la ponctuation avec l'ordinateur. Il faut laisser une espace avant et après les deux points, le point et virgule, les points d'exclamation et d'interrogation ; une espace entre « et le début de la citation, et avant sa fin » ; en revanche, ne pas laisser d'espace avant la virgule, le point final ni au début ou à la fin des parenthèses (espace est normalement un nom masculin, sauf en matière d'imprimerie où il est féminin, ce qui explique l'usage que je viens d'en faire). Pour l'apostrophe il est préférable de mettre ' ; et d'éviter l'inélégant '.

4 / Notre syntaxe soumet *la concordance des temps* à des règles précises, certes difficiles. Si vous les dominez mal, employez une tournure où elles n'aient pas à intervenir. « On ne raisonne justement qu'avec une syntaxe rigoureuse » (Anatole France, *Le génie latin*).

5 / Rappelez-vous que :

— **Admirablement** est un superlatif d'excellence ; il se suffit à lui-même, de sorte qu'il ne faut pas lui adjoindre l'adverbe « bien » (de même pour *parfaitement* ou *merveilleusement*).

— **Au point de vue, du point de vue.** Ces expressions sont suivies, soit d'un complément de nom introduit par la préposition de, soit d'un adjectif épithète (ex. : *du point de vue formel*) ; lui juxtaposer un substantif est incorrect (ex. : *au point de vue examen*).

— **Avant que, afin que, bien que, pour que, quoique** sont impérativement suivis du subjonctif (car il s'agit de faits dans l'avenir, donc incertains : Or le subjectif est le temps de l'éventualité et de la subjectivité, donc aussi de l'émotion). *Avant qu'il ait obtenu son diplôme* (pure éventualité, hélas direz-vous). En revanche, **après que** est suivi de l'indicatif ou du conditionnel (parce que la subordonnée exprime un fait dont on est certain qu'il s'est produit) ; exemples : *Il sort après que nous avons pris le café. Il faut bonne mémoire après qu'on a menti (Corneille). Après que les étudiants eurent composé* (et non eussent). *Le professeur a dit qu'il vous recevrait après que vous aurez déposé votre sujet de mémoire* (et non après que vous ayez).

— **Davantage** n'est pas un comparatif ; il ne peut pas être suivi de *que.*

— **Donc :** N'abusez pas de cette conjonction ! De même, le pronom personnel indéfini **on** est à utiliser le moins possible : il est inélégant et souvent imprécis.

— **Environ :** S'il s'applique au temps, c'est un adverbe invariable *(Nous irons à la montagne environ la fin de juillet).* S'il se rapporte au lieu, il reçoit un « s » *(aux environs de Toulouse).*

— **Ès :** Contraction de « en les », ne peut précéder qu'un pluriel : *Licencié ès lettres* (mais : *En qualité de tuteur*).

— L'**État** s'écrit avec une majuscule lorsqu'il désigne le pouvoir central d'une nation reconnue comme sujet du droit international ; mais avec une minuscule dans tous les autres cas, où il signifie la situation dans laquelle se trouve une chose, une personne ou une collectivité.

— **Évident :** Qualifie en premier lieu ce qui s'impose clairement à l'esprit, ce qui est certain ; d'autre part, évident qualifie ce qui est immédiatement perceptible par la vue. Ce mot ne doit pas s'employer pour désigner ce qui est de réalisation facile ; par exemple, ne pas dire *« réussir à passer en maîtrise c'est pas évident »,* mais *« ce n'est pas facile ».*

— **Fait :** Le participe fait suivi d'un infinitif est toujours invariable, parce qu'il fait corps avec l'infinitif (ex. : *Ces manœuvres, nous les avons fait supporter par nos partenaires*).

— **Fonds :** Ce mot a un « s », même au singulier, lorsqu'il s'agit du fonds de commerce, d'un bien immobilier ou d'un capital, ce qui n'est pas le cas dans les autres sens *(le fond du sac, de la mer...).*

— **Lui, elle, eux, leurs :** Ces pronoms employés comme compléments ne peuvent représenter que des personnes. En parlant des choses et des animaux (qui sont des choses animées), il convient d'utiliser *en* et *y*. *Ce chien n'aime pas les étudiants en droit, il risque de vous mordre : éloignez-vous en* (et non de lui). Et *sur lui* (elle) est remplacée par-dessus (dessous, dedans). *Voici votre bicyclette, montez dessus* (et non sur elle) ; *voyez cette table, cachez-vous dessous* (et non sous elle), etc.

— **M. :** Telle est l'abréviation de Monsieur. Mr est celle de *Mister.*

— **Malgré que** ne s'emploie que dans le locution *« malgré qu'il en ait »* (quelque contrariété ou mauvais gré qu'il en éprouve) ; sinon il convient d'employer *quoique* ou *bien que.*

— **Quelque** s'écrit en deux mots (quel que) quand il précède immédiatement un verbe (dans ce cas toujours au subjonctif). Quel est alors adjectif et s'accorde. Quelque s'écrit en un seul mot quand il est devant tout autre mot qu'un verbe.

— **Quelque part** signifie en *un lieu indéterminé* (que l'on ne veut ou ne peut pas préciser ; ex. : *« Il est quelque part en France ».*

— **Reddition** s'écrit avec deux lettres d. En droit privé ce mot est employé essentiellement à propos des mandataires, qui doivent rendre compte (C. civ., art. 1993).

— **Soi-disant** (invariable et sans t à soi) ne s'emploie qu'à l'égard de personnes vivantes (puisque cette expression implique que quelqu'un se dise). En dehors des personnes vivantes, c'est le mot prétendu (variable) qui convient ; exemple : *Le prétendu contrat.*

— **Tout** est adverbe et invariable lorsqu'il signifie « entièrement », « tout à fait ». Exemple : *Une veste tout usagée.*

— **Verbes transitifs :** Ces verbes peuvent avoir un complément d'objet (où l'action faite par le sujet passe – transite – sur un complément) ; ex. : *Je regarde le ciel, j'étudie le cours.* Les verbes **intransitifs** ne peuvent pas prendre de complément d'objet : Ils offrent par eux-mêmes un sens complet, comme courir, débuter, démarrer, dormir, flâner (grande occupation des étudiants), marcher, mourir, nager, pleurer (souvent le sort des pauvres professeurs corrigeant les copies en fin d'année...).

— **Vingt** et **cent** prennent un « s » lorsqu'ils sont multipliés et à la fin de l'adjectif numéral : *Quatre-vingts livres, deux cents étudiants* ; mais sans le « s », *cent vingt jours* comme *mille cent francs* (car pas de multiplication mais une addition), *quatre vingt deux* (car vingt n'est pas à la fin).

7 / N'utilisez pas de *marque* pour désigner un objet. Vous ne dites pas je prends ma Peugeot mais ma voiture ; alors pourquoi ne pas dire je me sers d'un crayon à bille, d'un ruban adhésif, d'une chaussure de sport (de tennis...), *etc.,* plutôt que de citer leurs marques ?

Choisissez *le mot juste,* en évitant les mots « passe-partout », qui ont leur utilité, mais que la paresse ou la négligence conduisent à employer trop souvent. « Un mot "impropre" n'est-il pas d'une certaine façon un mot sale ? C'est qu'il y a une hygiène mentale et presque une sorte de probité morale dans le "bon usage" des mots » (M. Tournier, *Le pied de la lettre,* Folio, 1996. – Vous pouvez remarquez ici l'emploi des guillemets anglais au sein d'une citation).

Voici un exemple de la recherche du mot précis, à propos du verbe *faire* et la façon de le remplacer dans ses divers sens :

Il a *construit* sa maison lui-même. Cette usine *fabrique* des moteurs. Mon tailleur m'a *confectionné* un complet sur mesure. Dieu *créa* le monde.

Il a *engendré* trois enfants. Elle a *accouché* d'une fille. Ma chienne a *mis bas* deux chiots.

La Constitution de la Ve République, *élaborée* à l'instigation du général *de Gaulle, a établi* un nouveau régime. Elle a *institué* un Conseil constitutionnel.

Rimbaud a composé d'admirables poèmes. *Proust a écrit* une œuvre géniale. Le doyen *Ripert a rédigé* un traité de droit commercial.

Il faudrait *prendre* de l'essence. Il serait prudent de *s'approvisionner.* Il a *amassé* une fortune importante. Ce commerçant *a obtenu* des résultats remarquables. Son père lui *alloue* une pension. Il *se procure* de l'argent par de petits travaux. *Vendez*-vous de la papeterie ?

Il *exécuta* un bond prodigieux. Il *sauta* de deux mètres. Il *effectue* des tâches diverses. Il *opéra* un demi-tour. Il a *expédié* son devoir en une heure. Je *suis occupé* ce matin par le Droit civil. *J'étudie* le Droit. Je *prépare* la licence et j'envisage de *devenir* juriste d'entreprise, *d'embrasser* cette carrière. *J'ai accompli* mon devoir. Il ne *décide* rien sans consulter son père. S'il réussit, il *ira* en Grèce, avant *d'entreprendre* le tour de la *Méditerranée.*

Il ne *cesse* de gémir sur son sort. Sa négligence a *entraîné* son licenciement. Il a dû *parcourir* une longue route avant d'arriver. Nommé récemment à *Toulouse,* il a *prospecté* toute la région. Cette paire de chaussures a *duré* cinq ans. Il *pèse* 100 kg.

« Qu'en pensez-vous ? », *dit*-il. « Vous avez tort », lui *répondit* Paul.

Ce scandale a *provoqué* sa démission et a *occasionné* un préjudice au parti. Ces diverses causes ont *déterminé* la société Z à fermer son usine. Le choc lui a *causé* un traumatisme crânien. Votre état *suscite* la pitié. En quoi cela vous *importe*-t-il ? Ayant *contracté* la grippe, j'ai *eu* 40.

À *Toulouse,* la *Garonne dessine* une courbe. Le métro *mesure* plus de 10 km. La *Citroën Xantia coûte* plus de 16 000 €. Le réservoir *contient* 60 l.

8 / Proscrivez les *expressions ridicules* : Dans le cadre de, sur le plan de, au niveau de, se pencher sur (d'autant que vous risquez de tomber), les coordonnées (pour l'adresse, le numéro de téléphone, *etc.*), part entière (s'il y a une part, il ne peut pas y avoir une intégralité) ; les *fausses élégances* : Il ne faut pas se cacher que, vous n'êtes pas sans savoir, à tant faire que (ou, pire, tant qu'à faire) ; ou l'abominable comme quoi (pour : selon, en vertu de quoi). N'imitez pas les gens des « médias » qui disent *« merci à vous »* pour *« je vous remercie ».*

Il est fâcheux d'assaisonner ses propos de formules telles que *disons, je veux dire, c'est vrai que,* etc., et *a fortiori* de celles qui associent plusieurs de ces expressions : *« bon, disons que, en fait, euh, c'est vrai que... ».*

Gardez-vous d'employer bon nombre de termes fautifs, devenus monnaie courante tels que : *concerner* (pour intéresser, regarder, toucher, affecter), *complexifier* (pour compliquer, obscurcir), *contacter* (pour entrer en rapport avec, se mettre en rapport, prendre langue, toucher, joindre, rencontrer, s'entretenir, et même prendre contact avec), *émotionner* (pour émouvoir), *expliciter* (pour expliquer, formuler), *au final* (pour finalement, à la fin), *générer* (pour produire, engendrer, créer, enfanter, provoquer, causer, occasionner, susciter, etc.), *initier* (pour lancer, décider, promouvoir, concevoir, créer, commencer, prendre l'initiative, etc., *occulter* (pour masquer, cacher), *opportunité* (pour occasion, chance, possibilité ; opportunité signifie ce qui est opportun), *piste* (pour *suggestion,* solution position, envisageable, etc.), *positionner* (pour se placer, se situer, définir), le *problème* (pour la difficulté, la question), *renseigner* un document (pour le remplir, répondre à des questions ; seule une personne peut être renseignée), *sécuriser* (pour rassurer), *solutionner* (pour résoudre), *souligner* (pour insister, faire remarquer, mettre en valeur, relever, attirer l'attention, mettre en avant), *toilettage* (d'une loi, pour réforme, modification, révision ; le toilettage est une mot qui ne s'emploie que pour les chiens et les chats), etc.

Dans la même veine, méfiez-vous de l'abus des néologismes et anglicismes : *Acter* (pour prendre acte de), *conforter* (pour affermir, raffermir, consolider, renforcer, soutenir, corroborer, étayer, confirmer, fortifier, assurer, rassurer, etc.), *dangerosité* (pour danger, dangereux), *en charge de* (pour chargé de), *finaliser* (pour *achever*), *flexibilité* (pour souplesse), *globalisation* (pour mondialisation), *impact* (pour effet, influence, conséquence, retentissement, répercussion, résultat), *impulser* (pour lancer, promouvoir), *initialiser* (pour commencer), *nominé* (pour mentionné, cité), *paradigme* (pour modèle), *partition* (pour partage, découpage, démembrement), *réaliser* (dans le sens de comprendre, saisir, concevoir), *recette* (en dehors de la cuisine, pour *réception,* notamment d'un ensemble informatique), *réhabiliter* (pour restaurer un immeuble ou un quartier) ; et épargnez-vous le ridicule de formules grotesques, telle *la plate-forme logistique* pour désigner un entrepôt.

Évitez les *pléonasmes* (répétition) du genre : ajouter en plus, s'avérer vrai, autorisation préalable, collaborer ensemble, comparer ensemble, descendre en bas, s'entraider mutuellement (puisque mutuellement signifie réciproquement), éblouir les yeux (puisque éblouir est frapper les yeux d'un éclat trop vif), exporter à l'étranger, un hasard imprévu, marcher à pied, monter en haut, se réunir à plusieurs, suivre derrière, unanimité totale, voire même, voler en l'air, etc.

9 / Écrivez, ou dites :

— **L'internet :** L'usage de ce mot se calque exactement sur celui de téléphone, de radio, de télex, etc. ; d'où il ne doit pas être mis avec une majuscule et, le cas échéant, il doit être précédé de l'article.

— Il **se le** rappelle (et *non* il s'en rappelle) ou il s'en souvient.

— **Bien que,** quoique – suivis du subjonctif – (et *non* malgré que).

— **Cela m'indiffère** (et *non* m'est indifférent).

— **Clore** un débat, une séance (mais clôturer un champ).

— Partir **pour** Paris, aller à *Paris* (mais *non* partir à *Paris*). D'autre part, partir s'emploie avec un lieu (partir pour la Provence, pour la montagne), car ce verbe marque la séparation d'avec un lieu ; aussi l'expression partir pour une semaine, un mois, etc., n'est pas correcte : c'est *s'absenter* qui convient.

— **Se** présenter **à** un examen, à un concours (et *non* présenter un examen, *etc.*).

— **Pallier** un inconvénient (sans « à »).

— **Fonder sur** (et *non* baser).

— **Comme,** par exemple, ainsi, mais (seuls, et *non* deux de ces mots à la suite).

— Une **dépression** (et *non* une déprime : *déprimer* est un verbe transitif, de sorte qu'il est fautif de dire je déprime, tandis qu'est correct *je suis déprimé,* ou le cours de tel professeur me déprime *[horresco referens !]*).

— **En revanche** (et *non* par contre, qui n'est admis que dans le commerce, où sans doute cette locution est l'abréviation de *par contre-envoi*).

— Une solution de **remplacement,** de relève, de rechange, de substitution, un succédané (et *non* une alternative ; dans ce sens, c'est un anglicisme. L'alternative, en français, est une situation dans laquelle il n'y a que deux partis possibles ; en droit, il existe ainsi des obligations alternatives. En anglais, alternative ne désigne que la seconde possibilité d'un choix).

— Un **dilemme** (avec deux « m »).

— **L'arrêt** d'une Cour, une **décision** du Conseil constitutionnel, mais le **jugement** d'un tribunal.

— La Cour de cassation **casse** ou **rejette** le pourvoi ; dans ce dernier cas elle **maintient** une décision (et *non* confirme, puisqu'elle n'est pas un troisième degré de juridiction). À propos de cette juridiction, n'employez jamais l'expression de Cour suprême qui, juridiquement, a un sens précis.

— **Afin de,** en vue de, pour, dans l'intention de, avec le dessein de (et *non* dans le but de ; cette expression est en effet illogique : Un but est visé ; mais si l'on est dedans, il est atteint).

— Une loi **dispose,** énonce, décide, prescrit, impose, ordonne, prévoit (et *non* stipule : seuls les contractants stipulent).

— **Se révéler inexact** (et *non* s'avérer inexact ; car avérer veut dire donner pour vrai, confirmer).

— **Donner son assentiment** (et *non* son accord) : L'accord est un concert d'au moins deux volontés. L'accord conclu n'est la propriété d'aucune des deux parties. Il est donc impossible de donner son accord. En revanche, je puis donner mon approbation, mon assentiment, de même que je peux <u>me déclarer d'accord</u> avec d'autres personnes.

— Déposer **une** plainte (et *non* déposer plainte) ; porter plainte (et *non* porter une plainte). Porter plainte est un acte abstrait : C'est faire connaître à la justice que j'ai à me plaindre de quelqu'un. Déposer une plainte est un acte concret : il s'agit du document matériel que je dépose sur le bureau du procureur.

— Aller **chez le** coiffeur, le dentiste, *etc.* (et *non* au) ; mais aller **au** cinéma, à la piscine, *etc.* (c'est que, dans le premier cas, il s'agit d'aller chez une personne, alors que, dans le second, on se rend dans un lieu public).

— Je vais rédiger ma déclaration **de revenus** (et *non* d'impôts).

— La mère **de** *Paul,* le livre **de** *Jacques* (et *non* à).

— Je l'ai lu *dans* le journal (et *non* sur).

— **À Toulouse** ou de Toulouse (je me rends à Toulouse, je viens de Toulouse, je connais tous les bistros de Toulouse), et *non* sur Toulouse (qui laisserait entendre que je survole la ville en aéroplane) ; dans le langage commercial (mais uniquement dans celui-ci), l'usage admet l'expression « sur la place de *Toulouse* »).

— **Dans l'avenir** (et *non* dans le futur, qui est un temps des verbes ; son emploi en tant que nom est un anglicisme ; en revanche, l'adjectif futur est correct, comme dans les *générations futures* ou les *futurs licenciés*).

— Je suis **entré en contact** avec le service du personnel de la société *Arc en ciel* (ou j'ai pris contact, pris langue, suis entré en rapport), et *non* j'ai noué un contact, car un contact se produit par la rencontre de deux objets qui, d'aucune manière, ne peuvent se nouer.

— **Impoli** et *non* mal poli.

— Il **vaut** mieux (et *non* il faut mieux).

— Je vous aiderai **dans toute la mesure possible,** ou **dans** la mesure **du** possible, et *non* dans *toute* la mesure *du* possible.

— **Ce n'est pas lui** (et non c'est pas lui).

— **Ce n'est pas de sa faute** (et *non* c'est pas sa faute).

— **Temps nécessaire** (et *non* temps matériel, qui est un non-sens puisque, par définition, le temps est immatériel).

— **Immédiatement,** instantanément, incontinent, sur le champ, aussitôt (et *non* temps réel, le temps étant forcément réel).

10 / Connaissez le sens précis de certains mots ou expressions :

— **Achalandé** se dit d'un magasin ayant beaucoup de clients (de chalands), et *non* d'un magasin bien approvisionné.

— **Adéquat :** Égal à son objet (et *non* pas convenable).

— **Bénéficier :** Ne peut avoir pour sujet que la personne ou la chose qui bénéficie. Exemple : vous bénéficiez de cette mesure ; et *non* : cette mesure vous bénéficie.

— **Celui, ceux, celle, celles** doivent être suivis de la préposition de ou d'une proposition relative ; exemple : ceux qui ont été choisis (et *non* : ceux choisis).

— **Conséquent** ne signifie pas important, mais appliqué aux choses, *« qui suit logiquement »* : *une conduite conséquente.*

— **Contexte :** Ensemble du texte entourant un mot, une phrase, un passage. Au figuré, l'ensemble des circonstances qui accompagnent un événement, une action ; mais cet emploi est déconseillé par l'*Académie française* : milieu, entourage, environnement sont à préférer.

— **Conventionnel** (en dehors du sens historique) : Qui résulte d'une convention ; ne doit pas être employé au sens de traditionnel, classique (anglicisme).

— **Curé :** Prêtre responsable d'une paroisse (disposant d'une cure) ; ce mot n'est pas synonyme de prêtre : tout curé est prêtre, mais tout prêtre n'est pas curé.

— **Domestique** (du latin *domus,* maison) : Qui se rapporte à la maison (un animal domestique), ou à la famille (une personne employée au service de celle-ci). Ne signifie pas intérieur : l'expression vol domestique (pour une ligne aérienne) est un anglicisme (sauf si l'on entend par là qu'il s'agit d'un larcin commis par un membre de la maison).

— **Depuis :** Préposition de sens temporel ; ne doit pas servir à désigner un lieu. Il faut dire : émission transmise *de* Toulouse ; je regardais de mon balcon (et *non,* dans les deux cas, depuis).

— **Dont :** Ce pronom relatif ne peut compléter un nom introduit par une préposition. Par exemple, il ne faut pas dire : *Une entreprise dont je me félicite du succès,* mais *du succès de laquelle je me félicite.*

— **Une espèce de :** Le mot espèce est féminin, quel que soit le genre de son complément. Exemple : une espèce d'idiot (espèce hélas assez répandue...).

— **Excessivement :** Marque un excès et, par conséquent, un défaut. Ne doit être employé que péjorativement. Ne pas dire : *il est excessivement intelligent.*

— **Exprès :** Le substantif désigne une personne chargée spécialement de transmettre la pensée ou la volonté de quelqu'un (par extension, lettre exprès, c'est-à-dire lettre transmise par porteur spécial). L'adverbe exprès signifie : à dessein, avec intention formelle (au féminin, l'adjectif est *expresse* ; exemple : la condition expresse...). Dans l'un comme dans l'autre le « s » final ne se prononce pas (comme dans cyprès). Le mot express (avec deux « s », anglicisme) désigne un service de transport relativement rapide et un café préparé à la vapeur.

— **Grand-père (grand-mère) :** N'est pas synonyme de personne âgée.

— **Habitat :** Ne veut pas dire habitation, mais le milieu géographique réunissant les conditions nécessaires à l'existence d'une espèce *animale* ou *végétale.*

— **Initier :** Suppose qu'il y ait une initiation. Ce verbe n'est pas synonyme de commencer, d'entamer ou de prendre l'initiative.

— **Instance :** Demande dont est saisie une juridiction. L'expression les « hautes instances » est grotesque.

— **Novation :** C'est un terme juridique (substitution d'une obligation nouvelle à une obligation ancienne qui s'éteint) ; ne pas employer ce mot au sens d'innovation.

— **Partition :** L'ensemble des parties d'une composition musicale (et, dans un emploi plus rare, les divisions d'un blason). Ne pas l'utiliser dans le sens de partage, découpage, démembrement.

— **Ponctuel :** Signifie la qualité d'exactitude et, en géométrie, désigne quelque chose qui peut être assimilé à un point. Hors de ces sens, l'emploi de ponctuel est de mauvais goût (sans être prohibé).

— **Péripétie :** Caractérise un événement important et imprévisible, provoquant un changement brusque de situation. Ne désigne donc pas un événement de peu d'importance.

— **Prétexte :** C'est la raison apparente dont on se sert pour masquer le véritable motif d'une action. D'où il est tautologique de parler de « faux prétexte », un prétexte étant toujours faux par définition. Dire : *un mauvais prétexte,* ou *un prétexte spécieux.*

— **Réticence :** Omission volontaire d'un fait que le sujet aurait dû dévoiler (comme dans le dol par réticence). À ne pas utiliser au sens de réserve, retenue, hésitation.

— **Risquer :** C'est courir un danger. Il est donc impropre d'employer ce verbe pour un événement heureux, sauf à se vouloir ironique. *Claire* risque d'échouer et non d'être reçue (elle a des chances d'être reçue).

— **Sanctionner** n'est pas synonyme de punir, mais de confirmer, d'approuver.

— **Sans que** doit se construire sans négation, même s'il est suivi d'aucun, personne ou rien, qui ont dans ces phrases un sens positif. Exemple : *Sans que personne puisse s'y opposer* (et non *sans que personne ne puisse...*).

— **Sentence :** Dans son sens général c'est un synonyme de maxime ; mais dans son sens juridique précis, la sentence est une décision d'un tribunal arbitral (cf. C. proc. civ., art. 1470 et s.).

— **Solution de continuité :** Cette expression est un véritable piège car, loin de signifier qui assure la continuité, elle signifie *une inter-*

ruption, une coupure ; la raison en réside dans le fait que le mot solution ne vient pas ici de résoudre mais de dissoudre.

— **Suite à :** Locution commerciale inélégante et incorrecte, à proscrire. Écrivez : *En réponse à votre lettre,* ou *à la suite de notre conversation du...* – Et encore : *par application de l'article 1382* et non *suite à l'article 1382.* Et ne pas employer **de suite** pour tout de suite. De suite signifie l'un après l'autre, sans interruption, alors que tout de suite veut dire sur le champ, immédiatement.

— **Susceptible de :** N'est pas synonyme de capable. Je suis susceptible de recevoir, d'éprouver, de subir ; mais je suis capable de donner ou de faire. Un édifice est susceptible d'améliorations ; un architecte est capable de les concevoir et un entrepreneur de les réaliser.

— **Surtout que** est à proscrire ; le remplacer par d'autant que, d'autant plus que.

— **Technologie :** L'art d'élaborer, d'utiliser, de transmettre ou d'étudier une technique (de même que méthodologie ne signifie pas méthode, mais réflexion sur les méthodes). Le mot a donc un sens plus large que celui de technique. Souvent, technologie est employé abusivement – de façon pédante qui se veut savante (alors qu'il s'agit d'un anglicisme) – à la place de technique.

— **Verdict :** Déclaration par laquelle la cour d'assises répond aux questions de fait posées par son président. Ne pas l'utiliser comme synonyme de jugement ou d'arrêt.

11 / Ne confondez pas :

— **Acceptation, acception :** Acceptation veut dire *action d'accepter,* alors qu'acception signifie soit préférence (la justice ne fait acception de personne), soit signification (d'un mot).

— **Amener, ramener :** Conduire en menant ; ne peut donc s'appliquer qu'aux personnes et à certains animaux ; les verbes **apporter** et **rapporter** s'emploient pour les objets inanimés.

— **Avérer** (donner pour vrai) et **se révéler :** *S'avérer vrai* est un pléonasme, et *s'avérer faux* est un non-sens (l'expression convenable est *se révéler faux*). Il est juste de dire : Ce contrat s'avère être de mandat, ce chandelier s'avère être en métal argenté, M. Thomas s'avère être un bandit.

— **Conjecture :** Opinion fondée sur des probabilités, ou supposition ; à ne pas confondre avec **conjoncture** (situation résultant d'un ensemble de circonstances fortuites).

— **Copie** avec **exemplaire** (ex. : Photocopiez-moi ce document en 20 exemplaires).

— **Courrier** et **lettre** ou **message** (électronique) : Le mot de courrier désigne un ensemble de lettres ou de messages (au moins potentiel : le facteur vous apporte le courrier, même s'il n'a qu'une lettre pour vous). Ne doit pas s'employer pour qualifier une seule lettre ; il ne faut donc ni dire ni écrire : « En réponse à votre courrier du 25 mai », mais « de votre lettre du 25 mai ».

— **Décennie :** Intervalle de dix ans ; **décade :** De dix jours.

— Le **défendeur** (personne contre laquelle une demande en justice est formée) et le **défenseur** (personne, généralement un avocat, assurant la défense d'un plaideur).

— **Dessin** et **dessein** : Le « e » supplémentaire du deuxième mot en change le sens (projet, but, intention).

— **Dommage** et **préjudice** : Dans un langage juridique précis, le dommage désigne la lésion subie, tandis que le préjudice est la conséquence de la lésion. *Un voyou m'ayant violemment heurté, je suis tombé et me suis cassé le bras droit* (le dommage), *ce qui m'a empêché d'exercer mes tournées en tant que représentant* (mon manque à gagner est le préjudice). De même, il est préférable d'employer l'expression de dommages **et** intérêts (comme le Code civil de 1804, à une exception près), plutôt que celle de dommages-intérêts qui s'est répandue dans les textes récents : en effet, les dommages visent la réparation de la perte subie (le dommage), et les intérêts le gain manqué (le préjudice).

— **Entrer** et **rentrer** : Un étudiant qui a miraculeusement obtenu la licence entre en master ; celui qui a échoué à la seconde session peut, s'il ne renonce pas, rentrer dans le quatrième semestre (entrer de nouveau). Dans la même veine, il convient de distinguer ajouter et rajouter (ajouter de nouveau), apporter et rapporter (apporter de nouveau), copier et recopier, etc.

— **Globalisation** et **mondialisation** : La globalisation est l'action de réunir en un tout ; ce mot n'est pas admis par l'*Académie française* et, de plus, est souvent employé à tort au sens de mondialisation (car celle-ci se dit effectivement *globalization* en anglais).

— **Errements** et **erreur** : Les errements (toujours au pluriel) sont les manières d'agir habituelles. Ce n'est donc pas un synonyme d'erreur, qui est le fait de se tromper.

— La **foi** ou la **bonne foi** avec le foie (organe, avec un e final).

— **Impétrant** et **postulant** : L'impétrant est un postulant qui a obtenu ce qu'il demandait (diplôme, titre) ; ce n'est donc pas quelqu'un qui sollicite quelque chose.

— **De par :** Ne pas confondre avec **de part,** notamment dans l'expression *de par sa qualité (ou sa nature).*

— **Opportunité :** Caractère de ce qui est opportun, circonstance favorable, parce qu'il semble indiqué d'agir ainsi ; ne signifie pas occasion (c'est alors un anglicisme car, effectivement, occasion se dit *opportunity* en anglais).

— **Perpétuer** (faire durer) et **perpétrer** (faire, exécuter, commettre).

— **Préjudiciel** (qui doit précéder le jugement) et **préjudiciable** (qui cause un préjudice à quelqu'un).

— **Prémices, prémisse :** Prémices (toujours au pluriel) désigne les premiers fruits de la terre ou du bétail ; au figuré le commencement, le début. Prémisse désigne les deux premières propositions d'un syllogisme.

— **Prêt à** (je suis disposé à ; je suis prêt à partir) : Ne pas confondre avec **près de** (je suis sur le point de ; je suis près de partir).

— **Promettre** et **stipuler** : Promettre c'est s'engager ; stipuler c'est obtenir un engagement (du latin *stipulare*). La promesse est normalement le fait du débiteur, la stipulation le fait du créancier. Dans un contrat synallagmatique, chacun étant débiteur et créancier promet et stipule. L'article 1119 du Code civil sous-entend cette distinction. Le verbe *stipuler* ne peut donc pas s'employer pour le législateur, mais seulement pour les contractants.

— **Rabattre, rebattre :** Ne pas confondre rabattre (rabaisser) et rebattre (battre de nouveau). On rebat les oreilles de quelqu'un, mais il existe des rabat-joie ; un sujet banal est rebattu, mais un col peut être rabattu.

— **Revisiter, reconsidérer** et **relire** : J'ai revisité la galerie des bijoux de la Couronne du musée du Louvre, j'ai reconsidéré les théories de Planiol sur la notion de responsabilité contractuelle, j'ai relu les *Pensées* de Pascal.

— **Rustique** et **ancien** : Un meuble de campagne est rustique ; il peut être ancien. Tout meuble ancien n'est pas rustique, loin s'en faut, par exemple ceux qui se trouvent au *Palais de l'Élysée,* et qui sont de provenance royale ou impériale.

— **Sauf à** et **sauf si** : Sauf à signifie quitte à, au risque de (je partirai en bateau, sauf à sombrer).

— **Second** et **deuxième** : Il est préférable d'employer second lorsque l'énumération s'arrête à deux (c'est son second fils = le dernier ; le second alinéa de l'art. 1100 du C. civ. = le dernier), et deuxième dans le cas contraire (c'est son deuxième fils = il en a d'autres ; le 2e alinéa de l'art. 1384 = il y en a d'autres).

— **Sortir** et **enlever** : Je sors de la maison ; j'enlève mon stylo de ma poche.

— **Stupéfait** (adjectif qui indique un état) et **stupéfié** (participe passé du verbe stupéfier) : Martin fut stupéfait de rencontrer Jeanne avec Augustin. Il a été stupéfait de la rencontrer en ce lieu et lui adressa de vifs reproches. L'assistance fut stupéfiée par un tel discours. J'avoue pour ma part que la conduite de Jeanne me stupéfie.

— **Votre** et **vôtre** : Votre (sans accent) s'emploie devant un nom (votre canne, votre mari) ; vôtre, avec l'accent circonflexe, dans les autres cas (cette idée est vôtre ; la vôtre est plus belle). La même subtilité pour notre et nôtre.

12 / Je vous conseille de vous connecter de temps à autre au site animé par *M. Bernard Pivot,* consacré à la langue française, traité de façon ludique (www.dicosdor.com).

13 / Néologismes officiels

Plusieurs arrêtés ont publié des listes de néologismes officiels, pour remplacer des mots d'origine étrangère (dans les conditions prévues par le décret du 3 juill. 1996 relatif à l'enrichissement de la langue). Leur emploi est alors obligatoire, dans la mesure où le français l'est lui-même en vertu de la loi du 4 août 1994. Les listes de terminologie peuvent être consultées sur le site internet de la Délégation générale à la langue française (http://dglf.culture.fr).

Voici quelques-uns de ces termes ou expressions qu'il convient d'utiliser.

Affacturage (factoring)
Affaire (business)
Agenda électronique (organizer)
Agent artistique (impresario)

Aide en ligne (hot line)
Apparence, présentation, allure, style (look)
Baladeur (walkman)
Barrière de sécurité (firewall), *mot de l'informatique*
Boutique franche (free shop, ou duty...)
But (goal)
Cadre (frame), *mot de l'internet*
Cadreur (cameraman)
Calendrier, minutage (timing)
Caravanage (caravaning)
Capital-risque (venture capital)
Causette (chat), *mot de l'internet*
Cédérom (CD-Rom)
Cession-bail (lease back)
Chalenge (avec un seul « l ») ou, en matière sportive, **défi** (challenge)
Coentreprise (joint venture)
Commanditaire (sponsor)
Commanditer, ou parrainer (sponsoriser)
Commerce en ligne (commerce on line)
Compagnie majeure (major)
Concentrateur (hub), *mot de l'internet*
Conteneur (container)
Crédit-bail (leasing)
Disque compact (compact-disc)
Distribution (dispatching)
Distribution artistique (casting)
Échange de données informatisé, en abrégé EDI (Electronic Data Interchange)
Écrasement, ou accident (crash, d'un avion)
Emplettes, courses (shopping)
En mer (off shore)
Entraînement, ou formation (training)
Épinglette (pin's)
Exclusivité (scoop) ; information donnée en...
Forum (newsgroup), *mot de l'internet*
Fouineur (hacker), *mot de l'internet*
Franchisage (franchising)
Franc-tireur, tireur embusqué (snipper)

Franc jeu (fair play)
Frimouse (emoticon, smiley), *mot de l'internet*
Gardien de but (goal keeper)
Gérance de l'informatique (facility management)
Gouvernement ou gouvernance de l'entreprise (corporate governance)
Groupe (pool)
Haut de gamme (standing)
Hypertexte (hypertext), *mot de l'informatique et de l'internet*
Icône (icon), *mot de l'informatique*
Ingénierie (engineering)
Internaute (cybernaute)
Libre-service (self service)
Liste ou listage (listing)
Liste de vérification (check-list)
Management, mais prononcé à la française, le mot venant du français
MBA, marge brute d'autofinancement (cash flow)
Marche (footing)
Mél. (comme tél. pour téléphone), messagerie électronique (e. mail), ou l'élégant **courriel,** imaginé par les Québécois)
Module d'extension (plug-in), *mot de l'internet*
Option sur titres (stock option)
Message (publicitaire ; spot)
Page sur la toile (page web)
Palmarès (hit parade)
Parrainage (sponsoring)
Permutation (swap), *mot de l'informatique*
Pirate (cracker), *mot de l'internet*
Planigramme, ou calendrier, plan de charge (planning)
Post sonorisation (play back)
Primauté (leadership)
Rabais, ristourne (discount)
Redevance (royalty, royalties)
Répartir, ou attribuer, distribuer (dispatcher)
Résidence mobile (mobil home)
Restauration rapide (fast food)
Retour en arrière (flash back)
Réunion, rencontre (meeting)

Ristourne, rabais (discount)
Sac gonflable (airbag)
Savoir-faire (know how)
Scanneur (scanner)
Société (firme)
Spectacle solo (one man show)
Stylique (design)
Surréservation (surbooking)
Télécopie, en abrégé TCP (fax, dérivé du latin *fac simile*)
Toile (web ; world wide web signifie mot à mot *la toile d'araignée mondiale*)
Transbordeur (car ferry, ferry boat)
Voyagiste (tour operator)
Zappage (zapping)

D'autre part, il est préférable de ne pas utiliser des mots anglais qui n'existent pas, ou qui ne sont pas utilisés avec le sens qui leur sont donnés en France. Par exemple un joueur de tennis ou de rugby ne sont pas en anglais un *tennisman* ou un *rugbyman,* mais un *tennis player* et un *rugby player.* Celui qui a battu un record n'est pas un *recordman* mais un *record holder,* un présentateur de radio ou télévision n'est pas un speaker mais un *announcer.*

Remarque complémentaire. — Pour connaître les raisons et intérêts historiques, culturels, politiques et économiques d'utiliser sa langue de façon correcte, lisez, de Ph. Lalanne-Bertoudicq, *Pourquoi parler français* (Éd. Fleurus, 1993).

Pour vous aider dans la connaissance de la langue je conseille vivement trois excellents ouvrages : M. Druon (ancien secrétaire perpétuel de l'*Académie française*), Le Bon français, ou un combat qui en vaut la peine, Éd. Le Rocher, 1999. — M. Grevisse, *Le bon usage* (Hatier, réédité régulièrement) — A. Thomas, *Dictionnaire des difficultés de la langue française* (Larousse, réédité régulièrement, peu onéreux).

II | Quelques maximes, expressions et mots latins

A - Maximes

— *Accessorium sequitur principale* (l'accessoire suit le principal)
— *Actio non natæ non currit præscriptio* (pas de prescription de l'action avant sa naissance)
— *Actor sequitur forum rei* (le demandeur saisit le tribunal du défendeur)
— *Actori incumbit probatio* (la preuve incombe au demandeur)
— *Contra non valentem agere non currit praescriptio* (la prescription n'a pas couru contre celui qui a été empêché d'agir)
— *Culpa lata dolo æquiparatur* (la faute lourde est équivalente au dol)
— *De minimis non curat prætor* (le préteur ne s'occupe pas d'affaires insignifiantes)
— *De non vigilantibus non curat prætor* (le préteur ne s'intéresse pas au négligent)
— *Dies non interpellat pro homine* (l'échéance du terme ne vaut pas mise en demeure)
— *Electa una via, non datur recursus ad alteram* (une voie choisie, il n'est pas possible de revenir à l'autre)
— *Error communis facit jus* (l'erreur commune est créatrice de droit)
— *Fraus omnia corrumpit* (la fraude corrompt tout)
— *Genera non pereunt* (les choses de genre ne périssent pas)
— *Impossibilium nulla obligatio* (il n'y a pas d'obligation quand l'objet est impossible
— *In dubio, pro reo* (le doute profite à l'accusé)
— *In lege Aquilia et culpa levissima veniet* (dans la loi *Aquilia,* c'est-à-dire en matière délictuelle, la faute la plus légère est prise en considération)
— *In pari causa turpitudinis cessat repetitio* (pas de « répétition » en présence d'une faute égale)
— *Locus regit actum* (la forme de l'acte est réglée par le lieu)

— *Malitiis non est indulgendum* (pas d'indulgence pour la mauvaise foi)

— *Neminem lædit qui suo jure utitur* (celui qui use de son droit ne lèse personne)

— *Nemo auditur propriam turpitudinem allegans* (personne ne peut alléguer sa propre faute)

— *Nemo contra se subrogare censetur* (nul n'est censé avoir subrogé contre soi)

— *Nemo dat quod non habet* ou *Nemo plus juris ad alium transfere potest quam ipse habet* (nul ne peut transférer à autrui plus de droit qu'il n'en a lui-même)

— *Nemo plus juris ad alium transfere potest quam ipse habet* (ci-dessus)

— *Nullum crimen, nulla pœna sine lege* (il n'y a pas d'infraction ni de peine sans texte : principes de la légalité des délits et des peines)

— *Pacta sunt servanda* (les conventions doivent être respectées)

— *Prior tempore potior jure* (le premier en date est le premier en droit)

— *Quæ temporalia ad agendum perpetua sunt ad excipiendum* (l'action est temporaire, l'exception est perpétuelle)

— *Quod nullum est nullum producit effectum* (ce qui est nul ne produit aucun effet)

— *Res inter alios acta aliis neque nocere neque prodesse potest* (la chose convenue entre les uns ne nuit ni ne profite aux autres : effet relatif des contrats)

— *Res judicata pro veritate habetur* (la chose jugée est tenue pour vraie)

— *Res perit creditori / debitori / domino* (la perte est pour le créancier / le débiteur / le propriétaire)

— *Solus consensus obligat* (le consentement oblige à lui seul)

— *Specialia generalibus derogant* (ce qui est spécial déroge à ce qui est général)

— *Ubi lex non distinguit, nec nos distinguere debet, ibi onus* (là où la loi n'opère pas de distinctions nous ne devons pas en faire)

— *Volenti non fit injuria* (on ne fait tort à qui consent)

B - Expressions et mots latins

— *Ab initio* (dès le début). — *In limine litis* (au début du procès)

— *Accipiens* (celui qui reçoit le paiement) ; — *solvens* (celui qui fait le paiement)

— *Ad nutum* (sur un signe = par la seule volonté)

— *Ad probationem / solemnitatem / validitatem* (pour la preuve / la solennité constitutive / la validité)

— *Affectio societatis* (intention de s'associer dans une société)

— *Animus* (intention) ; *animus donandi* (intention libérale = volonté de donner) ; *animus cooperandi* (intention de coopérer dans un contrat)

— *Bonus pater familias* (bon père de famille)

— *Causa proxima / remota* (cause la plus proche / la plus éloignée)

— *Causa mortis* (du fait de la mort)

— *Contra legem* (contre la loi)

— *Culpa in contrahendo / in eligendo / lata* (faute dans la conclusion du contrat / dans le choix / lourde)

— *Damnum emergens* (perte éprouvée). — *Lucrum cessans* (le gain manqué)

— *De in rem verso* (restitution de la chose)

— *De lege ferenda* (dans la perspective d'une réforme de la loi)

— *De lege lata* (et après la loi existante)

— *Dolus bonus / malus* (bon dol, mauvais dol)

— *Erga omnes* (à l'égard de tous)

— *Ex æquo et bono* (en fonction du juste et de l'équitable)

— *Exceptio non adimpleti contractus* (exception d'inexécution du contrat)

— *In* (dans).

— *In abstracto, in concreto* (abstraitement, concrètement)

— *Infans* (enfant en bas âge)

— *In solidum* (en entier)

— *Instrumentum* (instrument = acte)

— *Intuitu personæ* (en considération de la personne). Le contrat de mandat est conclu *intuitu personæ*. L'*intuitus personæ de ce contrat (nominatif).*

— *Mutuus consensus / dissensus* (consentement mutuel, dissentiment mutuel)
— *Ne varietur* (sans changement)
— *Non ædificandi* (ne pas construire : servitude de...)
— *Obiter clictum* (au détour d'une phrase)
— *Opinio juris* (le sentiment du droit)
— *Patientia principis* (patience du prince ; il en survit des manifestations, à défaut de l'expression, par exemple dans l'article 1244-1 du Code civil)
— *Penitus extraneus* (au singulier), *extranei* (au pluriel) : tiers complètement étranger au contrat
— *Post mortem* (après la mort)
— *Praeter legem* (à côté de la loi)
— *Pretium doloris / stupri* (prix de la douleur / du stupre)
— *Pro forma* (pour la forme)
— *Quantum* (montant)
— *Rebus sic stantibus* (les choses demeurant en l'état)
— *Restitutio in integrum* (restitution intégrale)
— *Secundum legem* (selon la loi)
— *Sine qua non* (sans laquelle non ; sous entendu : condition...)
— *Solo consensu* (par le seul effet du consentement)
— *Sui generis* (propre à une espèce, à un genre, unique)

C - Sens de quelques abréviations usuelles

— *Contra* (en sens contraire)
— *Dig.* (Digeste, avec un « e » final)
— *i.e. = id est,* c'est-à-dire)
— *Ibid* ou *ibidem* (au même endroit)
— *Id* ou *idem* (le ou la même)
— *Infra, supra* (ci-dessous ou plus loin ; ci-dessus ou plus haut)
— *Op. et loc. cit. = opus et loco citatis* (ouvrage et endroit cités)
— *V°, V^is = verbo, verbis* (mot, mots)

PREMIÈRE PARTIE

LE DROIT

Leçon 1

Qu'est-ce que le droit ?

Dissertation : « La distinction du droit et de la morale »

Jean-René Binet*

Conseils méthodologiques

Pour l'élaboration du plan, il faut partir de deux séries d'éléments. D'abord, les éléments contenus dans le sujet. Ensuite, les éléments du cours, c'est-à-dire, plus largement, les connaissances, la culture, que l'on a acquises dans l'amphithéâtre, dans les manuels et dans le cadre des séances de travaux dirigés. Les uns doivent répondre aux autres.

Le sujet, d'abord, est à la fois très classique sur le fond et spécifique sur sa structure. Il s'agit en effet de s'interroger sur « La distinction du droit et de la morale ». Classique, car les réflexions sur ces deux ordres normatifs que sont la morale et le droit sont tout aussi nombreuses qu'absolument nécessaires pour aborder les études de droit, ou de philosophie. L'auteur se souvient ici d'avoir dû plancher, au baccalauréat, sur « La justice doit-elle se contenter de satisfaire les sentiments du juste et de l'injuste ? », sujet de philosophie qui invitait, lui aussi, à une réflexion portant, au moins pour partie, sur les deux ordres normatifs. Cependant, il s'agit maintenant non pas de réfléchir seulement quant à une finalité commune (la justice) mais, plus largement, d'envisager « la distinction ». C'est probablement ce qui va faire la plus grande difficulté du sujet. Il faut garder

* Maître de conférences à la Faculté de droit de Besançon.

cette spécificité en tête en rappelant à sa mémoire les éléments que l'on possède grâce au cours.

Ce qui distingue le droit de la morale c'est, d'abord, un but. La morale, peut-on lire souvent, poursuit le perfectionnement individuel de l'homme, tandis que le droit poursuit l'organisation de la société. Cependant, pour permettre une bonne organisation de la société, on sait aussi que le droit ne peut pas heurter la norme morale qui, par conséquent concourt au même but. L'honnêteté, la justice, pour ne citer qu'elles, sont des finalités poursuivies aussi bien par le droit que par la morale.

Fort heureusement, le droit et la morale ne se distinguent pas seulement par les finalités que les deux ordres poursuivent. Les moyens qui sont mis en œuvre par le droit et la morale sont également révélateurs de différences. Il ne s'agit plus de parler de l'ensemble (le Droit et la Morale), mais de la règle de droit et de la règle morale. Une différence essentielle permet de les distinguer efficacement : la sanction. Enfreindre l'une entraîne l'application d'une sanction étatique (condamnation à une peine d'emprisonnement ou à l'indemnisation de la victime). Enfreindre l'autre entraîne une sanction non étatique (la déconsidération, le déshonneur). Toutefois, là encore, la distinction est parfois compliquée par certains éléments. Ainsi, l'attentat à la vie humaine, sanctionné par l'autorité publique, est à la fois une infraction à la règle morale et à la règle juridique. La règle de droit et la règle morale vont donc avoir un contenu identique. Cette identité résulte alors d'une origine commune.

L'inventaire de nos connaissances nous permet donc d'avoir des éléments de distinction qui sont certains : 1 / finalité sociale de la règle de droit, individuelle de la règle morale ; 2 / règle de droit sanctionnée par l'autorité publique, règle morale appelant des sanctions non étatiques. À côté de ces critères de distinction certains, on a aussi relevé des facteurs de complexité : 3 / communauté de but entre l'ordre juridique et ordre moral ; 4 / identité d'origine et de contenu de la règle morale et de la règle juridique.

Nous avons donc quatre éléments, ce qui est un bon départ pour un plan binaire : cela nous permet d'envisager quatre sous-parties. Il faut réunir deux à deux nos quatre éléments. Deux méthodes sont possibles.

Plan I. On peut réunir d'une part l'élément 1 et l'élément 2, et d'autre part l'élément 3 et l'élément 4.

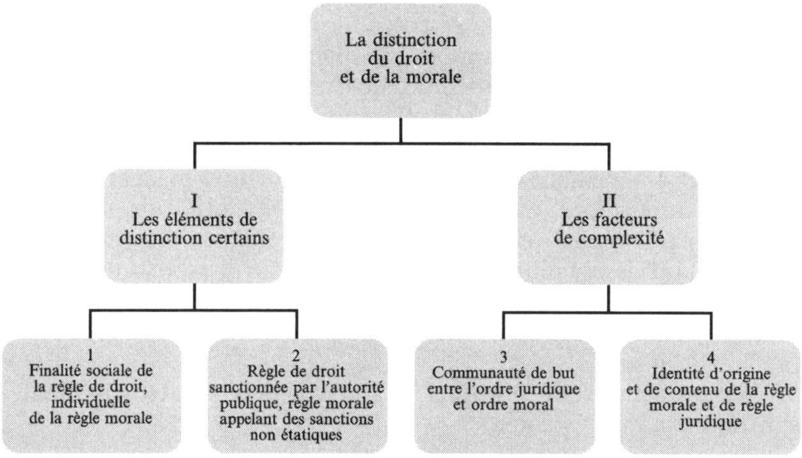

Plan II. On peut réunir d'une part l'élément 1 et l'élément 3, et d'autre part l'élément 2 et l'élément 4. Cette fois ce n'est plus le facteur : évidence/complexité qui sert de discriminant, mais le facteur finalité/moyens.

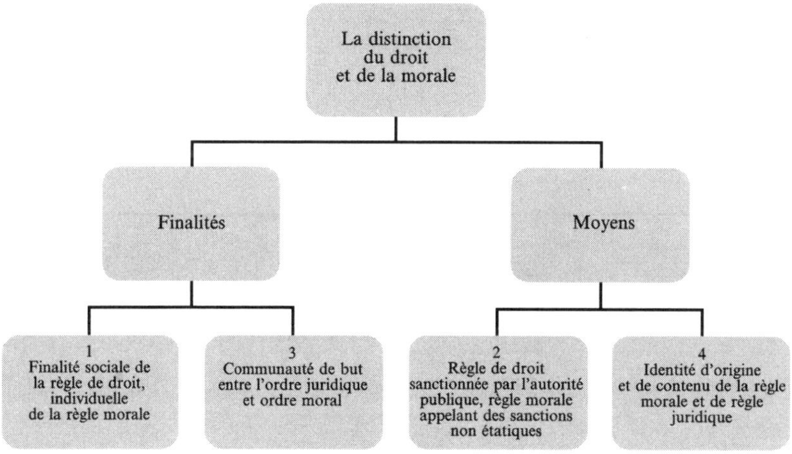

Chacun de ces deux plans a sa cohérence. Il faut cependant choisir celui que l'on retiendra. Un bon moyen consiste à vérifier l'équilibre des deux parties. Les deux parties seront équilibrées si IA + IB = IIA + IIB étant entendu que c'est l'importance de chaque sous partie par rapport au sujet qui détermine sa valeur. Qu'est-ce qui est important dans nos idées ? Le sujet portant sur « la distinction », c'est assurément ce qui permet d'opérer cette distinction qui est important, c'est-à-dire les éléments 1 et 2. Les éléments 3 et 4 ne venant que rendre cette distinction malaisée sont de moindre importance, compte tenu de la formulation du sujet. Par conséquent, le plan I risque d'apparaître, à première vue, au moins, comme étant déséquilibré. En revanche, le plan II permet de ventiler les éléments importants de part et d'autre et d'assurer ainsi, toujours à première vue, un meilleur équilibre. Cela va nous conduire à préférer le plan II.

Il reste maintenant à affiner sa construction. Quatre possibilités s'offrent à nous.

Plan II, 1

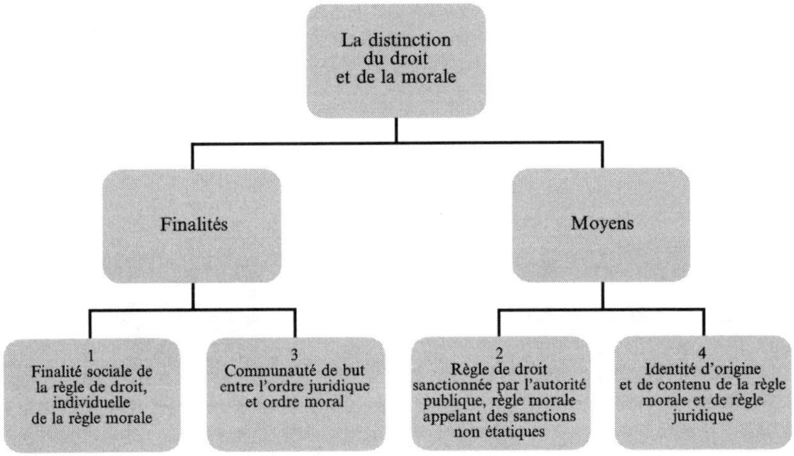

Plan II, 2

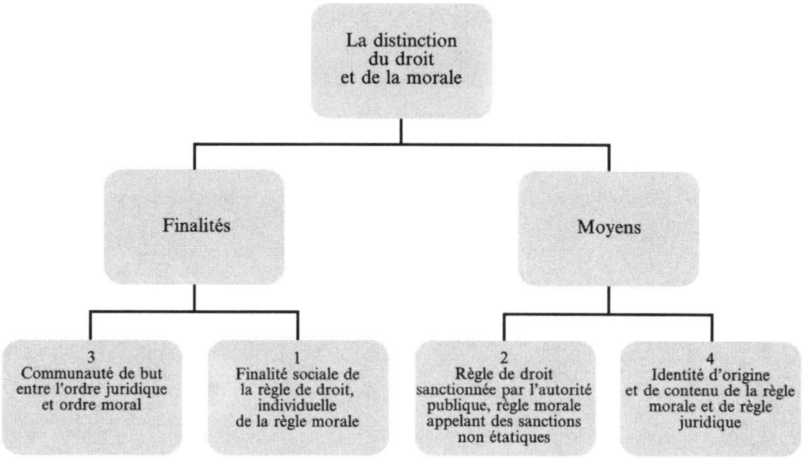

Plan II, 3

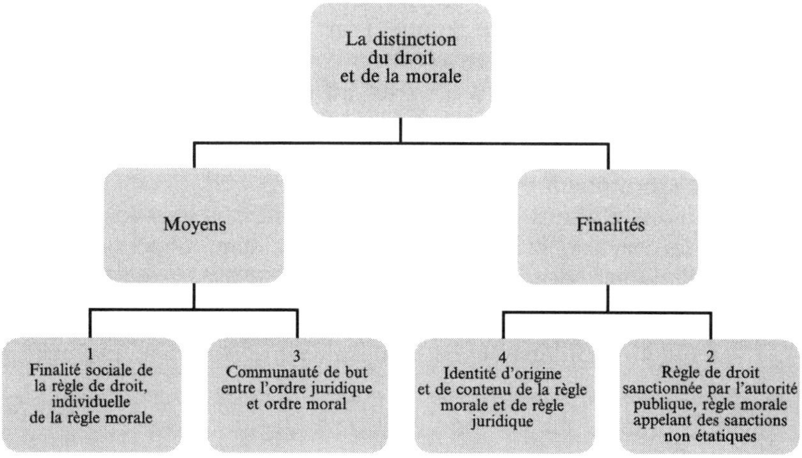

Plan II, 4

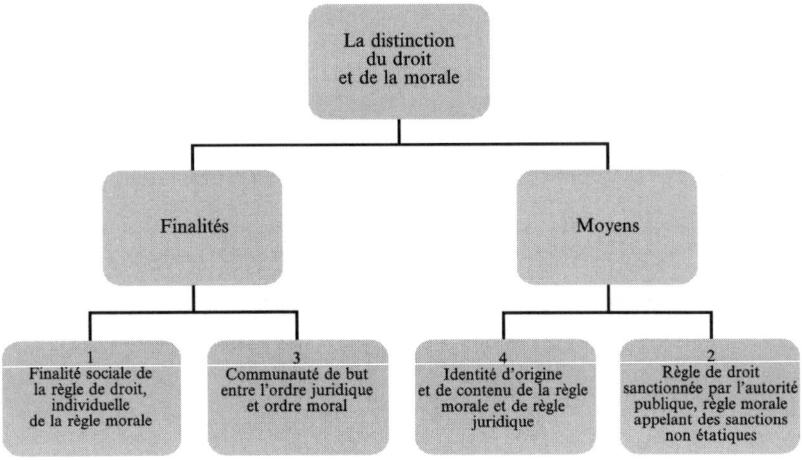

Là encore, il existe une bonne méthode pour choisir le bon plan, c'est-à-dire la bonne structure de raisonnement. De nouveau, c'est l'importance du contenu de chaque sous-partie qui va conduire au bon choix. Ce qui est le plus important doit occuper le centre du devoir, c'est-à-dire le IB et le IIA, qui sont les deux sous-parties centrales. En fonction de ce que l'on a déjà dit, c'est donc le plan II, 2 qui doit être retenu (voir ci-contre).

On peut maintenant travailler les intitulés. Ceux-ci doivent être sincères, c'est-à-dire refléter le contenu de la partie ou de la sous partie qu'ils concernent. Ils doivent en outre, si possible, répondre au sujet et se répondre les uns aux autres.

Travaillons d'abord sur les parties, ensuite sur les sous-parties.

Pour les parties, l'idéal et de retrouver, dans chacune d'elles, l'énoncé du sujet :

Cela nous donne :

I. La distinction du droit et de la morale en raison de leurs finalités respectives.
II. La distinction du droit et de la morale en raison des moyens mis en œuvre.

Plan II, 2

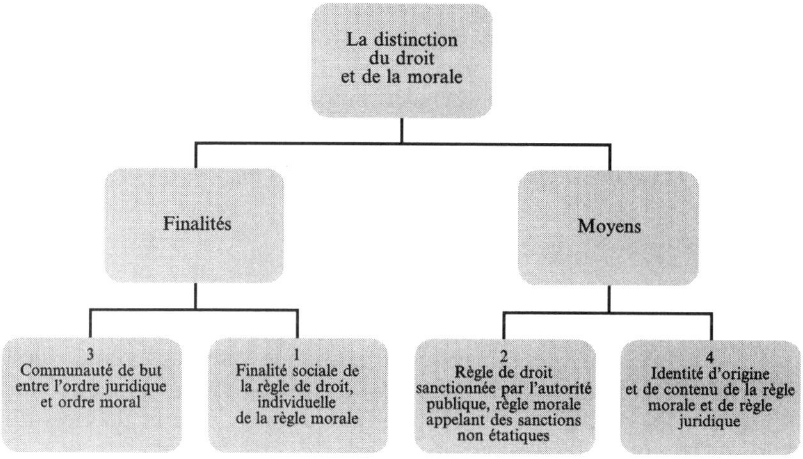

Les deux intitulés se répondent, répondent au sujet et présentent sincèrement leur contenu.

Travaillons maintenant sur les sous-parties.

Le sujet doit également s'y retrouver pour partie, mais on doit, de plus, comprendre la problématique de la sous-partie. On sait que l'on a uni, deux à deux un élément certain de distinction et un facteur de complexité. C'est cette problématique là qui doit apparaître.

Pour la première partie :

I. La distinction du droit et de la morale en raison de leurs finalités respectives
   A. Une distinction compliquée à cause de l'existence d'éléments communs
   B. Une distinction possible grâce à l'existence d'éléments spécifiques

Pour la seconde :

II. La distinction du droit et de la morale en raison des moyens mis en œuvre
   A. Une distinction majeure tenant à la sanction de la règle
   B. Une distinction mineure tenant au contenu de la règle

Ultime remarque

D'autres intitulés peuvent être trouvés, on n'en fera pas l'inventaire pour se contenter d'une dernière série de règles. Un intitulé ne doit pas contenir de verbe conjugué. Il doit être le plus court possible et ne pas contenir de termes ambigus, susceptibles de sens différents.

L'introduction

Le point pourra sembler curieux, mais c'est par l'introduction que se termine la phase de préparation à la dissertation.

La construction de l'introduction appelle quelques remarques. D'abord, d'un point de vue quantitatif, l'introduction doit être suffisamment longue. Elle peut occuper entre un sixième et un tiers du devoir. On doit y trouver impérativement certains éléments.

D'abord, les termes du sujet doivent y être définis, précisément. Dans notre cas, nous devons définir : 1 / Le droit ; 2 / La morale. Cela doit nous conduire à problématiser le sujet, c'est-à-dire à présenter son intérêt. En effet, si l'on vous demande de distinguer le droit de la morale, c'est parce que la question de la distinction n'est pas aisée. Les éléments de définition doivent mettre ces difficultés en évidence. Cette distinction est parfois tellement difficile que l'histoire nous enseigne que les deux ordres ont parfois été confondus, ou qu'en d'autres lieux ils le sont toujours. L'introduction peut ici s'enrichir d'éléments historiques et de droit comparé. Il est également possible de se contenter de problématiser le sujet à partir d'exemples ou de références connues. Ces éléments doivent alors conduire l'étudiant vers son devoir, tel qu'il l'a construit. À ce stade, l'étudiant sait ce qui constituera son devoir. Il n'est alors pas question de le priver d'intérêt en présentant, dès l'introduction, les idées maîtresses de la dissertation. Cependant, il faut déjà donner envie et préparer intellectuellement le lecteur à ce qu'il va trouver par la suite. Par conséquent, cette idée selon laquelle la distinction entre le droit et la morale doit être étudiée tant en ce qui concerne les finalités que les moyens doit lui devenir familière, tellement familière que lorsque l'étudiant lui présentera son plan, il se dise que vu comme est formulé le sujet, il aurait procédé de la même façon. À ce stade, il ne faut absolument pas surprendre, tout doit aller de soi. On terminera sur les conseils en précisant qu'il est parfois habile d'ouvrir l'introduction par une citation bien choisie, susceptible d'amener vers l'énoncé du sujet.

Il est temps de tourner la page des conseils pour envisager non pas un modèle, mais bien plutôt un exemple de ce que l'on peut attendre d'un étudiant de première année appelé à disserter sur « la distinction du droit et de la morale ».

Proposition de correction

« De bonnes lois civiles [...] sont souvent l'unique morale du peuple, et toujours elles font partie de sa liberté. » Parmi les phrases restées à la postérité du *Discours préliminaire sur le projet de Code civil* de Portalis, celle-ci, plus qu'une autre, frappe par sa clairvoyance. La loi est souvent, pour le peuple, l'unique morale, une morale minimale. Cependant, en plaçant sur un même niveau la loi et la morale, l'illustre rédacteur du Code civil conduit à les confondre, au moins pour partie. Or, pour cet autre grand juriste que fut Paul, tout ce qui est permis n'est pas honnête, *« Non omne quod licet honestum est »*. Cette sentence invite précisément à ne pas confondre ce qui relève de la loi *(quod licet)* et ce qui relève de la morale *(honestum)*.

Ces deux éléments permettent de voir que la distinction du droit et de la morale, à laquelle nous devons nous livrer, n'est pas toujours aisée. Elle suppose, en premier lieu, de s'entendre sur le sens précis des termes. Qu'est-ce que le droit, qu'est-ce que la morale ?

Le droit est un ordre social de contrainte, un ensemble de règles ou commandements, destinés à organiser la vie en société et soumettant les hommes à certaines obligations les uns à l'égard des autres sous la sanction de l'autorité publique.

La morale est également un ordre social, constitué de règles de conduite pratiquées dans une société, en particulier par rapport aux concepts de bien et de mal.

Ainsi définis, le droit et la morale présentent donc des éléments qui les distinguent : la morale concerne le bien et le mal ; le droit concerne l'organisation sociale ; la règle de droit est sanctionnée par l'autorité publique ; la règle morale ne l'est pas. Cependant, ils présentent aussi des similitudes. Principalement, il s'agit pour l'un comme pour l'autre de régir le comportement humain.

Il en résulte qu'en certaines hypothèses, la prescription de la morale et la prescription du droit se recouvrent, se confondent. Un exemple permettra d'en prendre bonne mesure. Un père de famille décède ruiné et laisse deux enfants pour lui succéder. L'un des deux enfants accepte sa succession et se trouve tenu de payer ses dettes. L'autre enfant refuse la succession pour ne pas être tenu au passif. Le père est inhumé. Les frais d'obsèques sont acquittés par l'héritier acceptant qui se retourne vers son frère pour lui demander une contribution. Celui-ci prétend ne rien devoir car la loi le décharge de toute obligation au passif successoral en raison de sa qualité de renonçant. L'autre invoque une obligation morale en vertu de laquelle un enfant ne peut refuser d'assumer le coût de l'inhumation de ses parents. Dans cette situation, il semble que le droit et la morale soient parfaitement distingués. La formule de Paul prend ici tout son sens : tout ce qui est permis (ne pas payer l'enterrement de son père) n'est pas toujours honnête, conforme à la morale. Cependant, saisie de cette question, la Cour de cassation (Cass. 1re civ., 14 mai 1992) a condamné le renonçant au paiement des frais d'obsèques sur le fondement de l'article 371 du Code civil en vertu duquel « l'enfant, à tout âge, doit honneur et respect à ses père et mère », et l'on voit que la loi peut effectivement être l'unique morale du peuple, comme le prétendait Portalis. La distinction du droit et de la morale ne semble donc pas toujours possible car parfois les règles de l'un et de l'autre ordres ont un même contenu. Il est d'autres hypothèses où, en revanche, droit et morale ne coïncident pas. Tel est le cas par exemple, de l'obligation alimentaire qui n'existe pas entre collatéraux et qui peut conduire, juridiquement, à laisser dans le besoin vital son propre frère, quand les prescriptions de la morale conduiraient à rendre le secours obligatoire.

Ces difficultés ne doivent cependant pas empêcher toute distinction. En effet, si le contenu, ou encore l'origine des prescriptions poussent parfois à les assimiler, les finalités qu'elles poursuivent et plus encore les moyens qu'elles mettent en œuvre pour y parvenir autorisent la distinction. On a dit que la morale se préoccupait de guider l'homme en lui permettant de distinguer le bien et le mal. C'est donc la perfection de l'homme qu'elle poursuit. Le droit, quant à lui, a en charge l'organisation de la société et ne prend pas position sur ce qui est bien et ce qui est mal, mais sur ce qui est autorisé et ce qui est interdit. Quant aux moyens qui sont mis en œuvre, là où la violation de la règle de droit est sanctionnée par l'autorité publique, la violation de la prescription morale n'entraîne que quelques sanctions informelles.

C'est donc grâce à cette double lecture, fins et moyens, que la distinction du droit et de la morale est envisageable. Pour traiter de cette question, on verra d'abord la distinction du droit et de la morale en raison de leurs finalités respectives (I), et, ensuite, la distinction du droit et de la morale en raison des moyens mis en œuvre (II).

I | La distinction du droit et de la morale en raison de leurs finalités respectives

La distinction du droit et de la morale en raison de leurs finalités respectives est rendue compliquée en raison de l'existence d'éléments communs (A). Toutefois, certains éléments spécifiques légitiment le choix de ce critère (B).

A - Une distinction compliquée par l'existence d'éléments communs

Le droit et la morale ont ceci en commun que l'une et l'autre visent à guider l'action de l'homme en société. La société, en effet, ne saurait se contenter du droit pour se maintenir. Les autres ordres sociaux y sont tout aussi nécessaires. Que penser en effet d'une société dans laquelle un jeune homme, avant de tenir la porte pour laisser passer une dame, ouvrirait quelque improbable code pour y rechercher l'existence juridique de cette obligation ? Que penser d'une société où ce jeune homme laisserait la porte se refermer sans même avoir l'idée de la retenir. La politesse, puisque c'est de cela qu'il s'agit dans cet exemple, est un ordre social indispensable. Il en va de même pour la morale qui, comme la politesse, et comme le droit, bien sûr, vise donc, au moins pour partie à assurer un bon fonctionnement de la société. Prenons un exemple. Choisissons-le classique, il n'en sera que meilleur. Des Dix Commandements que Moïse a reçus de Yahvé sur le Mont Sinaï, il est facile de retrouver des traces dans diverses règles de droit, présentes ou anciennes. Tel est précisément le cas pour les Commandements 5, 6, 7, 8 et 9 : « Tu honoreras ton père et ta mère », « Tu ne tueras aucun être humain », « Tu ne commettras pas d'adultère », « Tu ne voleras pas », « Tu ne porteras pas de témoignage mensonger contre ton prochain ». Prohibition de l'homicide, du vol, de l'adultère, du faux témoignage et obligation de respect et d'honneur à l'égard des père et mère : ces Commandements trouvent un écho évident dans notre droit. Pourquoi ? Certainement parce que ces règles sont indispensables à la vie en société. Il est dès lors important que les hommes les respectent. Or, le respect de ces règles, qui peut fort bien relever de la tâche du droit, peut également relever du rôle de la morale.

En outre, on le voit, parce que leur finalité vise à l'organisation sociale, les règles morales sont exprimées en des termes abstraits et généraux. Il en va de même pour la règle de droit qui se doit d'être une règle générale pour s'appliquer au groupe social pour lequel elle est établie.

Ainsi, la règle de l'article 1108 du Code civil, disposant que « quatre conditions sont nécessaires pour la validité des conventions » doit s'appliquer de façon générale à toutes les personnes soumises au Code civil, c'est-à-dire à toute personne, car le droit civil est le droit commun, applicable à toutes les situations qui n'ont pas fait l'objet d'une réglementation particulière. La finalité commune se double donc d'une similitude quant à la formulation.

Cette commune finalité peut alors conduire à des confusions de deux ordres. On peut d'abord, considérer que les règles d'organisation sociale figurant dans le Décalogue sont des règles de droit :

du droit positif divin. On peut, à l'inverse, considérer que si ces règles existent dans notre ordonnancement juridique, c'est en raison d'une survivance de réflexes religieux hérités des temps anciens, et que la modernité commande de soumettre à l'exercice de la raison critique. L'une et l'autre confusions fragilisent tant le droit que la morale. Si l'un et l'autre ordre ont édicté des règles dont le contenu est identique, c'est parce que l'un et l'autre visent à l'organisation de la société et que ces règles en sont un support indispensable. La distinction entre les deux doit donc s'opérer en fonction d'éléments finalistes spécifiques.

B - Une distinction possible grâce à l'existence d'éléments spécifiques

Si le droit et la morale ont en commun d'organiser la vie de la société, ils ont cependant des buts qui les distinguent très nettement.

Prenons l'exemple de la prescription.

L'article 2279 du Code civil dispose que celui qui a perdu ou auquel il a été volé une chose peut la revendiquer pendant trois ans à compter du jour de la perte ou du vol contre celui dans les mains duquel il la trouve. Après l'expiration de ce délai, la revendication n'est plus possible.

Autre exemple, concernant toujours la prescription. Un propriétaire négligent délaisse un terrain. Un agriculteur constatant le délaissement utilise le terrain pour y faire paître son troupeau. Au bout de trente ans, l'agriculteur pourra réclamer en justice la propriété du terrain, à la suite de quoi le propriétaire négligent sera débouté s'il agit en revendication.

Dans ces deux exemples, l'application de la règle de droit conduit à consolider le droit d'un possesseur au détriment du droit du propriétaire originaire. Peut-on y voir des règles conformes à la morale ? C'est douteux. En effet, si le possesseur sait qu'il n'est pas propriétaire (on le sait souvent), le fait d'utiliser un bien, de se l'approprier n'est pas bien. La règle morale interdit tant de voler le bien d'autrui, que, plus simplement, de le convoiter. Ici, le droit s'éloigne de la morale. En matière pénale, c'est également vrai quand la loi prévoit la prescription des peines pour le cas où la sanction prononcée n'aurait pu être exécutée.

L'existence de cette différence entre la règle morale et la règle de droit permet de distinguer le droit et la morale. Le droit n'a d'autre but que d'organiser la vie en société, ce que permettent ses règles. La morale, elle, en plus de son rôle indéniable dans l'organisation de la vie en société, doit guider l'homme sur le chemin du bien. L'exemple de la prescription permet de s'en rendre compte. Parce qu'il doit organiser, le droit préfère consolider le droit du possesseur. Ainsi, celui-ci pourra accomplir, sur le bien possédé, les actes que tout propriétaire peut accomplir. Il pourra transmettre le bien à titre gratuit ou onéreux. Il pourra le donner en location. Bref, le bien sera inclus dans le circuit économique, il pourra être valorisé, etc. Ne pas faire jouer la prescription serait permettre au propriétaire de pouvoir remettre en cause, *ad vitam aeternam,* les opérations ayant le bien pour support. Cette revendication serait, nécessairement, source de désordres que la règle de droit, dans sa dimension d'organisation de la société, permet d'éviter. Ici, il ne s'agit, à l'évidence, pas pour le droit de dire qu'il est bien de déposséder autrui. Il s'agit, plus modestement, de faire la part entre ce qui est socialement souhaitable et ce qui ne l'est pas. Ce qui vaut pour la prescription vaut aussi pour l'obligation alimentaire collatérale. La règle morale commande d'aider son frère dans le besoin, à l'évidence. La règle de droit, quant à elle, institue une obligation alimentaire réciproque entre enfants et parents, mais pas à l'égard des frères et sœurs. Pourquoi ? On peut considérer qu'entre un enfant et ses parents un équilibre peut être réalisé. Les parents pourvoient d'abord au besoin de leur enfant (C. civ., art. 203), et puis, plus tard, l'enfant est tenu à leur égard de l'obligation de subvenir à leur besoin (C. civ., art. 205). Le droit permet, en cas de besoin, le rétablissement d'un équilibre. En revanche, entre frères et sœurs, cet équilibre n'existe pas. Si l'un est dans le besoin, le droit préfère laisser à la conscience de l'autre le point de savoir s'il doit ou non l'aider. Il ne s'agit plus d'organisation sociale mais uniquement de chemin entre le bien et le mal. Encore une fois, le droit s'éloigne de la morale.

Par conséquent, le droit et la morale se distinguent principalement par le fait que la règle de morale poursuit concurremment l'organisation de la vie en société et la perfection intérieure de l'homme en le guidant sur le chemin du bien, tandis que la règle de droit ne poursuit aucune autre finalité que celle de concourir à l'organisation de la vie en société. Cet élément de distinction entre ce qui relève du temporel et du spirituel dans le monde des fins est corroboré par la distinction du droit et de la morale en raison des moyens mis en œuvre, par les deux ordres sociaux, pour parvenir aux fins qui leurs sont propres.

II | La distinction du droit et de la morale en raison des moyens mis en œuvre

Le droit et la morale, en tant qu'ordres, s'expriment par des règles qui sont autant de moyens destinés à assurer la réalisation de leurs fins. Ces règles peuvent alors être distinguées principalement en raison de la sanction destinée à en assurer le respect (A) et, dans une moindre mesure, en raison de leur contenu (B).

A - Une distinction majeure tenant à la sanction de la règle

Toute règle reçoit une sanction, la règle morale comme la règle de droit. Ainsi, quand les contractants ne respectent pas les règles de formation des conventions dont disposent les articles 1108 et suivants du Code civil, ils encourent une sanction : la nullité du contrat. Cette sanction est une sanction civile. Autre exemple, en matière pénale cette fois, lorsqu'un individu se rend coupable d'un vol à main armée, l'article 311-8 du Code pénal, prévoit qu'il encourt une peine de vingt ans de réclusion criminelle et de 150 000 € d'amende. Cette sanction est pénale. Ces sanctions, pénale et civile, sont des sanctions prévues en cas de non-respect de la règle de droit.

La règle morale, maintenant, reçoit-elle une sanction ? Prenons un exemple. Imaginons que Primus, étudiant de première année de droit, préparant ses examens semestriels, mente à Secundus, l'un de ses camarades, sur le contenu de l'enseignement de son professeur ou sur l'étendue du programme de révision. Ce faisant, Primus ne contrevient à aucune disposition juridique sanctionnée. D'un point de vue moral, en revanche, son comportement est blâmable. Encourt-il, de ce fait, une sanction ? Pour y répondre, reprenons la suite de l'histoire. Secundus se rend compte, à l'occasion de l'examen semestriel, du mensonge commis à son détriment. Il cesse d'adresser la parole à Primus et la nouvelle se répand dans la communauté des étudiants comme une traînée de poudre : Primus a menti à Secundus. Les étudiants se détournent du menteur et lui retirent leur confiance. Primus est déconsidéré, déshonoré : il s'agit là encore de sanctions. Par conséquent, il serait inexact de prétendre que la règle de droit se distingue de la règle morale par l'existence d'une sanction. En revanche, on peut dire que la règle de droit et la règle morale entraînent des sanctions de nature différente.

Les sanctions que l'on a envisagées pour le non-respect de la règle de droit ont ceci en commun qu'elles sont prévues, organisées et mises en œuvre sous la contrainte de l'autorité publique. Si le contrat est atteint de nullité en raison de l'illicéité de la cause poursuivie par l'une des parties, l'autre pourra saisir le tribunal pour faire prononcer la nullité et ordonner les restitutions qui en sont la conséquence. Le coupable du vol à main armée sera poursuivi, jugé et condamné en vertu des textes répressifs par la puissance publique. C'est la cour d'assises qui prononcera la peine qui sera exécutée sous le contrôle du juge de l'application des peines, par les services de l'administration pénitentiaire. Les sanctions prévues en cas de non-respect d'une règle morale ne sont pas de même nature. Elles ne sont pas édictées par l'autorité publique, elles ne donnent pas lieu à des poursuites prévues par l'État. Elles ne sont pas exécutées sous son contrôle.

La distinction majeure entre la règle morale et la règle de droit est que la règle de droit est sanctionnée par l'autorité publique alors que la règle morale donne lieu à des sanctions ne faisant pas intervenir l'autorité publique. À côté de cette distinction majeure, une distinction mineure existe qui tient, cette fois, au contenu de la règle.

B - Une distinction mineure tenant au contenu de la règle

Le contenu d'une règle peut révéler son appartenance à l'ordre moral ou à l'ordre juridique.

Ainsi, il est simple de reconnaître une règle de droit derrière l'énoncé suivant : « Il est interdit aux sociétés n'y ayant pas été autorisées par la loi de faire publiquement appel à l'épargne ou d'émettre des titres négociables, à peine de nullité des contrats conclus ou des titres émis. » Cette règle est une règle de droit, énoncée par l'article 1841 du Code civil. De la même façon, la règle selon laquelle « Le fait d'entraver ou de fausser le fonctionnement d'un système de traitement automatisé de données est puni de trois ans d'emprisonnement et de 45 000 € d'amende » aurait du mal à dissimuler son appartenance à l'ordre juridique. Il s'agit d'une règle de droit, prévue par l'article 323-2 du Code pénal. Dans les deux exemples, il ne semble pas que la règle soit prévue pour guider l'homme sur le chemin du bien.

À l'opposé, la règle ainsi formulée : « Tu n'adoreras aucune idole que tu aies faite toi-même, ni aucune image ou statue, rien qui ressemble à ce qui est dans le ciel, ou sur la terre, ou dans les eaux, au-dessous de la terre » est une règle morale, le Premier commandement. De la même façon, la règle qui commande à l'homme d'agir de façon que le principe de son action puisse devenir une maxime de conduite universelle est encore une règle morale : l'impératif catégorique dégagé par Kant dans ses *Fondements de la métaphysique des mœurs.*

Le contenu de la règle peut donc permettre de distinguer le droit de la morale. Cependant, ce critère de distinction n'est pas toujours efficient.

Par exemple, on peut hésiter face à une règle disposant que « si l'on te fait du tort, tu dois rendre vie pour vie, œil pour œil, dent pour dent, main pour main, brûlure pour brûlure, plaie pour plaie ». S'agit-il d'une règle morale ou d'une règle de droit ? L'hésitation est permise. Autre exemple, lorsque une règle dispose que « chacun a droit au respect de son corps », il est possible d'y voir une règle de droit ou une règle morale. Dans ces deux exemples, le contenu ne permet pas la distinction. La première règle est morale : c'est l'un des préceptes donnés par Yahvé à Moïse. La seconde est juridique : c'est le premier alinéa de l'article 16-1 du Code civil. Une multitude d'exemples permettrait de constater que, souvent, le contenu de règles de droit reprend ou traduit une règle morale. Il semble ainsi qu'aujourd'hui l'on assiste à une tendance très nette à la moralisation de la règle de droit.

Cette tendance s'explique par ce point qui a marqué le début de notre étude de la distinction du droit et de la morale. Les règles morales participent à l'organisation de la société, dès lors, quand elles ne donnent plus lieu à une exécution spontanée, le droit vient en assurer le respect en en faisant des règles de droit, sanctionnées par l'autorité publique. Cela explique qu'en un temps où la personne est de plus en plus bafouée au nom des progrès de la science biomédicale, l'on assiste à un foisonnement de règles de droit rendant, en la matière, son respect obligatoire. Qu'en sera-t-il demain ?

Leçon 2

Les divisions du droit : droit public, droit privé, droit pénal

Commentaire de l'arrêt rendu par la Chambre sociale le 18 mars 2003 (*Bull. civ.*, V, n° 100)

Marc Mignot*

Conseils liminaires : Il y a deux aspects à bien comprendre dans cet arrêt. Le premier touche le mécanisme mis en œuvre par la chambre sociale, à savoir celui du contrôle de conventionnalité. La Chambre sociale apprécie ici la conformité d'une loi à une disposition de la Conv. EDH. Toute la question posée est de savoir si la norme inférieure, la loi, est conforme à la norme supérieure, la convention internationale. Ce premier aspect est lui-même compliqué par le fait que le contrôle opéré n'est pas un pur contrôle de conformité, mais un contrôle d'opportunité, qui est une espèce particulière de contrôle de conformité. Le second concerne les normes contrôlées. Pour saisir le contrôle des normes et son résultat, il faut bien comprendre les normes séparément. Il faut donc prendre chaque norme, la norme interne et la norme internationale, et procéder à l'examen de leur contenu, mis en perspective avec le but qu'elles poursuivent. Il y a, dans la présente hypothèse, une difficulté tenant à la complexité des normes contrôlées. Il arrive que les normes contrôlées soient des normes brutes et non enrichies d'apports jurisprudentiels. Mais il se peut aussi que le contrôle porte sur des normes complexes, considérablement enrichies par la jurisprudence. C'est le cas ici, au moins en ce qui concerne la norme internationale. La Chambre sociale opère un contrôle de conventionnalité entre l'article 29 de la

* Maître de conférences à la Faculté de droit de Dijon.

loi du 19 janvier 2000, avec l'article 6, § 1 de la Convention EDH enrichi de la jurisprudence de la Cour EDH. Cela étant, il semble rationnel de commencer dans une première partie par apprécier isolément les normes contrôlées et de terminer dans une seconde partie par le contrôle lui-même et son résultat. Toutefois, il aurait été possible de construire le plan en se fondant sur l'attendu de la chambre sociale, qui reprend celui de la Cour EDH. *Grosso modo,* les lois de validations sont en principe valable, sauf exception. D'où un plan commençant dans une première partie par l'exposé du principe de la validité des lois de validations et poursuivant par une seconde partie sur l'exception de l'inconventionnalité des lois de validation.

Corrigé proposé

Introduction : Cette décision de la Chambre sociale est l'une des dernières rendues sur la question de la conventionnalité de l'article 29 de la loi du 19 janvier 2000, dite Aubry-II[1]. Cet article de la loi Aubry-II a cette particularité d'être une loi de validation. L'arrêt commenté précise les conditions de validité des lois de validation au regard des normes internationales. Ces lois modifient rétroactivement l'état du droit en vue de mettre certains actes juridiques à l'abri de la nullité. Elles constituent, en elles-mêmes, une intervention du législateur dans le fonctionnement de la justice, donc une atteinte à la séparation des pouvoirs. Le problème général est celui la conformité de ces lois, qui modifient le fond du droit en cours d'instance, au droit à un procès équitable. Dans un premier temps, cette chambre avait décidé, dans un arrêt du 24 avril 2001, que cette loi de validation est contraire à l'article 6, § 1 de la Convention EDH. L'Assemblée plénière ayant rendu une décision contraire (Ass. plén., 24 janv. 2003, 2 arrêts, *Bull. Ass. plén.,* n° 2-3) mettant fin à des divergences jurisprudentielles importantes, la Chambre sociale est contrainte d'admettre la conventionnalité de cette loi. La Chambre sociale apprécie la conformité de cet article 29 avec l'article 6, § 1 de la Convention EDH, tel qu'il apparaît à la lumière de la jurisprudence de la Cour EDH. Selon cette der-

1. Soc., 18 mars 2003, *Bull. civ.,* V, n° 100, p. 96.

nière, « si, en principe, le pouvoir législatif n'est pas empêché de réglementer en matière civile, par de nouvelles dispositions à portée rétroactive, des droits découlant de lois en vigueur, le principe de la prééminence du droit et la notion de procès équitable consacrés par l'article 6 s'opposent, sauf pour d'impérieux motifs d'intérêt général, à l'ingérence du pouvoir législatif dans l'administration de la justice dans le but d'influer sur le dénouement judiciaire du litige » (Cour EDH, 28 oct. 1999, *Zielinski et Pradal et Gonzalez et autres c/ France*). La Cour EDH rappelle le principe selon lequel, en matière civile, une loi peut être rétroactive. Elle poursuit en estimant que, par exception, une loi civile ne peut être rétroactive si elle porte atteinte au principe de prééminence du droit et au droit au procès équitable. Elle termine l'exposé de la règle en considérant cependant que, par exception à l'exception, c'est-à-dire par retour au principe, une telle loi civile peut être rétroactive si elle est justifiée par d'impérieux motifs d'intérêt général.

En la forme, la Cour de cassation révèle, par la rédaction de la décision, la nature particulière de son intervention. L'arrêt commenté est composé d'un visa renvoyant aux textes confrontés dans le cadre du contrôle : l'article 29 de la loi du 19 janvier 2000, d'une part et l'article 6, § 1 de la Convention EDH, d'autre part. La suite comporte quatre attendus principaux. Le premier précise le contenu des deux règles confrontées dans le cadre du contrôle. Les deuxième et troisième attendus font un rappel des faits et de la procédure. On y apprend que le litige opposait les salariés d'une association à propos des modalités de calcul des heures travaillées. Les salariés invoquaient, comme mode de calcul, le plus favorable à leurs intérêts, résultant d'une jurisprudence de la chambre sociale. De son côté, l'employeur demandait que soient appliquées d'autres modalités de calcul, validées par l'article 29 de la loi Aubry-II, résultant d'une convention collective, et beaucoup moins favorables aux salariés. La cour d'appel donne raison aux salariés de l'association en considérant que la loi de validation en question devait être écartée, comme contraire aux dispositions de l'article 6, § 1 de la Convention EDH. Précisément, elle considère que cette loi de validation n'est pas justifiée par d'impérieux motifs d'intérêt général comme l'exige la Cour EDH, dans la mesure où un intérêt financier n'est pas *en soi* constitutif de tels motifs. Par le quatrième attendu, la Chambre sociale donne les motifs qui la conduisent à la cassation de l'arrêt de la cour d'appel. Contrairement à la cour d'appel, elle estime que la loi de validation en question est fondée sur d'impérieux motifs d'intérêt général. Le problème essentiel réside justement dans l'appréciation de ces impérieux motifs d'intérêt général, érigés par la Cour EDH en condition unique de conventionnalité des lois de validation. Puisque les lois de validation sont conventionnelles, si et seulement si elles sont justifiées par d'impérieux motifs d'intérêt général, toute la difficulté est concentrée sur ces impérieux motifs, et surtout sur la compétence de la Cour de cassation à les examiner. Cette décision confirme la compétence des diverses chambres de la Cour de cassation à apprécier réellement si la loi de validation est justifiée par d'impérieux motifs d'intérêt général et donne une bonne illustration de ce qu'ils peuvent être concrètement. En l'espèce, la Chambre sociale se justifie en énonçant que la loi est justifiée par la préservation de la pérennité du service public de la Santé et de la Protection sociale. Il convient d'abord d'envisager les normes contrôlées par la chambre sociale dans l'arrêt en les appréciant séparément (I), puis d'examiner le contrôle proprement dit, c'est-à-dire la confrontation des deux normes contrôlées l'une avec l'autre (II).

I | Les normes contrôlées dans le cadre du contrôle de conventionnalité

Dans le premier attendu, la Chambre sociale rappelle le contenu des deux règles qui font l'objet du contrôle de conventionnalité. Il convient de les apprécier successivement en commençant par l'article 29 de la loi Aubry-II, et en terminant par l'article 6, § 1 de la Convention EDH.

A - L'article 29 de la loi Aubry-II

L'origine de cette affaire tient à une incertitude jurisprudentielle sur la légalité des horaires d'équivalence. En principe, un salarié doit être rémunéré en fonction du temps de travail effectif, c'est-à-dire du temps pendant lequel il est à la disposition de l'employeur et doit se conformer à ses directives, sans pouvoir vaquer librement à ses occupations personnelles (art. L. 212-4, al. 1er Code du travail). Par exception, un horaire d'équivalence à la durée légale du travail peut être institué, dans les professions et pour des emplois déterminés comportant des périodes d'inaction (art. L. 212-4, al. 4e Code du travail). La finalité des heures d'équivalence est de prendre en compte les périodes d'inaction inhérentes à certaines activités et de les exclure du temps de travail effectif. Au final, et par application de cette règle exceptionnelle, le temps de travail rémunéré est moindre que le temps réellement passé par le salarié dans l'entreprise.

Le litige soumis à la Chambre sociale opposait les salariés à leur employeur sur le calcul des heures travaillées. La convention collective nationale des établissements et services pour personnes inadaptées et handicapées prévoyait un horaire d'équivalence et était applicable à l'espèce. Précisément, l'article 11 de l'annexe 3 prévoyait que les neuf premières heures sont assimilables à trois heures de travail et que les trois heures suivantes équivalent chacune à une demi-heure de travail. Les salariés estimaient les horaires d'équivalence illicites, et par conséquent inapplicables, tandis que l'employeur soutenait le contraire. Dans ces circonstances, deux solutions étaient envisageables. La première consiste à mettre en doute la validité de ces horaires d'équivalence, à revenir au principe et à calculer la rémunération des salariés concernés en fonction des heures de travail passées réellement dans l'entreprise. La seconde réside dans l'admission du bien-fondé des horaires d'équivalence prévus par la convention collective et dans le calcul de la rémunération des salariés concernés selon ces horaires.

La Chambre sociale de la Cour de cassation rendit des décisions contradictoires. Une décision de cette chambre valide cet horaire (Soc., 9 mars 1999, *Bull. civ.*, V, n° 111, p. 80), tandis qu'une autre opte pour la solution contraire (Soc., 29 juin 1999, *Bull. civ.*, V, n° 307, p. 220). Pour mettre fin à cette incertitude jurisprudentielle et soulager, sur le plan financier, les associations, le législateur intervint pour valider les dispositions de la convention collective en cause. L'article 29 de la loi n° 2000-37 du 19 janvier 2000, relative à la réduction du temps de travail *(JO, 20 janv. 2000)*, dispose :

« Sous réserve des décisions de justice passées en force de chose jugée, sont validés les versements effectués au titre de la rémunération des périodes de permanence nocturne, comportant des temps d'inaction, effectuées sur le lieu du travail en chambre de veille par le personnel en application des clauses des conventions collectives nationales et accords collectifs nationaux de travail agréés en vertu de l'article 16 de la loi n° 75-535 relative aux institutions sociales et médico-sociales, en tant que leur montant serait contesté par le moyen tiré de l'absence de validité desdites clauses. » Le but de cette loi de validation fut de mettre fin à toute demande de rappel de salaire formée par les salariés concernés pour le passé, sous réserve des décisions passées en force de chose jugée, en validant rétroactivement les horaires d'équivalence prévus par la convention collective. Elle constitue une application de plus de la figure bien connue des lois combattant la jurisprudence.

B - L'article 6, § 1 et la jurisprudence de la Cour EDH

Dans la seconde partie du premier attendu de l'arrêt, la Chambre sociale précise « qu'il résulte » de l'article 6, § 1 que la validité des lois rétroactives est limitée par le principe de prééminence du droit et la notion de procès équitable. Ce faisant, la Chambre sociale prend soin de bien préciser que la règle ne résulte pas directement de l'article 6, § 1, mais de la jurisprudence constructive de la Cour EDH.

Évoquée dans le préambule de la Convention EDH, comme dans le Statut du Conseil de l'Europe, la prééminence du droit signifie que l'homme est titulaire de droits parce qu'il est homme, indépendamment et antérieurement à toute organisation sociale et que ses droits s'imposent au pouvoir politique. La prééminence du droit est synonyme d'État de droit. Comme l'indique M. Étienne Picard, « la prééminence de la personne fonde la prééminence de ses droits ; la prééminence du droit n'est que la prééminence des droits » (« L'émergence des droits fondamentaux en France », *AJDA,* numéro spécial, 20 juillet - 20 août 1998, *Les droits fondamentaux, Une nouvelle catégorie juridique ?,* p. 32). La finalité attribuée au principe de prééminence consiste dans le rejet de l'arbitraire des autorités.

Le droit au procès équitable se décline dans la jurisprudence de la Cour EDH selon une distinction chronologique. La garantie d'un procès équitable concerne tant l'introduction de l'instance que l'exécution du jugement, c'est-à-dire toutes les phases du procès. Le droit au procès équitable, c'est d'abord le droit au juge ; c'est ensuite le droit à l'exécution de la décision du juge. Entre le seuil de l'instance et l'exécution, le droit au procès équitable est mis en œuvre par un ensemble de garanties procédurales telles que la publicité, la célérité et finalement l'équité, au sens d'équilibre ou d'égalité. En quoi cette loi de validation violait-elle le droit à un procès équitable ? Il semble *a priori* que la procédure n'est pas en cause puisque la loi n'affecte que le fond, que les droits subjectifs litigieux. Elle valide des versements de salaires, calculés sur la base d'une convention collective adoptant des horaires d'équivalence, c'est-à-dire consolide des modalités de calcul d'une *créance* salariale. Ce n'est donc pas le droit au juge qui est affecté par la loi de validation, pas plus que le droit à l'exécution. Pour autant, la Chambre sociale a raison de considérer que la loi de validation constitue une ingérence dans le droit au procès équitable. Le droit au procès équitable est affecté dans la mesure où la loi de validation supprime la raison d'être du litige. Le fond a naturellement un impact sur la procédure car sa disparition, celle du droit subjectif en litige, rend le recours *inutile*. C'est précisément cette inutilité que la Cour EDH sanctionne. À quoi bon avoir un recours en justice si ce recours ne sert à rien en pratique.

La Cour EDH fonde la condamnation des lois de validation sur l'*égalité des armes*. L'égalité des armes est l'une des garanties procédurales qui assure l'équilibre entre les parties au procès. L'ancienne Commission et la Cour EDH considèrent que l'égalité des armes « implique (...) l'obligation d'offrir à chaque partie une possibilité raisonnable de présenter sa cause, y compris ses preuves dans des conditions qui ne la placent pas dans une situation de net désavantage par rapport à son adversaire » (Cour EDH, 23 oct. 1996, Ankerl c/ Suisse). L'égalité des armes suppose une égalité de traitement procédural. Or, le vote d'une loi de validation par l'État en cours de litige constitue la manifestation d'une rupture dans l'égalité des parties. En effet, seul l'État a la maîtrise des règles de droit qui forment le fond du litige. Lui seul peut modifier unilatéralement le fond du litige parce qu'il est la seule partie au litige ayant en charge le pouvoir législatif. Les salariés n'ont aucun pouvoir comparable à celui de l'État. C'est donc avec raison de la Cour EDH fonde la condamnation des lois de validation sur cet aspect particulier du droit au procès équitable qu'est l'égalité des armes. Lorsque l'État est partie au litige, le changement de la règle de droit applicable en cours de litige, à son bénéfice, est attentatoire à l'égalité des armes. Il est vrai qu'en l'espèce ce n'est pas l'État proprement dit qui était partie au litige, mais une association. Cette association est dépendante de l'État car elle est chargée d'une mission de service public et est placée sous le contrôle d'une autorité publique qui en assure le financement.

II | Le contrôle de conventionnalité

On a tendance à présenter le contrôle de conventionnalité comme un contrôle monolithique n'ayant qu'une seule et même nature. La réalité de ce contrôle est beaucoup plus complexe. L'arrêt commenté illustre une hypothèse originale de contrôle de conventionnalité. L'essentiel du contrôle est concentré sur les motifs ayant justifié la loi de validation, ce qui nous donne l'occasion d'évoquer sa nature (I). Selon la jurisprudence *Zielinski,* la principale condition rendant la loi de validation conventionnelle réside dans sa conformité avec l'intérêt général. La Chambre sociale décide finalement que la loi de validation est justifiée par l'intérêt général, ce qui nous permet d'envisager le résultat du contrôle (II).

A - La nature du contrôle

Le contrôle de conventionnalité a une nature variable. Ordinairement, le juge effectue un contrôle de conformité restreint, c'est-à-dire un contrôle de compatibilité. Ici, il est contraint d'opérer un contrôle d'opportunité, c'est-à-dire un contrôle du but poursuivi par le législateur français.

En principe, le contrôle de conventionnalité est un contrôle de *conformité* par lequel le juge vérifie que la norme interne respecte strictement la norme internationale. Mais souvent, le juge se borne à opérer un contrôle de *compatibilité* lorsqu'il effectue un contrôle de conventionnalité. Il apprécie si la norme interne est compatible avec la norme internationale ou, au moins, si elle n'est pas incompatible. La différence entre le contrôle de compatibilité et le contrôle de conformité tient à ce que, dans le premier, le juge admet une certaine différence, voire une légère incompatibilité, tandis que, dans le second, il exige une réelle conformité, sans différence et *a fortiori* sans contrariété, entre les normes contrôlées. Dit autrement, la différence entre la conformité et la compatibilité tient à la marge d'appréciation laissée à l'auteur de la norme interne, qui est peu importante en cas de conformité et beaucoup plus large en cas de compatibilité.

Avec les lois de validation, le juge accepte d'opérer un contrôle qui n'est ni de conformité, ni de compatibilité, mais d'opportunité, ce dont l'arrêt du 18 mars 2003 atteste clairement. Rappelons que selon la jurisprudence *Zielinski,* une loi de validation est conventionnelle si elle est justifiée par d'impérieux motifs d'intérêt général. Cette jurisprudence est une invite à l'adresse du juge national à opérer un contrôle d'opportunité. Le juge doit, en effet, confronter non pas deux normes entre elles, l'une internationale et l'autre interne, mais s'assurer que la norme interne est justifiée par d'impérieux motifs d'intérêt général. Pendant un temps, on s'est demandé si le juge national accepterait d'exercer le contrôle que la Cour EDH lui demandait d'exercer. La décision commentée révèle assez clairement la volonté du juge de se saisir du contrôle d'opportunité et de l'exercer effectivement. Par la présente décision, la Chambre sociale admet qu'elle est compétente pour apprécier l'intérêt général justifiant la loi de validation.

Ce contrôle de l'intérêt général manifeste un contrôle des motifs, donc un contrôle de l'opportunité. Il est question d'apprécier le but poursuivi par le législateur. Selon la jurisprudence *Zielinski,* une loi de validation est conventionnelle si elle est justifiée par d'impérieux motifs d'intérêt général. C'est l'intention du législateur qui est le critère essentiel de la conventionnalité de la loi de validation. *A contrario,* la loi de validation est inconventionnelle lorsqu'elle n'est pas justifiée par d'impérieux motifs d'intérêt général. C'est le cas lorsque les mesures législatives de validation ont pour unique but la modification du déroulement normal du litige. Afin d'apprécier le but visé par le législateur, il faut préciser sa volonté. Celle-ci est appréciée en fonction de deux critères : l'effet de la disposition législative et les circonstances entourant son vote. Selon le premier, la disposition législative en cause doit avoir pour effet concret de fixer définitivement les termes du litige et d'interrompre celui-ci. Selon le second, il est nécessaire que les circonstances dans lesquelles la loi a été votée (méthode adoptée, moment de son adoption par rapport à la situation des procès en cours, insertion dans d'autres dispositions ou vote d'un seul article sans lien avec d'autres dispositions) montrent que l'État a pris les dispositions en cause uniquement afin de mettre un terme au litige. Si tel est le cas, la loi n'est pas justifiée par l'intérêt général et est donc inconventionnelle.

B - Le résultat du contrôle

La Chambre sociale applique, dans l'arrêt commenté, la jurisprudence de l'Assemblée plénière du 24 janvier 2003 et considère que l'article 29 de la loi Aubry-II est effectivement justifié par l'intérêt général. Précisément, la Chambre sociale juge que cette loi de validation est conforme à l'intérêt général parce qu'elle sert à assurer la pérennité du service public de la Santé et de la Protection sociale. En conséquence, cette loi de validation doit recevoir application. Les salariés ne pourront donc être payés en fonction des heures effectivement passées dans l'entreprise mais en considération du système d'équivalence, mis en place par la convention collective et validé par la loi.

Malgré la fermeté de la formule, un sentiment d'incertitude se dégage de l'arrêt, et ce pour au moins deux raisons. D'abord, l'intérêt général est une notion extrêmement difficile à définir, ce qui rend l'apprécier de la conformité de la loi à celui-ci d'autant plus difficile. Ensuite, on peut se demander, au vu des difficultés à définir l'intérêt général, si finalement le contrôle qu'opère la Cour de cassation n'est pas un pur contrôle formel. Concrètement, le but de la loi de validation était d'ordre financier. Le surcoût de l'invalidation des horaires d'équivalence pour les associations était estimé, à l'époque, entre 4 et 7 milliards de francs. Or, tant le Conseil constitutionnel que la Cour EDH ont jugé qu'un intérêt d'ordre financier n'est pas *en soi* assimilable à un intérêt général susceptible de justifier une loi de validation. Cela étant, la Cour de cassation justifie formellement la loi de validation en disant qu'elle se rattache au principe de continuité des services publics, qui constitue d'ailleurs une exigence constitutionnelle dans le domaine de la protection de la santé et l'action sociale. La solution est justifiée, en la forme, par le fait que l'intérêt général est au cœur même du concept de service public. Dans son acception matérielle, le service public se définit comme une activité d'intérêt général. Les grands principes applicables au service public sont aussi liés à l'intérêt général, qu'il s'agisse du principe de mutabilité, d'égalité ou de continuité. On perçoit donc que les motifs d'intérêt général évoqués formellement et abstraitement masquent en fait un motif financier bien réel et concret.

Les erreurs à éviter :

Cet arrêt de la chambre sociale est d'une *complexité* redoutable car il concentre à lui seul la quasi-totalité des *difficultés contemporaines relatives aux sources du droit.* Il est, au demeurant peu probable qu'il puisse être donné en examen : si tel est le cas on doit le considérer comme très difficile au stade du premier semestre.

Sa compréhension suppose connus les mécanismes institutionnels du *contrôle de conventionnalité,* une partie de la jurisprudence de la Cour EDH, son influence sur le droit positif, l'autorité interprétative des arrêts de la Cour, etc. Une erreur serait de ne pas comprendre réellement l'arrêt par un manque de connaissance. L'arrêt opère un contrôle de conventionnalité d'une loi, moins avec le contenu d'un article de la Convention EDH qu'avec la jurisprudence rendue par la Cour EDH relativement à cet article.

Une autre difficulté est de saisir *l'enjeu pratique du contrôle de conventionnalité.* L'erreur serait d'oublier cette dimension et ne pas expliquer l'enjeu concret de la validité de la loi pour les salariés. Comme on l'a indiqué, si la loi est inconventionnelle, les salariés peuvent obtenir un surplus de rémunération, qu'ils perdent le cas échéant. En somme, le débat est loin d'être académique, parce que de lui dépend l'attribution de sommes considérables.

Commentaire de l'article préliminaire du Code de procédure pénale

Yann Puyo*

« I. – La procédure pénale doit être équitable et contradictoire et préserver l'équilibre des droits des parties.

« Elle doit garantir la séparation des autorités chargées de l'action publique et des autorités de jugement.

« Les personnes se trouvant dans des conditions semblables et poursuivies pour les mêmes infractions doivent être jugées selon les mêmes règles.

« II. – L'autorité judiciaire veille à l'information et à la garantie des droits des victimes au cours de toute procédure pénale.

« III. – Toute personne suspectée ou poursuivie est présumée innocente tant que sa culpabilité n'a pas été établie. Les atteintes à sa présomption d'innocence sont prévues par la loi.

« Elle a le droit d'être informée des charges retenues contre elle et d'être assistée d'un défenseur.

« Les mesures de contraintes dont cette personne peut faire l'objet sont prises sur décision ou sous le contrôle effectif de l'autorité judiciaire. Elles doivent être strictement limitées aux nécessités de la procédure, proportionnées à la gravité de l'infraction reprochée et ne pas porter atteinte à la dignité de la personne.

« Il doit être définitivement statué sur l'accusation dont cette personne fait l'objet dans un délai raisonnable.

« Toute personne condamnée a le droit de faire examiner sa condamnation par une autre juridiction. »

* Attaché temporaire d'enseignement et de recherche à l'Université des sciences sociales de Toulouse.

Conseils méthodologiques

La difficulté première de ce commentaire est le grand nombre de règles énumérées par l'article préliminaire du Code de procédure pénale. Le but de ce commentaire n'est pas de traiter et d'expliquer chaque principe de façon indépendante. C'est un *commentaire global* de l'article qu'il convient de réaliser, en se livrant non pas à une étude de chaque règle de l'article, mais en procédant à une *lecture exégétique* du texte. L'origine de l'article est la loi du 15 juin 2000, et c'est la volonté du législateur, à travers ce texte, qu'il faut mettre en exergue.

De même, il ne vous est pas demandé de faire une analyse de l'article sous le prisme de la loi du 15 juin 2000. Bien que la loi ait pour intitulé : la présomption d'innocence et les droits des victimes, ces sujets ne sont pas à étudier de manière autonome, car il s'agirait d'un commentaire de la loi et non plus de l'article.

En définitive, l'*analyse exégétique* doit permettre de trouver les points communs et les différences entre chaque principe énoncé par l'article, afin d'en dégager des constantes et d'en déduire, d'une part, la problématique, et d'autre part, les idées maîtresses qui serviront à construire le plan du commentaire. Ici, deux observations peuvent être faites :

— toutes les règles de l'article préliminaire sont fondamentales ;
— les règles de l'article peuvent être rattachées soit au droit privé, soit au droit public : ce sont des droits mixtes.

Tout d'abord, il faut définir les notions utilisées et qui fonderont la trame du commentaire. Dans notre étude, il faut définir ce qu'est un droit mixte et ce qu'est un droit fondamental. Ensuite, ce simple constat étant insuffisant, puisque le commentaire d'article procède d'une analyse interprétative, on doit tirer les conséquences de cette double nature.

La *problématique* du commentaire est donc la suivante : les effets de la double nature des droits énoncés par l'article préliminaire du Code de procédure pénale.

Une fois que la problématique est déterminée, on peut construire le plan et définir l'ensemble des réflexions qui le constitueront.

L'introduction est la dernière phase du commentaire d'article. Elle doit indiquer : l'origine du texte, les sujets qui ne seront pas traités, l'intérêt du commentaire, la problématique et l'annonce du plan.

Corrigé proposé

L'article préliminaire, a été introduit dans le Code de procédure pénale par la loi du 15 juin 2000 « renforçant la présomption d'innocence et les droits des victimes ». Cette loi avait pour vocation de renforcer les principes directeurs de la procédure pénale et de protéger la dignité et la liberté des personnes. L'article préliminaire, à travers l'ensemble des règles qu'il pose, est l'illustration éclatante de cette volonté législative. La loi du 4 mars 2002 « portant adaptation de la justice aux évolutions de la criminalité », même si elle est venue réformer partiellement celle du 15 juin 2000, n'a pas modifié cet article préliminaire. Ce dernier pose des principes importants de la procédure pénale : l'équité, la contradiction, la séparation des fonctions pénales, l'égalité des parties, les droits des victimes, la présomption d'innocence...

Ces droits ne sont pas véritablement récents, et avaient déjà été énoncés par d'autres textes. Ainsi, le principe de la présomption d'innocence, consacré par la Déclaration des droits de l'homme de 1789, était déjà sanctionné par l'ancien article 9-1 du Code civil dans sa rédaction issue de la loi du 24 août 1993, et par l'article 6, § 1 de la Convention européenne des droits de l'homme. En outre, il est important de noter que de nombreuses règles prescrites par l'article préliminaire reprennent les principes de cet article, car cela démontre également la volonté du législateur de conformer le droit français au droit de la Convention européenne.

Toutefois, notre propos n'est ni d'étudier chaque principe contenu dans ce texte ni d'expliquer ce texte par rapport à la loi qui en est à l'origine. L'intérêt du commentaire est de s'interroger sur l'utilité et la signification de cet article au regard de la procédure pénale. Or, la multitude des droits énoncés par cet article et son emplacement au sein du Code de procédure pénale nous conduit à s'interroger sur la valeur de ces différentes règles.

Le problème est donc de déterminer la *nature* des principes de l'article préliminaire et d'en tirer les *conséquences* appropriées.

Ainsi, les règles de l'article préliminaire présentent un double caractère : ce sont à la fois des *droits fondamentaux* (première partie) et des *droits mixtes* (seconde partie).

I | La « fondamentalité » de l'article préliminaire du Code de procédure pénale

Les droits de l'article préliminaire peuvent être qualifiés de droits fondamentaux (A), ce qui leur donne une importance particulière et explique leur emplacement au début du Code de procédure pénale comme un prologue (B).

A - Le caractère fondamental des droits énoncés par l'article

En droit français, la notion de droits fondamentaux est relativement récente. Même si la Constitution de 1958 fait plusieurs fois référence à l'adjectif « fondamental », spécialement dans son article 34 à propos des « garanties fondamentales » et des « principes fondamentaux », elle ne consacre pas la notion de droits fondamentaux. Néanmoins, c'est une véritable notion juridique à laquelle se réfère le Conseil constitutionnel – notamment à travers les principes fondamentaux reconnus par les lois de la République – et qui connaît aujourd'hui un essor important grâce au droit européen. Ainsi, la Charte des droits fondamentaux de l'Union européenne ainsi que la jurisprudence fondée sur la Convention européenne de sauvegarde des droits de l'homme et des libertés fondamentales constituent les meilleurs exemples de ce développement.

Devant la multitude de ces droits et l'utilisation abondante de l'expression, la difficulté est de définir ce qu'est un droit fondamental. Il existe trois manières d'envisager la notion de droits fondamentaux : une conception ordinaire, positiviste et objectiviste.

La première repose sur une définition littérale de la notion qui conçoit donc les droits fondamentaux comme des droits intrinsèquement essentiels, indépendamment de leur origine. Il est certain que les principes prescrits par le texte – l'équité, la contradiction, l'équilibre entre les parties, la présomption d'innocence... – sont essentiels. Cependant, d'après cette conception, le domaine de la « fondamentalité » ne connaît aucune restriction et a un caractère purement contingent.

Cette définition tautologique n'étant pas satisfaisante, une deuxième conception positiviste s'inspirant directement du normativisme kelsénien est possible. Selon Kelsen, la norme fondamentale ne peut être que d'origine constitutionnelle. La Constitution, étant le pilier de l'ordre juridique, est seule compétente pour déterminer les droits qui sont fondamentaux. Toutefois, les droits de l'article préliminaire, étant d'origine législative, ne devraient pas pouvoir être qualifiés de droits fondamentaux.

Enfin, la conception objectiviste ou jus-naturaliste explique la « fondamentalité » des droits par la théorie du droit naturel. Les droits fondamentaux sont donc des droits innés qui s'imposent à l'homme et à la société. Ainsi, les droits fondamentaux ne sont pas créés par la norme mais « reçus par la norme » (*Manuel,* p. 47). Or, certaines règles énoncées par l'article préliminaire, comme le principe d'égalité entre les parties et l'équité du procès, existaient avant leur consécration législative. Par conséquent, la codification des règles ne change pas la valeur des droits fondamentaux car ce sont des droits naturels.

En définitive, s'il est vrai que la définition de la notion de droits fondamentaux pose de nombreuses difficultés, la doctrine s'accorde généralement sur les effets de la « fondamentalité ».

B - Les conséquences de la « Fondamentalité » des droits

Trois conséquences principales peuvent être déduites de la « fondamentalité » d'un droit : la supériorité, l'efficience et enfin l'universalité d'une règle.

Les trois théories qui tentent de définir les droits fondamentaux ont un point commun : elles mettent en évidence le caractère supérieur de la norme qui fixe un droit fondamental. Tout droit fondamental est un droit supérieur, en ce sens qu'il doit nécessairement faire l'objet d'une protection particulière. En incluant les principes de la présomption d'innocence, de la séparation des fonctions, du procès équitable, ou encore de la garantie des droits des victimes, dans un article préliminaire du Code de procédure pénale, il est indéniable que le législateur a voulu leur donner une valeur particulière et a consacré, de ce fait, leur supériorité par rapport à d'autres règles procédurales.

Toutefois, l'emplacement de ces règles dans un article préliminaire du Code pose une question essentielle : la « fondamentalité » d'un principe dépend-elle d'une consécration législative ? Autrement dit, il faudrait en déduire le principe selon lequel une règle ne peut être fondamentale que si elle est intégrée dans notre ordre juridique par une reconnaissance législative. Ce raisonnement est totalement erroné, car les règles énoncées par l'article préliminaire existaient déjà avant leur intégration dans le Code de procédure pénale et étaient considérées comme des droits fondamentaux. En effet, qu'il s'agisse de la dignité de la personne humaine, du principe de la proportionnalité des mesures pénales, ou du principe d'égalité de traitement, ces règles étaient reconnues comme fondamentales avant toute codification. Par conséquent, la « fondamentalité » d'un droit ne dépend pas du rang hiérarchique de la norme qui le consacre. La valeur fondamentale d'un droit doit se distinguer de la valeur de la norme qui l'édicte. Cela explique qu'une partie de la doctrine a jugé inutile la codification de certaines règles contenues dans l'article préliminaire, dans la mesure où cela ne leur conférait pas une plus grande efficacité.

Ainsi, la « fondamentalité », parce qu'elle n'est pas créée par la norme mais intrinsèque au droit, a également un caractère universel. Un droit est reconnu comme universel lorsqu'il a vocation à s'appliquer à tous les systèmes juridiques. Les principes qui sont contenus dans l'article préliminaire ont également ce caractère, ce sont des droits universels. En outre, le fait que de nombreux principes de l'article préliminaire soient également contenus dans la Convention européenne des droits de l'homme et dans la Charte européenne des droits fondamentaux, confirme leur caractère universel.

Ces droits fondamentaux peuvent également présenter deux caractères. Il peut s'agir, soit de droits horizontaux, c'est-à-dire qu'ils interviennent dans les relations entre les personnes ; soit de droits verticaux, car ils concernent les relations entre les individus et l'État. Or, les règles énoncées par l'article préliminaire présentent ces deux caractères. Si l'exigence d'une décision rendue dans un délai raisonnable traduit uniquement le rapport entre l'autorité judiciaire et le justiciable, le principe de la contradiction est un droit fondamental non seulement vertical mais aussi horizontal. Ce double caractère des droits fondamentaux de l'article préliminaire correspond à la nature mixte de la procédure pénale.

II | La « mixité » de l'article préliminaire du Code de procédure pénale

La procédure pénale est une matière mixte et les droits de l'article préliminaire ont également cette particularité (A). Cette nature mixte permet de mettre en lumière la particularité de la procédure pénale (B).

A - Le caractère mixte des droits énoncés par l'article

En principe, le droit interne serait divisible en deux branches : le droit public et le droit interne. Alors que le droit public organise les pouvoirs publics et les relations entre ceux-ci et les individus, le droit privé régit les rapports entre les particuliers. Cette *summa divisio* connaît des atténuations et il existe des matières dites mixtes. Le caractère mixte s'explique lorsque la matière comporte des règles relevant à la fois du droit privé, et à la fois du droit public. On ne parle de matière mixte que lorsqu'elle est relative à une branche du droit, c'est-à-dire à un ensemble de règles relatives à un secteur du droit, et qui ont une certaine autonomie.

La procédure pénale est depuis longtemps considérée comme une matière mixte. La majorité des règles ont pour but d'organiser et de réglementer les juridictions pénales. L'État est toujours partie au procès pénal par l'intermédiaire du ministère public, et il est donc étonnant que cette matière soit rattachée au droit privé. Cependant, la procédure pénale comporte également des règles qui attribuent des prérogatives aux parties à l'instance. Mais la véritable raison de ce rattachement provient peut-être du fait que les juridictions pénales font parties de l'ordre juridictionnel privé.

L'article préliminaire illustre la « mixité » de la procédure pénale. Dans les droits qui sont énoncés par ce texte, nous retrouvons la division entre le droit public et le droit privé. Les principes d'équité, de contradiction, de séparation des fonctions et de proportionnalité des mesures sont bien des règles de droit public. Ces principes ayant pour finalité l'organisation du procès ont un caractère public. *A contrario,* les règles qui garantissent les droits des victimes et le principe de la présomption d'innocence peuvent être rattachés au droit privé. En vertu du principe de la présomption d'innocence, toute personne suspectée d'avoir commis une infraction doit être considérée comme non coupable jusqu'à ce qu'une décision irrévocable fixe le contraire. Ce principe a une nature mixte car il protège le suspect de tout préjugé, non seulement de la part de l'autorité judiciaire, mais aussi de la part de l'opinion publique. Cette protection du suspect par rapport aux autres individus révèle sa nature privée car il concerne les rapports entre les particuliers. De même, en disposant que « l'autorité judiciaire veille à l'information et à la garantie des droits des victimes au cours de toute procédure pénale », l'article préliminaire accorde implicitement des prérogatives au particulier victime. Or cette protection de l'individu relève du droit privé.

Il ne suffit pas de constater que l'article préliminaire, comme le reste des règles de la procédure pénale, a un caractère mixte. C'est un truisme dont on ne peut pas se contenter.

B - Les conséquences de la « mixité » de droits

La « mixité » de la matière pénale a deux conséquences principales : le caractère autonome de la matière pénale et l'institution de juridictions spéciales.

Aujourd'hui, le principe de la *summa divisio* entre le droit privé et le droit public est de plus en plus critiqué pour son manque d'intérêt pratique. Mais en principe, la nature publique ou privée de la matière envisagée permet de déterminer la compétence juridictionnelle. Si la matière est de nature privée, la juridiction compétente pour en connaître sera une juridiction judiciaire ; et réciproquement, s'il s'agit d'une matière de droit public, la juridiction sera une juridiction administrative. *Quid,* alors, des matières mixtes telles que la procédure pénale ? La procédure pénale doit-elle relever de l'ordre judiciaire ou de l'ordre administratif ? Les juridictions pénales n'appartiennent à aucun des deux ordres, ce sont des juridictions spéciales.

Le caractère mixte de la matière justifie donc, parfois, la mise en place de juridictions spéciales. La matière étant spécifique, l'institution d'une juridiction adaptée est nécessaire, et c'est le cas de la matière pénale. Pour autant, il ne faut pas en conclure qu'inversement toute juridiction spéciale correspond à une matière mixte. Tout raisonnement *a contrario* n'est pas toujours valable. Ainsi, on peut difficilement affirmer que l'existence des juridictions consulaires suffit à prouver le caractère mixte du droit commercial, qui reste inclus dans le droit privé. À nouveau, la procédure pénale démontre sa nature *sui generis.*

Cette spécificité de la matière pénale amène une partie de la doctrine à soutenir que c'est une branche du droit qui est autonome. L'autonomie d'une matière peut être déterminée de deux façons. D'une part, lorsque l'application de principes généraux ou de méthodes de raisonnement empruntées à d'autres matières conduit à des résultats erronés, cela signifie que la matière est autonome. D'autre part, l'autonomie apparaît quand la matière considérée, bien que mettant en œuvre des principes qui appartiennent à des branches existantes, en fait une utilisation spéciale qui lui donne un caractère nouveau. C'est le cas de la procédure pénale, qui, en empruntant des règles de droit privé et de droit public, en ayant donc un caractère mixte, affirme son autonomie. Par conséquent, la « mixité » de la procédure pénale permet d'affirmer qu'il s'agit d'une branche autonome du droit. « Il existe donc trois grandes procédures : la procédure civile, la procédure administrative et la procédure pénale » (*Manuel,* p. 71).

***

Autre plan possible

I. La double nature des droits de l'article préliminaire.
   A. La nature mixte des droits.
   B. La nature fondamentale des droits.

II. Les effets de cette double nature.
   A. Les effets liés à la « mixité » des droits.
   B. Les effets liés à la « fondamentalité » des droits.

Commentaire d'un extrait du discours préliminaire de Portalis

Julien Théron*

« Pour connaître les divers ordres de lois, il suffit d'observer les diverses espèces de rapport qui existent entre les hommes vivant dans la même société. Les rapports de ceux qui gouvernent avec ceux qui sont gouvernés, et de chaque citoyen avec tous, sont la matière des lois constitutionnelles et politiques.

Les lois civiles disposent sur les rapports naturels ou conventionnels, forcés ou volontaires, de la rigueur ou de la simple convenance, qui lient tout individu à un autre individu ou à plusieurs. »

Extrait du « Discours préliminaire sur le projet de Code civil présenté le 1er pluviôse, an IX par la Commission ; nommée par le gouvernement consulaire », rédigé par Portalis.

Conseil de méthodologie

Le commentaire consiste en un ensemble d'explications et de remarques à propos d'un texte organisées autour d'un plan. *Il se distingue donc de la dissertation.* Il faut bien veiller à ne pas transformer en dissertation un commentaire de texte. C'est le piège classique : oublier le texte. Il faut « coller » au texte : fréquemment le citer dans le corps du devoir. Les développements opérés doivent être circonscrits autour des propositions et éléments contenus dans le texte. À défaut, le devoir sera hors sujet.

* Allocataire moniteur à l'Université des sciences sociales de Toulouse.

1. En tout premier lieu, il faut lire avec attention le texte proposé et analyser chacun de ses termes afin de saisir la problématique proposée par l'extrait. Il faut pour cela prendre le temps de « digérer » le contenu du texte et savoir le « découper ». Il ne faut pas se précipiter : une lecture rapide est une lecture superficielle.

Dans la première phrase de l'extrait du discours préliminaire au Code civil, Portalis affirme : « Pour connaître les divers ordres de lois, il suffit d'observer les diverses espèces de rapport qui existent entre les hommes vivant dans la même société. » Il faut ici attribuer au terme de “loi” le sens de droit objectif. Il ne faut donc pas l'entendre au sens strict, comme étant le texte voté par le Parlement. Les « divers ordres de lois » sont alors les différents types de règles juridiques. Portalis propose ainsi de classer les matières juridiques en fonction des rapports existant entre les hommes vivant dans une société.

Dans la seconde phrase, il définit une première catégorie de règles juridiques : « Les rapports de ceux qui gouvernent avec ceux qui sont gouvernés, et de chaque citoyen avec tous, sont la matière des lois constitutionnelles et politiques. » L'expression « lois politiques » peut paraître obscure. Il faut analyser l'étymologie du mot afin d'en saisir le sens. Le terme « politique » vient du mot *polis* en latin qui désignait la cité. Les lois politiques sont donc les règles relatives à l'organisation de la cité. Portalis définit donc dans cette phrase ce que l'on appelle aujourd'hui le droit public. Il s'agit de l'ensemble des règles destinées à régir les rapports de l'État avec l'individu.

Dans la troisième phrase, il énonce une seconde catégorie de règles juridiques : « Les lois civiles disposent sur les rapports naturels ou conventionnels, forcés ou volontaires, de la rigueur ou de la simple convenance, qui lient tout individu à un autre individu ou à plusieurs. » Il définit ici le droit privé comme étant l'ensemble de règles destinées à organiser les rapports interindividuels.

La problématique développée dans ce texte est donc simple. Portalis affirme qu'il existe une division du droit interne opposant le droit public au droit privé et en donne les critères. Le droit public organise les relations individus/État, tandis que le droit privé gère les relations interindividuelles.

2. En second lieu, il faut rassembler les idées nécessaires au commentaire proprement dit. Plusieurs types de réflexions peuvent naître de la lecture de cet extrait.

Tout d'abord, il apparaît que la division du droit interne (droit public / droit privé) proposée par Portalis est encore aujourd'hui empruntée. De plus, les critères utilisés sont toujours effectifs. Le droit administratif, matière essentielle du droit public, a pour but de régir les rapports entre « ceux qui gouvernent » et les « gouvernés », alors que le droit civil, pilier du droit privé s'intéresse à l'individu et à ses relations avec les autres individus.

Ensuite, il apparaît que quelle que puisse être l'importance de cette division du droit français, elle ne peut être considérée comme absolue. En premier lieu, cela masquerait l'unité fondamentale du droit. Cette distinction a en effet pour corollaire l'idée en vertu de laquelle le droit public est le droit de l'État tandis que le droit privé est le droit de l'individu. Autrement dit, le droit public protège l'intérêt de l'État tandis que le droit privé protège l'intérêt de l'individu. Or toute règle de droit poursuit une seule et même finalité : l'organisation de la société. En second lieu, cette distinction ne permet pas de classer la totalité des matières. En effet, certaines matières sans être du droit privé ne relèvent pas pour autant du droit public. Ainsi le droit pénal relève tant du droit privé que du droit public sans pouvoir être entièrement rattaché à l'un des deux.

Aussi, le plan du commentaire peut s'articuler autour de l'idée en vertu de laquelle si la distinction entre droit public et droit privé est toujours effective (I), cette taxinomie est relative (II).

Corrigé proposé

Portalis fut avec Tronchet, et malgré sa cécité, l'un des principaux rédacteurs du Code civil. Il est en effet avéré que Bigot de Préameneu et Malleville eurent un rôle moins important dans l'élaboration de cet ambitieux projet. Il fut également le rédacteur du discours préliminaire au Code civil, dont il est ici présenté un extrait.

Il y affirme qu'il existe deux ordres de lois. Celles qui ont pour objet de régir les rapports entre gouvernants et gouvernés et celles qui organisent les rapports interindividuels. Il oppose ainsi les lois politiques et constitutionnelles aux lois civiles. Autrement dit, il expose ici la division du droit interne distinguant le droit public du droit privé.

Cette division entre le droit public et le droit privé n'est pas universelle. De très nombreux États, comme l'Angleterre, ignorent une telle dichotomie. Toujours effective en droit français, elle est héritée du droit romain. Ainsi, Ulpien, jurisconsulte romain, affirmait que « le droit public est relatif à l'organisation de la chose publique, le droit privé à l'intérêt des particuliers » *(« publicum jus est quod ad statum rei romanae spectat, privatum quod ad singularum utilitatem »).* Cette taxinomie présente des intérêts non seulement théoriques mais pratiques considérables. Il faut ainsi rappeler qu'il existe une dualité d'ordre de juridictions : les juridictions administratives et les juridictions de l'ordre judiciaire. Le type de règle à appliquer déterminera leur compétence. Cependant, aussi importante que soit cette distinction, elle ne peut être considérée comme absolue, dans la mesure où elle sous-entend que le droit a deux finalités : tantôt la protection de l'intérêt de l'État, tantôt la sauvegarde de l'intérêt de l'individu. Or toute règle juridique ne peut avoir qu'une finalité : l'organisation de la société. Par ailleurs elle s'avère être un outil de classification imparfait, comme en témoigne l'existence de matières mixtes.

Finalement, si le principe d'une division du droit interne en « lois constitutionnelles et politiques » ou « lois civiles » tel que présenté par Portalis est toujours effectif **(Première partie),** il révèle certaines limites **(Deuxième partie).**

I | La division « lois civiles », « lois constitutionnelles et politiques » du droit interne : une taxinomie effective

L'opposition du droit public au droit privé est considérée comme fondamentale dans le droit français interne. Or, il apparaît que cette taxinomie réponde parfaitement à la distinction effectuée par Portalis : « les rapports de ceux qui gouvernent avec ceux qui sont gouvernés » sont encore la matière du droit public (A), tandis que les rapports « qui lient tout individu à un autre individu ou à plusieurs » sont toujours régis par le droit privé (B).

A - Le domaine du droit public ou l'organisation des « rapports de ceux qui gouvernent avec ceux qui sont gouvernés »

Le domaine du droit public est aujourd'hui encore constitué par les « rapports de ceux qui gouvernent avec ceux qui sont gouvernés, et de chaque citoyen avec tous ». Le droit public est en effet la branche du droit organisant l'État et les collectivités locales et régissant leur action et leurs relations avec les particuliers. Le droit constitutionnel comme le droit administratif en témoignent.

Le droit constitutionnel réunit les règles relatives à l'État et au pouvoir politique. Il s'agit de l'ensemble des règles qui président à l'organisation politique de l'État et à son fonctionnement ou, plus précisément encore, à la mise en œuvre du pouvoir politique. La substance du droit constitutionnel se trouve donc dans la Constitution et les différents textes qui s'y rattachent (lois constitutionnelles et lois organiques). Plus largement, elle réside si l'on tient compte de la situation constitutionnelle actuelle de la France, dans tous les textes qui définissent les divers organes de l'État (chef de l'État et gouvernement qui constituent le pouvoir exécutif ; Assemblée nationale et Sénat, c'est-à-dire le Parlement ; Conseil constitutionnel...), les modalités de leur désignation, leurs compétences et leurs fonctions.

Le droit administratif regroupe les diverses règles qui définissent et organisent les administrations et les services publics, celles qui précisent les modes de fonctionnement et celles qui régissent leurs rapports avec les particuliers (contrats administratifs et responsabilité administrative). Une partie importante du droit administratif s'attache à l'organisation administrative de l'État (État, régions, départements et communes). Une autre définit les moyens d'action de l'administration, ce qui englobe à la fois les personnels (fonctionnaires et agents qui collaborent à l'administration) et les biens du domaine public.

B - Le domaine du droit privé ou l'organisation des rapports interindividuels

« Les lois civiles disposent sur les rapports naturels ou conventionnels, forcés ou volontaires, de la rigueur ou de la simple convenance, qui lient tout individu à un autre individu ou à plusieurs. » Le sens de l'expression « droit civil » a évolué. À Rome il désignait le droit applicable aux citoyens par opposition au droit applicable aux étrangers *(jus gentium)*. Il a fini par désigner le droit codifié à Byzance sous le nom de *corpus juris civilis.* C'est en ce sens que l'on parlait de droit civil dans l'ancienne France où le droit romain était resté en application au moins en ce qui concerne les relations entre particuliers dans certaines provinces. Peu à peu le terme droit civil devint synonyme de droit privé. Ainsi conçu, le droit civil tendait à faire la synthèse de toutes les règles applicables à la vie des hommes et à leurs relations particulières. Réside ici la raison pour laquelle Portalis ne parle pas de droit privé mais de « lois civiles ». Les disciplines relevant du droit privé sont donc celles qui organisent les rapports interindividuels. Peuvent alors être principalement rattachés à cette branche le droit civil au sens strict du terme et le droit commercial.

Le droit civil trouve l'essentiel de sa substance dans le Code civil de 1804 et envisage l'individu dans ses rapports les plus fondamentaux. Le droit civil rassemble les diverses règles qui assurent l'individualisation de la personne-sujet de droit dans la société (nom, domicile, état civil) et celles qui organisent les principaux rapports de la vie en société. À ce titre il régit la famille, la propriété et définit les rapports d'obligations qui peuvent s'établir entre les personnes.

Le droit commercial a emprunté au droit civil nombre de ses techniques, pourtant c'est avant la Révolution que le droit commercial s'en est détaché. Cette autonomie est clairement attestée par les ordonnances de Colbert sur le commerce de terre (1673) et sur la marine (1681). L'objet de cette branche du droit est constitué par les différentes opérations accomplies pour l'exercice du commerce. Il s'agit donc ici encore d'organiser des relations interindividuelles. Le droit commercial comprend l'ensemble des règles applicables aux commerçants et aux actes de commerce. L'ancienneté de la matière explique qu'elle ait fait l'objet d'une codification dès 1807. À la différence du Code civil, ce Code a été rapidement dépassé. Il a fait l'objet de nombreuses réformes, à tel point qu'une recodification s'est imposée donnant naissance à un nouveau Code de commerce en 2000.

Si la division du droit interne entre le droit public et le droit privé telle que Portalis la met en avant dans l'extrait étudié est encore effective, il semble qu'elle doit être relativisée.

II | La division « lois civiles », « lois constitutionnelles et politiques » du droit interne : une taxinomie relative

La division du droit interne en droit public - droit privé est critiquable dans la mesure où elle masque l'unité véritable du droit (A). De plus elle ne permet pas de classer toutes les matières juridiques comme le révèle l'existence de matières mixtes (B).

A - Le caractère excessif de la division droit public - droit privé masquant la seule finalité du droit : l'organisation de la société

La distinction du droit public et du droit privé constitue une schématisation excessive du système juridique. Elle conduit parfois à considérer le droit de manière trop manichéenne.

Ainsi, le droit privé tendant à régir les rapports interindividuel est assimilé à un droit libéral, tandis que le droit public, destiné à régir les rapports entre l'individu et l'État est considéré comme un droit contraignant. Or la complexité croissante de la vie sociale et économique rend de plus en plus perceptible la fonction protectrice de l'individu par l'État. La loi du 6 janvier 1978 relative à l'informatique, aux fichiers et aux libertés en est l'exemple frappant dans la mesure où elle est destinée à sauvegarder les libertés individuelles à l'encontre des pouvoirs publics comme des organismes privés. Elle régit donc un certain type de rapport entre « ceux qui gouvernent et ceux qui sont gouvernés », mais dans un but protecteur de l'individu.

La taxinomie proposée par Portalis peut également conduire à considérer le droit public comme le droit de la collectivité, et le droit privé soucieux des rapports interindividuels comme protecteur des intérêts individuels. Or, à l'évidence toutes les règles de droit, parce qu'elles ont pour finalité d'organiser la société, tendent, notamment par une recherche de ce qui est utile, à la sauvegarde de l'intérêt social.

Cette distinction entre les « lois civiles » et les « lois constitutionnelles » tend donc à faire oublier la profonde unité du droit, lequel n'est jamais que la traduction sous la forme d'un ensemble de règles d'un projet politique global. Cela conduit à dénier à l'opposition droit privé - droit public la valeur d'une vraie *summa divisio.*

B - La division du droit interne entre le droit public et le droit privé, une taxinomie incomplète

L'existence de matières ne relevant totalement ni du droit public ni du droit privé montre que la distinction proposée par Portalis n'est pas absolue. Le droit connaît des matières « mixtes ». La notion est simple : constitue un droit mixte toute branche du droit qui réalise une combinaison de règles relevant, pour les unes du droit public et pour les autres du droit privé. L'existence même de ce type de « lois » signifie donc qu'il ne suffit pas d' « observer les diverses espèces de rapport qui existent entre les hommes vivant dans la même société » pour connaître les « divers ordres de lois ». Il n'existe pas que le droit privé et le droit public.

Le droit pénal constitue à ce titre un exemple frappant de ces droits mixtes qui ne sont ni privé ni public. L'essentiel de sa substance se trouvait dans le Code pénal de 1810, jusqu'au remplacement de celui-ci par le Nouveau Code pénal de 1994. Il s'agit d'un droit de répression qui a pour objet de définir les comportements constitutifs d'infraction et de fixer les sanctions applicables à leur auteur. Or les infractions sont déterminées en considération de l'intérêt général, et c'est la puissance publique qui a la maîtrise de la sanction. La victime n'est pas admise à exercer d'elle-même un droit de vengeance. Le droit pénal est donc incontestablement attiré vers le droit public. Pourtant il n'est pas possible de l'y assimiler dans la mesure où il ne contribue nullement à fixer les règles constituant l'État ou son administration, pas plus qu'il ne régit les rapports entre ce même État et ses citoyens.

Aussi, en France le droit pénal est habituellement rattaché au droit privé, car si elle est dominée par la puissance publique, cette branche du droit a pour but de sauvegarder certaines prérogatives individuelles : sanctionner le vol, par exemple, c'est du même coup affirmer et protéger la propriété. Pourtant cette assimilation au droit privé est abusive dans la mesure où le droit pénal ne vient pas régir les simples relations entre particuliers. On observera que dans de nombreux États, notamment d'Amérique du Sud, cette discipline relève du droit public.

La distinction entre le droit public et le droit privé telle qu'elle est mise en évidence par Portalis dans l'extrait commenté est toujours utilisée et effective mais ne peut pas être considérée comme la *summa divisio* du droit interne français. Portalis déjà conscient de cela avait d'ailleurs affirmé : « Il n'est point de question privée dans laquelle il n'entre quelque vue d'administration publique, comme il n'est aucun objet public qui ne touche plus ou moins aux principes de cette justice distributive qui règle les intérêts privés. »

*
* *

Autre plan possible

I. La division du droit en « lois constitutionnelles et politiques » et « lois civiles », une distinction inhérente aux différents rapports sociaux.

A. Les rapports de « ceux qui gouvernent avec ceux qui sont gouvernés », ou le domaine du droit public.

B. Les rapports de « tout individu à un autre individu », ou le domaine du droit privé.

II. La division du droit en « lois constitutionnelles et politiques » et « lois civiles », ou l'atteinte à l'unité fondamentale du droit.

A. Une division mettant en avant une fausse opposition d'intérêts entre l'État et l'individu.

B. Une division portant atteinte à la finalité de toute règle de droit : l'organisation de la société.

III. La division du droit en « lois constitutionnelles et politiques » et « lois civiles », un outil de classification imparfait.

A. Les matières mixtes ne sont ni du droit public ni du droit privé.

B. Les matières mixtes révèlent des éléments de droit public et de droit privé.

Leçon 3

La source majeure : la loi amont et aval

Dissertation : « Le juge et la loi »

Jérôme Fischer*

Conseils méthodologiques

— La dissertation est l'exercice le moins spécifique des études juridiques. Elle consiste à développer, à partir d'un sujet, l'exposé de ses idées et connaissances.

— L'introduction est assez formelle, mais n'interdit pas une certaine liberté. Doivent y figurer : *l'intérêt du sujet,* son sens, son environnement historique ou comparatiste (de quoi vais-je parler ? pourquoi ? comment ?). Éventuellement, pour des sujets transdisciplinaires, vous pouvez développez sommairement une comparaison avec les autres sciences humaines : philosophie, sociologie, ethnologie, psychologie... Si la forme la plus prisée est l'entonnoir (du plus général vers le plus particulier), le sujet et l'inspiration du moment guident néanmoins en partie l'articulation de ces différents blocs.

— L'introduction doit comporter à la fin *(in fine)* l'annonce de votre plan qui est aussi l'annonce de votre *raisonnement,* du lien logique qui guide le lecteur dans votre exposé.

— Le plan proprement dit peut être en deux parties ou trois selon le sujet. Les plans en deux parties, deux sous-parties ne sont pas un canon absolu, figurant déjà dans la loi des XII tables. Le juriste n'est pas plus binaire que primaire. Les 2 ou 3 parties principales doivent être au moins subdivisées en deux sous-parties.

* Maître de conférences à l'Université des sciences sociales de Toulouse.

— Évitez ou méfiez-vous des plans « jeu de mots », balanciers, des inversions... La trouvaille formelle peut parfois conduire à de graves erreurs au fond. Pour une comparaison de deux termes, il faut absolument bannir le plan séparatiste, par exemple, pour notre sujet : première partie : la loi ; deuxième partie : le juge.

— Il faut *soigner les transitions,* autant par un souci d'élégance, que pour maintenir le lien logique et donc l'attention du lecteur.

— Les conseils classiques de présentation, d'orthographe et de syntaxe ne doivent pas être ignorés même si vous les entendez depuis plus de dix ans (en cette matière, point de prescription ni de forclusion).

— Il faut impérativement éviter une imprécision des termes, notamment juridiques. Les mots « stipuler » et « nonobstant » exerçant une fascination inexpliquée sur l'étudiant en droit, leur usage devra être limité au strict nécessaire. Pour information, ni la loi ni le juge ne « stipulent que... ».

— L'ouverture finale est à la fois une fenêtre sur autre chose et la dernière limite du sujet. *Determinatio negatio est.*

Corrigé proposé

Le juge et la loi, le sujet ainsi formulé pourrait évoquer une juxtaposition de sources autonomes et indépendantes du droit. Il n'en est rien. La loi et le juge ne sont pas l'un à coté de l'autre, indifférents comme un vieux couple dont la proximité suffit au rapprochement. Leurs rapports, toujours passionnés, sont d'une rare complexité. Plus que liés, ils sont imbriqués, unis par un rapport d'interdépendance, et leur histoire, commune, ne peut être dissociée.

Historiquement, la loi et le juge ont des rôles à la fois complémentaires et concurrents. Leurs développements historiques démontrent que l'affirmation de l'une de ces institutions conduit à l'effacement de l'autre. Sous l'Ancien Régime, les parlements, dont les pouvoirs était très étendus, inspirent la méfiance. La Fontaine a magnifiquement illustré, dans le livre sept des *Fables,* la présomption de partialité qui pèse au XVIIe siècle sur les juges. « Selon que vous serez puissant ou misérable, les jugements de Cour vous rendront blanc ou noir. » La Révolution française substitue au pouvoir de la noblesse de robe l'omnipotence de la loi, œuvre de la volonté populaire. La séparation des pouvoirs est proclamée par la Déclaration des droits de l'homme, et consacrée par les articles 10 et 12 des lois du 16 et 24 août 1790. Le référé législatif impose alors au juge de recourir au législateur, chaque fois qu'il ne peut appliquer mécaniquement la loi. La rédaction du Code civil semble achever l'évolution en 1804. L'excellence de la codification est un hymne à la loi ; le juge n'en est qu'un instrument servile, condamné à l'exégèse la plus stricte. Les rédacteurs du Code ont pourtant établi une synthèse entre l'ancien et le nouveau régime. Il est clair, notamment dans le discours préliminaire de Portalis, que le juge peut et doit interpréter les principes généraux posés par le législateur. Dans le silence de la loi, il doit même juger en équité, comme le prévoit implicitement l'article 4 sanctionnant le déni de justice. Le courant légaliste est pourtant longtemps majoritaire, et postule, jusqu'à la fin du XIXe siècle, la supériorité absolue de la loi. Le XXe siècle connaît une renaissance judiciaire ; le rôle du juge ne cesse de s'étendre dans toutes les branches du droit, et surtout en droit public. Depuis l'arrêt *Blanco,* rendu par le Tribunal des conflits, le 8 février 1873, le droit administratif est devenue une matière essentiellement prétorienne. En droit constitutionnel, la décision rendue par le Conseil, le 16 juillet 1971, sur la liberté d'association, augmente considérablement le rôle du juge constitutionnel. La place essentielle des juridictions européennes influencera sans doute en ce sens l'évolution du droit privé, et confirmera peut-être au XXIe siècle la prééminence du juge. Oui, mais lequel ?

Quelle loi et quels juges ? Le sujet est évidemment différent selon l'acception donnée à ces termes. Au sens organique et formel, la loi est une règle posée par le pouvoir en ayant la compétence : Le parlement. Au sens matériel, elle est toute règle générale, abstraite et impersonnelle, valide dans un système juridique. La fonction du juge est également multiple selon qu'il est un juge européen, constitutionnel, administratif, pénal ou judiciaire. Cette incertitude *in terminis* (dans les mots employés) justifie que le sens des termes soit fixé *a priori.* Les développements suivants traiteront des rapports du juge judiciaire français et de la loi au sens de règle de droit.

Les rapports du juge et de la loi seraient-ils, comme l'Ouroboros, un serpent qui se mord la queue ? Évolution cyclique, rapports hiérarchiques s'inversant périodiquement, les destinées des deux institutions sont à la fois intimement liées et antagonistes. La loi a besoin du juge pour exister dans la réalité du procès. Celui-ci applique et interprète la loi ; il traduit cette règle abstraite et irréelle en une mesure concrète, perceptible au justiciable. Docile et fraternel, le juge complète même la loi, il la crée parfois pour pallier ses carences et ses lacunes. Investi alors d'une responsabilité nouvelle, le juge peut être tenté d'aller au-delà, et de créer des règles de droit contraires à la loi. De l'Ouroboros à Chronos qui dévorait ses propres enfants, les mythes d'une histoire sans fin sont nombreux et variés. Celui d'un juge à la fois serviteur **(Partie 1),** auteur **(Partie 2)** et contradicteur **(Partie 3)** de la loi révèle peut-être le même processus *ad infinitum.*

I | Le juge serviteur de la loi *(secundum legem)*

Selon Montesquieu, les juges sont des simples diseurs de droit, « la bouche qui prononce les paroles de la loi, des êtres inanimés qui n'en peuvent modérer ni la force ni la rigueur ». Le raisonnement judiciaire paraît mécanique et intangible. Le syllogisme judiciaire symbolise ce processus raisonné que le juge exerce de la loi à l'espèce, mais le juge est, plus qu'un simple répétiteur de la loi, son véritable interprète. L'application (A) de la loi suppose en effet son interprétation (B).

A - L'application de la loi

Pour le juge, la loi est la majeure de son raisonnement syllogistique, l'instrument de mesure du réel, son étalon juridique. Son rôle est de comparer une situation de fait à une situation abstraite formulée par la loi. Selon le « syllogisme judiciaire », lorsque la « mineure », la situation de fait, correspond à la « majeure », la loi, alors le juge peut appliquer les conséquences prévues par la loi à la situation jugée. Par exemple, la loi est que « tous les étudiants en droit qui travaillent doivent obtenir une bonne note de travaux dirigés ». Vous êtes un étudiant lecteur de ce manuel et incontestablement travailleur, donc vous devez obtenir une bonne note (ce manuel ne prescrit pas des règles impératives pour votre chargé de TD, mais seulement supplétives de sa volonté). La description de la concordance entre la majeure et la mineure est appelée la motivation du juge. L'énoncé des conséquences de la loi dans le cas jugé est appelé le dispositif de la décision. La loi définit un cadre dans lequel elle est applicable : son domaine d'application. Le juge doit faire « entrer » la situation de fait dans ce cadre, pour appliquer la loi. Cette étape, la plus mystérieuse entre toutes, est la qualification juridique des faits. Le juge met une étiquette juridique sur les faits ; il leur donne un nom juridique. Dans notre exemple, la situation de fait est que vous lisez ce manuel. Votre nom juridique, votre qualification, est que vous êtes un étudiant en droit travailleur. Mais que signifie être un étudiant en droit travailleur ? Pour le savoir, le juge doit interpréter les mots de la loi.

B - L'interprétation de la loi

Donner un sens aux mots de la loi est le travail le plus difficile du juge. Cette interprétation peut être analytique, analogique ou téléologique. L'interprétation analytique est une explication de texte. Le juge se sert de ses connaissances en langue française pour donner une signification aux mots contenus dans la loi. L'interprétation analogique fonctionne par comparaison (par analogie). Le juge compare la situation décrite dans la loi avec celles décrites dans d'autres lois, en essayant d'établir les points communs et les différences. L'interprétation téléologique (en fonction du but) consiste à interpréter la loi en fonction des conséquences qu'elle provoque dans le cas jugé. Si le chargé de TD (votre juge) veut que vous ayez une bonne note seulement quand vous le méritez, il vous qualifiera d' « étudiant en droit travailleur », seulement quand vous avez bien réussi une composition (ceux qui ont échoué sont qualifiés de cancres en droit et non d'étudiants).

L'interprétation doit être raisonnable, le juge tente de percevoir la pensée du législateur. L'interprétation sera parfois créatrice quand le juge interprète la loi pour lui faire régir une situation que le législateur n'avait pas prévue. En ce cas, le juge, au moyen de l'interprétation, complète la loi. Pour combler ses lacunes, il « crée » une loi nouvelle.

II | Le juge auteur de la loi *(praeter legem)*

Le juge, parce qu'il doit juger, ne peut se contenter des lacunes de la loi. Si la demande du plaideur est recevable, le juge ne peut rester dubitatif. Juger est une obligation dont la méconnaissance est constitutive d'une infraction pénale. Néanmoins, le juge ne peut en principe créer le droit, car il est une autorité dépourvue de toute légitimité démocratique. Deux interdictions contraires semblent devoir être conciliées. À la sanction du déni de justice (A) s'oppose en effet la prohibition des arrêts de règlements (B).

A - La sanction du déni de justice de l'article 4 du Code civil

L'article 4 du Code civil dispose que « le juge qui refusera de juger, sous prétexte du silence, de l'obscurité, ou de l'insuffisance de la loi, pourra être poursuivi comme coupable de déni de justice ». L'interprétation de la loi est ainsi obligatoire mais c'est son silence même qu'il convient parfois de pallier. La décision du juge doit donc créer du droit. Devenue définitive, cette décision bénéficiera de la force de chose jugée et deviendra la loi des parties dans le litige qui les oppose. Comment le juge tranche-t-il ce litige en l'absence de la loi ? Sans tuteur, sans guide, n'est-il pas devenu aveugle ? Est-ce la justice qui le guide ? Il faudrait pour cela que le juge soit un juste, or il n'est qu'un homme. C'est l'équité, plus facilement perceptible parce qu'elle n'est qu'une justice du cas particulier, qui permet au juge de trancher le litige. Sa décision ne sera valable qu'entre les parties au procès et ne peut être généralisée à d'autres affaires similaires. Le juge, à l'occasion d'un cas particulier, ne peut établir une règle générale.

B - La prohibition des arrêts de règlements

L'article 5 indique qu' « il est défendu aux juges de prononcer par voie de disposition générale et réglementaire sur les causes qui leur sont soumises ». Cette prohibition suppose que les juges ne peuvent constituer une source de droit, c'est-à-dire une matrice autonome de règles de droit. Le juge peut-il créer des règles de droit ? La réponse négative s'impose en théorie, mais est difficile à soutenir en pratique. Les arrêts « de principe » sont effet nombreux ; ils posent des principes généraux susceptibles d'être utilisés dans l'avenir. « Nul ne peut fait subir à autrui un trouble anormal de voisinage », cette règle non écrite par le législateur est inlassablement répétée par les juges. Aux arrêts de principe qui créent *de facto* une règle, il est possible d'ajouter les phénomènes jurisprudentiels de répétition. Les juridictions statuant toujours dans le même sens, selon la même motivation, créent une habitude, une coutume judiciaire qu'il est possible d'appeler « la loi du juge ». La jurisprudence est-elle la loi du juge ? La question doit être divisée. Si la loi est la règle qui oblige le juge à décider en un sens précis, alors les règles jurisprudentielles ne sont pas des lois, car le juge, en l'absence de règle du précédent (le *stare decisis* anglo-saxon), n'est pas tenu de suivre les décisions antérieures rendues dans des affaires similaires. Cela crée des difficultés car les revirements (les changements) de jurisprudence sont rétroactifs ; ils s'appliquent à des faits antérieurs à leur avènement. Ainsi le justiciable peut-il difficilement prévoir le droit qui lui sera appliqué. La règle jurisprudentielle n'est donc pas obligatoire pour le juge, mais elle peut être néanmoins un modèle, une norme, une habitude, un exemple à suivre pour l'institution judiciaire. Si la loi est ce qui oblige le justiciable, alors la loi du juge est bien une loi. Et elle peut contrevenir à celle posée par le législateur.

III | Le juge contradicteur de la loi (*contra legem*)

Le juge peut créer une règle contraire à la loi, mais l'affrontement brutal est souvent évité. La règle du juge est contraire à la loi quand il l'écarte alors qu'elle devrait pourtant être appliquée. Le juge fait alors prévaloir sa loi (A). Mais ces cas sont rares et circonscrits. Le plus souvent, le juge écarte la loi en raison de son absence de conformité à des règles supérieures. Il devient alors le juge de la loi (B).

A - La loi du juge

Le rapport de la loi et du juge est parfois un rapport de force. La loi a pour elle la légitimité démocratique et textuelle. Elle est générale, impersonnelle, obligatoire, mais son effectivité est conditionnée par son application judiciaire. Une loi qui n'est pas appliquée est valide mais a peu d'effets concrets. Sur le juge plane seulement la menace d'un recours devant une juridiction supérieure. En droit français, la Cour de cassation est la juridiction la plus haute. Nul institution ou pouvoir ne peut la contraindre, dans les faits, à appliquer la loi. Si sa déférence à l'égard de la loi est naturelle, il arrive que cette haute juridiction statue *contra legem.* La Cour peut ainsi écarter la loi, en distinguant là ou la loi ne distingue pas. Elle peut ajouter des conditions supplémentaires à son application, estimer une loi désuète et ne plus l'appliquer. Le juge impose sa loi, en transformant la loi existante, ou en créant une nouvelle règle contraire à la loi écrite. Parfois, cette règle est ensuite reprise par le législateur. La loi de 1985 sur les accidents de la circulation est ainsi une « suite » de l'arrêt Desmares rendu en 1982, dans un sens contraire au droit alors en vigueur.

B - Le juge de la loi

La pratique est relativement récente et résulte de la pénétration de l'ordre communautaire et européen dans l'ordre juridique français. Par leur effet direct, la Convention européenne des droits de l'homme et le droit communautaire peuvent être invoqués par les justiciables dans des conflits de droit privé. Le juge français est alors amené parfois à juger de la conformité de la loi française à ces normes supérieures. Il juge non plus selon la loi, mais la loi elle-même. La Cour de cassation peut juger de la conformité de la loi française aux traités internationaux depuis un arrêt de la Chambre mixte du 24 mai 1975, mais ce contrôle de « conventionnalité » a été au début assez timide. La pratique s'est depuis considérablement développée, car les droits fondamentaux internationaux transcendent tout le droit privé. Les juges y font de plus en plus référence, ainsi qu'aux décisions elles-mêmes des juridictions européennes. La prise de pouvoir par les juges est patente au point que certains auteurs parlent de « coup d'état judiciaire ».

Les rapports du juge et de la loi évoquent les phénomènes amoureux d'attraction/répulsion, un « je t'aime, moi non plus » à la sauce juridique. Le juge sert la loi, il la complète, la supplée, mais son dévouement se transforme parfois en insolence. Contradicteur de la loi, il l'est aussi du législateur, qui peut alors à son tour intervenir contre le juge. Dans l'affaire Perruche, la Cour de cassation légitimait la réparation du préjudice d'être né. L'article 1er de la loi du 4 mars 2002 affirme que nul ne peut se prévaloir du préjudice de sa naissance. C'est un exemple récent de la réponse possible du législateur aux tentatives de coup d'État judiciaire. Mais le sujet est sans doute dépassé, et évoquer cette question, rappellerait alors le serpent Ouroboros.

Leçon 4

Les sources mineures : la coutume, la jurisprudence, la doctrine et les principes généraux du droit

Commentaire comparé des articles 4 et 5 du Code civil

Cécile Castella et Madeleine Sanchez*

Commentez les articles suivants :

Art. 4 Code civil : « Le juge qui refusera de juger, sous prétexte du silence, de l'obscurité ou de l'insuffisance de la loi, pourra être poursuivi comme coupable de déni de justice. »

Art. 5 Code civil : « Il est défendu aux juges de prononcer par voie de disposition générale et réglementaire sur les causes qui leur sont soumises. »

Quelques conseils à l'attention des étudiants :

1 / Lire le sujet

Lire attentivement le libellé du sujet évitera de succomber à la tentation d'utiliser le document comme prétexte à un exposé.

Ici, il s'agit d'un commentaire combiné d'articles du Code civil.

Conserver le texte à analyser sous les yeux pendant le travail d'élaboration du plan, puis pendant la rédaction, est un garde-fou précieux.

2 / Délimiter le sujet

Il faut circonscrire le sujet : l'article 4 concerne le déni de justice, l'article 5 l'interdiction des arrêts de règlement. Vérifiez ensuite leur emplacement au sein du Code civil.

* ATER à la Faculté de droit de Toulouse.

Si ces questions s'insèrent dans celle plus générale de la répartition des pouvoirs entre le juge et le législateur, elles sont davantage ciblées. L'étudiant doit néanmoins faire appel aux connaissances acquises dans d'autres matières, en particulier l'histoire du droit et le droit constitutionnel.

Un commentaire de texte exige de s'en tenir aux articles. Toutefois, il s'agit de dispositions légales, donc appliquées par le juge. Dès lors, il ne faut pas négliger la jurisprudence citée dans le Code sous les articles correspondants. Elle illustre l'interprétation que les juges en font.

3 / Dégager les idées essentielles

Prendre le temps d'analyser les deux textes séparément en gardant à l'esprit que chaque mot compte. Après cet examen, il faut savoir mobiliser toutes les connaissances permettant de compléter l'exploitation de la lettre même du texte. Ce travail conduira à dégager les points communs et les divergences entre les deux articles.

Finalement, il apparaît que ces articles sont complémentaires : le premier demande au juge de statuer, le second fixe certaines limites. L'examen du droit positif (s'aider du cours, de la loi, de la jurisprudence en général, en bref de l'ensemble de ses connaissances) conduit pourtant au constat suivant : le juge a pris une place considérable aujourd'hui, malgré les deux articles. Cela semble indiquer qu'entre 1804 et aujourd'hui, l'intensité de ces deux prescriptions a grandement évolué.

4 / Élaborer un plan

Le choix du plan doit se faire en ayant une problématique à l'esprit. Le plan doit révéler la démonstration à laquelle va s'attacher le commentateur. Le constat effectué précédemment dirige vers une étude évolutive (c'est le fil conducteur ici) qui commence par l'initiale complémentarité des deux articles. Elle n'est pas remise en cause aujourd'hui, mais il faut pourtant relever que ces deux dispositions ont connu un sort différent.

5 / Rédiger

Tout au long de la rédaction, et le conseil vaut pour tout exercice, l'étudiant doit veiller à expliquer, à justifier une idée AVANT de l'affirmer. Pour cela, il s'aide de la lettre de la loi ou de la jurisprudence rendue sur le fondement de cette loi. Les opinions doctrinales peuvent également appuyer une démonstration.

Proposition de corrigé

À l'heure du bicentenaire du Code civil, alors que les juristes dressent l'inventaire des mutations qui l'ont affecté, les règles posées par son titre préliminaire se singularisent par leur extraordinaire stabilité. À l'exception de l'article 1er organisant la publicité des lois, modifié afin de prendre en compte l'évolution technologique, le temps ne semble pas avoir de prise sur les cinq articles suivants, dont la rédaction reste celle de 1804. Peut-être est-ce en raison de leur objet, à savoir l'application de la loi en général.

À cet égard, le titre préliminaire ne pouvait manquer de contenir des dispositions s'adressant à l'autorité en charge de la mise en œuvre de la loi, le juge. Les articles 4 et 5 du Code civil édictent ainsi à son encontre deux prohibitions. Le premier dispose que « le juge qui refusera de juger, sous prétexte du silence, de l'obscurité ou de l'insuffisance de la loi, pourra être poursuivi comme coupable de déni de justice ». En vertu du second, « il est défendu aux juges de prononcer par voie de disposition générale et réglementaire sur les causes qui leur sont soumises ». De prime abord, le juge semble prisonnier de deux impératifs contradictoires. Contraint de statuer même lorsque la loi est imparfaite, le législateur refuse qu'il puisse prétendre à créer des règles de droit. Ce souci était déjà celui des révolutionnaires qui, dès la loi des 16 et 24 août 1790, ont ôté au juge la possibilité d'édicter des arrêts de règlement tout en instaurant une procédure de référé-législatif. Le juge, enfermé dans un carcan étroit, ne pouvait plus être l'interprète de la loi.

Caractéristiques de l'œuvre de compromis réalisée par les rédacteurs du Code civil, les articles 4 et 5 semblent revenir à une conception plus favorable au juge. Tout en admettant son importance, ils s'efforcent de prévenir les dérives de la fin de l'Ancien Régime. Portalis, dans son discours préliminaire, reconnaît qu' « il faut que le juge (...) ait le droit d'interpréter les lois et d'y suppléer (...) mais en laissant à l'exercice du ministère du juge toute la latitude convenable, nous lui rappelons les bornes qui dérivent de la nature même de son pouvoir. Un juge est associé à l'esprit de législation : mais il ne saurait partager le pouvoir législatif ». Les deux prescriptions ont été conçues, dans l'esprit de leur auteur, comme indissociables.

Inscrites dans un contexte historique particulier, leur étude, deux siècles après leur entrée en vigueur, semble peu d'actualité. Tel n'est pourtant pas le cas. Certes le contentieux reste peu abondant, mais par les interrogations qu'elle soulève au regard de l'évolution des sources du droit, sa pertinence ne fait aucun doute.

Alors que, lors de l'adoption de ces dispositions, les rapports du juge et de la loi semblaient placés sous le sceau de la méfiance, il apparaît aujourd'hui qu'ils relèvent d'une réelle relation de partenariat. Seule cette évolution semble pouvoir expliquer qu'en dépit de leur complémentarité d'origine (I), l'équilibre que ces articles reflètent a été modifié (II).

I | L'ÉQUILIBRE ORIGINAIRE DES DISPOSITIONS

Les règles énoncées par les articles 4 et 5 du Code civil ne sont que les deux facettes indissociables d'une même ambition : définir les limites de la place du juge. Les prohibitions faites à ce dernier traduisent la volonté de protéger la loi, norme dont le juge n'est que le serviteur (A). Prescriptions encadrant la fonction de juger afin de la soumettre à la loi, ces deux articles permettent en conséquence de définir quel est l'office du juge (B).

A - Le juge, serviteur de la loi

Les articles 4 et 5 du Code civil découlent de la suprématie de la loi. Ils sont inspirés par la crainte de voir les juges, suivant l'exemple des parlements de l'Ancien Régime, s'immiscer dans la fonction législative. Or, l'une des victoires de la Révolution consiste en la consécration de la séparation des pouvoirs dont l'affirmation solennelle réside dans l'article 16 de la Déclaration des droits de l'homme et du citoyen en vertu duquel « toute société dans laquelle la garantie des droits n'est pas assurée, ni la séparation des pouvoirs déterminée n'a point de constitution ». La confusion des pouvoirs, à laquelle les parlements d'Ancien Régime avaient largement contribué, est définitivement bannie. La loi, expression de la volonté générale (art. 6 de la DDHC) peut seule limiter la liberté du citoyen (art. 4 et 5 de la DDHC). Elle devient souveraine, seule source de droit admise, et le juge ne peut en être que l'auxiliaire, soumis comme chacun à son autorité. Ainsi que l'écrivait Montesquieu dans *L'Esprit des lois,* « les juges de la nation ne sont que la bouche qui prononce les paroles de la loi ».

L'article 5 du Code civil, reprenant une prohibition déjà énoncée par la loi des 16-24 août 1790, apparaît donc comme le corollaire du principe fondamental de séparation des fonctions. Par ce texte, sont brisées les velléités judiciaires d'empiétement sur la compétence législative. Seule la loi pose des normes générales et impersonnelles, non le juge. Texte répartiteur de compétence, l'article 5 devrait, selon certains, figurer non dans le Code civil mais dans la Constitution. Son transfert a d'ailleurs été envisagé par l'avant-projet de Code civil de 1955.

Ce juge, étranger à l'élaboration de la loi, lui doit obéissance. En conséquence, il ne peut pas arguer faussement de l'insuffisance de cette dernière afin de se soustraire à son obligation de juger. C'est bien là le premier apport de l'article 4 du Code civil. L'utilisation du mot « prétexte » revêt alors une importance déterminante. Dans son sens premier, ce terme renvoie à une raison alléguée pour dissimuler le véritable motif d'une action. Pour certains, la formulation traduit l'idée selon laquelle, dans l'esprit des rédacteurs du Code, la loi est infaillible. Invoquer ses imperfections ne serait qu'utiliser un argument spécieux afin de justifier l'inaction. Selon d'autres, l'admission de défauts éventuels de la loi serait la marque d'un légicentrisme tempéré. La signification incontestable de l'expression reste que le juge ne peut contrarier la loi dans son application. Le législateur de 1804 craignait de voir inappliquées les dispositions nouvelles du Code civil en raison des réticences des juges. Implicitement, il s'octroie, en outre, la possibilité de ne pas descendre dans le détail du droit qu'il édicte. « L'office de la loi est de fixer, par de grandes vues, les maximes générales du droit ; d'établir des principes féconds en conséquence, et non de descendre dans le détail des questions qui peuvent naître sur chaque matière. C'est au magistrat et au jurisconsulte, pénétrés de l'esprit général des lois, à en diriger l'application » (Portalis, *Discours préliminaire...*). Le juge doit nécessairement assurer l'application de la loi. Il est son serviteur.

La prescription de l'article 4 ne peut cependant pas être réduite à cette volonté de soumettre le juge à la loi. Elle est rapidement devenu le fondement du pouvoir d'interprétation du juge, pouvoir dont l'article 5 du Code civil définit la limite.

B - Le juge, créateur de normes juridiques individuelles

La mesure du rôle du juge doit être recherchée dans la conciliation des deux règles contenues dans les articles 4 et 5 du Code civil.

Par la prohibition qu'il formule, l'article 4 du Code civil pose une première obligation pour le juge : il doit trancher le litige. Si le juge ne peut arguer de l'insuffisance de la loi pour ne pas statuer, il commet à plus forte raison un déni de justice lorsque la norme qu'il est en charge d'appliquer ne soulève aucune difficulté. C'est ce que confirme l'article 12 du Nouveau Code de procédure civile en vertu duquel « le juge tranche le litige conformément aux règles de droit qui lui sont applicables ». À cet égard, il ne peut, par exemple, se prévaloir d'une insuffisance de preuves. Le juge ne peut donc en aucun cas refuser d'exercer son office, même lorsque les règles législatives sont imparfaites. Implicitement, apparaît, en creux de cette interdiction, la portée positive de l'article 4 : le juge aurait le pouvoir de parfaire la loi. Cette disposition devient alors le soutien du pouvoir normatif du juge. Le juge doit éclairer la loi par son interprétation et combler la loi par son raisonnement. L'article 4 prévoit ainsi deux cas particuliers d'imperfections, le silence ou l'obscurité, qu'il assortit d'une clause générale, l'insuffisance de la loi. Lorsque la loi est obscure, l'interprétation du juge est indiscutable. Lorsqu'elle est muette ou insuffisante, le juge doit se référer au *corpus* législatif ou aux principes généraux afin de dégager une règle susceptible de remédier à ces défauts. La particularité de la matière pénale mérite à cet égard d'être soulignée. Le juge répressif, confronté à une prescription législative lacunaire, est pris en tenaille entre l'obligation de statuer en dégageant lui-même les éléments de l'infraction et le principe légaliste qui fait du législateur le seul à même d'édicter une incrimination. La Cour de cassation adopte à cet égard une position sévère : elle casse les relaxes motivées par le doute sur le sens du texte. L'article 4 du Code civil encourage, et même oblige le juge à interpréter. À l'époque révolutionnaire, il était affirmé que lorsque la loi n'était pas défaillante, le juge n'avait pas à l'interpréter mais à l'appliquer. En revanche, il est admis aujourd'hui que le sens de la loi n'est jamais une évidence et que tout juge qui doit mettre en œuvre une norme législative effectue un travail d'interprétation à cette fin. Longtemps considérée comme un acte de redécouverte du sens caché de la loi, l'interprétation peut aujourd'hui être analysée comme un acte de volonté du juge. Ce dernier crée, par l'application de la loi au litige qui lui est soumis, une norme juridique individuelle.

Ce qui lui est interdit c'est de juger par voie de disposition générale et réglementaire. Le spectre des arrêts de règlement, décisions rendues par les parlements à propos d'un litige particulier énonçant une règle juridique générale et abstraite ayant vocation à s'appliquer à des situations semblables, plane sur cette formulation. Des deux qualificatifs utilisés par les rédacteurs de l'article 5, il ressort que, d'une part, la norme dégagée dans le cas particulier ne saurait s'appliquer à toutes les hypothèses similaires, et que, d'autre part, elle ne peut présenter un caractère impératif pour d'autres causes. Le respect de ces exigences s'apprécie dans les motifs, soutien nécessaire de la décision et qui constituent donc la voie par laquelle pourrait se manifester la tentation du juge de concurrencer le législateur. Ainsi, la solution donnée par le juge ne peut être dotée d'une portée dépassant le cadre particulier du litige qui lui est soumis. En conséquence, la juridiction qui statue pour l'ensemble d'une profession sans examiner la situation particulière de chacun se prononce par voie de disposition générale et réglementaire. Est également prohibé le jeu de la règle du précédent. Le jugement qui prend appui sur la solution retenue dans un cas analogue, la seule référence à la jurisprudence antérieure de la juridiction ou encore le renvoi à une décision précédente méconnaissent la prohibition édictée par l'article 5 du Code civil. La règle créée par le juge ne s'impose qu'aux parties. C'est alors l'article 1351 du Code civil qui exprime le mieux la portée du pouvoir normatif créateur du juge : la chose jugée n'a qu'une autorité relative. En conséquence, la généralisation de la norme posée est impossible puisque la solution donnée ne vaut que pour les parties au litige.

La prohibition des arrêts de règlement constitue le garde-fou posé à l'exigence de création imposée par l'interdiction du déni de justice. L'article 4 énonce donc un principe dont la limite réside dans l'article 5 du Code civil. Ce lien substantiel qui unit les deux dispositions ne doit pas pour autant masquer le sort différent que l'évolution du droit a réservé à ces articles.

II | Le déplacement du point d'équilibre

La jurisprudence rendue au sujet des articles 4 et 5 du Code civil permet de mesurer la force contraignante de ces dispositions. Le législateur de 1804 ne pouvait prévoir que, indissociables, elles acquerraient finalement une portée différente (A) et que la volonté de domestiquer le juge se verrait contrariée par la place qu'il a prise aujourd'hui (B).

A - Une mise en œuvre inégale des prohibitions

Le ton des articles 4 et 5 révèle l'intention initiale du législateur. Le juge coupable d'un déni de justice « pourra être poursuivi », alors qu' « il est défendu aux juges » de rendre des arrêts de règlement. La poursuite n'est qu'une faculté dans la première hypothèse, idée appuyée par l'emploi du futur. L'interdiction est ferme dans le second cas et l'indicatif ne laisse pas de place au doute. Pourtant, des atteintes portées à l'article 5 doivent être relevées alors que la prohibition du déni de justice n'a pas perdu de sa vigueur.

En témoigne la possibilité pour la Cour de cassation de censurer une décision pour violation de la loi sous le visa de l'article 4. La création du Tribunal des conflits en 1872 vise à atteindre le même but : un conflit négatif de compétence ne doit pas conduire au déni. D'autres mesures prévoient la sanction de l'auteur même du déni. Ainsi, l'article L. 781-1 du Code de l'organisation judiciaire permet de condamner l'État en cas de faute lourde ou de déni de justice. Les juges judiciaires l'étendent à « tout manquement de l'État à son devoir de protection juridictionnelle de l'individu... » (TGI Paris, 6 juillet 1994), dépassant le seul refus de juger. Tel est le cas d'un retard anormal dans le fonctionnement de la justice. En outre, le déni constitue un comportement pénalement répréhensible prévu par l'article 434-7-1 du Code pénal. Le délit, initialement supprimé lors du vote de ce dernier, a finalement été réintroduit en raison de sa valeur symbolique.

À l'inverse, l'incrimination réprimant le juge auteur d'un arrêt de règlement, prévue par l'article 127 de l'ancien Code pénal, a volontairement été exclue du Code pénal actuel. Cette dépénalisation n'est pas le seul élément invitant à relativiser la portée de cette interdiction. Au-delà des atteintes mineures comme l'utilisation de l'informatique qui conduit à des formules de style, la véritable difficulté réside dans le rôle que tient aujourd'hui la Cour de cassation. Si elle sanctionne vivement toute tentative d'arrêt de règlement de la part des juridictions du fond, elle s'autorise à rendre des arrêts dit de principe, rendus en termes généraux. La Cour de cassation tente ainsi de remplir sa fonction d'uniformisation de l'interprétation du droit dès lors qu'elle est confrontée à une question de droit controversée ou susceptible de générer un abondant contentieux. L'instauration d'une possibilité de saisine pour avis de la Cour de cassation offerte aux juges du fond, tout comme le pourvoi dans l'intérêt de la loi que peut exercer le procureur général près la Cour de cassation, participent de la même logique. Enfin, la pratique de l'*obiter dictum,* « opinion que le juge livre chemin faisant », permet au juge de faire connaître par avance son sentiment « sur une question autre que celle que la solution du litige en cause exige de trancher » (Capitant, *Vocabulaire juridique*).

Toutefois, l'article 5 du Code civil interdit au juge de se prononcer « par voie de disposition générale *et* réglementaire ». Ces caractères semblent devoir être cumulés pour tomber sous le coup de la prohibition. Or en vertu de l'autorité de la chose jugée, l'arrêt ne s'impose qu'aux parties au procès. Ainsi, dans un sens procédural, l'interdiction n'est pas remise en question. Les arrêts de principe ne sont dotés que d'une autorité de fait que les juges du fond peuvent tenir en échec par leur résistance. La Cour elle-même reconnaît que nul ne peut se prévaloir d'un droit acquis à une jurisprudence figée. Investi de la mission de dire le droit, le juge a, de fait, pris une importance considérable.

B - Une perception différente de la place du juge

Aujourd'hui, l'idée semble acceptée que, par son interprétation, le juge participe à la création du droit. Si la jurisprudence n'est pas élevée par tous au rang de source du droit, elle est pour le moins une autorité. L'enseignement en droit, qui inclut l'étude des décisions de justice, illustre cette évolution.

L'influence de la Cour européenne des droits de l'homme y contribue également. Cette dernière adopte depuis l'arrêt *Sunday Times* de 1979 une conception souple de la légalité intégrant l'interprétation prétorienne. La Cour de cassation elle-même fait désormais de la jurisprudence constante le complément nécessaire d'une loi imprécise. Le Conseil constitutionnel, dans une décision du 2 mars 2004, décide, malgré le principe légaliste, qu'une incrimination peut être précisée par les juridictions pénales. Le caractère bénéfique du rôle ainsi accordé au juge transparaît dans les diverses consécrations législatives de constructions prétoriennes. Ainsi, les juges admettaient l'exclusion de la responsabilité pénale d'un individu s'il avait agit sous l'empire de la nécessité. L'article 122-7 du Nouveau Code pénal intègre ce fait justificatif.

Quid de la prohibition des arrêts de règlements ? Il faut rappeler que l'autorité de la chose jugée circonscrit la portée d'une décision à l'espèce concernée. De plus, le législateur n'hésite pas à rappeler ponctuellement au juge sa place au sein de la hiérarchie des normes. Ainsi, la loi du 15 novembre 1999 insère à l'article 515-8 du Code civil une définition légale du concubinage affirmant l'indifférence du sexe, afin de briser la jurisprudence de la Cour de cassation qui en excluait le couple homosexuel.

Le rôle grandissant accordé au juge est également perceptible en ce qui concerne la conception actuelle du déni de justice. Un auteur constate qu'il ne se cantonne pas à l'hypothèse restreinte qu'est le refus de juger. Selon lui, éviter le déni c'est avoir le sentiment d'avoir eu un juste jugement (R. Libchaber, *Les articles 4 et 5 du Code civil...*). En effet, au-delà du droit de saisir le juge, rendu effectif par l'obligation de trancher prévue par l'article 4 du Code civil, émerge un véritable droit au juge, voire un droit au droit. L'influence de la Convention européenne des Droits de l'Homme mérite d'être soulignée quant à l'affirmation des droits du justiciable, au nombre desquels figurent celui d'être jugé dans un délai raisonnable et, plus largement, le droit au procès équitable. Les juridictions internes et le Conseil constitutionnel, rapidement engagés dans cette voie, poursuivent la même quête de justice, qui dépasse aujourd'hui l'obligation de statuer.

L'office grandissant du juge évolue aussi sous l'impulsion du législateur qui délègue toujours plus de pouvoir à son adversaire d'antan. Il se repose sur le juge pour apprécier des notions comme l'intérêt de l'enfant ou la bonne foi. Un plus grand effort doit de ce fait être demandé aux juges quant à la motivation de leurs décisions, puisque le justiciable ne peut ignorer leur interprétation du droit pour régler sa conduite.

Quelques erreurs à ne pas commettre :

— L'introduction qui oublierait de présenter les articles à commenter ne correspondrait pas à l'exercice demandé.

— Il s'agit d'un commentaire groupé, ce qui implique de **ne pas étudier séparément** les deux articles. Ainsi, un étudiant qui consacrerait la première partie à l'un des articles et la seconde à l'autre se tromperait d'exercice. Une scission identique dans les sous-parties conduirait à la même erreur.

— L'étudiant ne doit pas non plus tomber dans le **piège de la dissertation.** Ici, les deux articles ne constituent pas un prétexte pour exposer ses connaissances sur « le juge et la loi », ou encore au sujet du « juge source de droit ».

— L'insuffisance de référence (à bon escient) à la lettre des articles lui sera reprochée.

Pour aller plus loin

Au sujet des articles 4 et 5 du Code civil :

— *Le titre préliminaire du Code civil,* sous la direction de G. Fauré et G. Koubi, coll. « Études juridiques », Economica, 2003 (spéc. R. Libchaber, *Les articles 4 et 5 du Code civil ou les devoirs contradictoires du juge civil*, p. 143 et s.).
— B. Beignier, « Les arrêts de règlement », *Droits*, 1989/4, p. 45.
— M.-A. Frison-Roche, « Déni de justice et interprétation de la loi par le juge », *J.-Cl. civil,* art. 4, et « Application de la loi par le juge », *J.-Cl. civil,* art. 5.

Et plus généralement :

— P. A. Fenet, *Travaux préparatoires du Code civil,* t. 6, Paris, 1827, p. 360.
— *Vocabulaire juridique,* Association Capitant, PUF, 8ᵉ éd.
— Montesquieu, *L'Esprit des lois,* livre XI, chap. VI.
— Portalis, *Discours préliminaire sur le projet de Code civil.*

À noter que les exemples et enseignements jurisprudentiels utilisés dans le commentaire sont tirés des arrêts suivants : Civ. 2e, 21 janvier 1993 (*B.,* II, n° 28), Soc., 12 mai 1965 (*D,* 1965, p. 583), Soc., 27 février 1991 (*B.*, V, n° 102), Crim., 20 janvier 1987 (*B. crim.,* n° 25), Civ. 3e, 9 mars 1982 (*B.*, III, n° 60), TGI Paris, 6 juillet 1994 (*Gaz. pal.,* 1994, 2, 589, note S. Petit), et Civ. 1re, 9 octobre 2001 (*B.,* I, n° 249).

Dissertation : « Les rapports de la coutume et de la loi en droit interne »

Géraldine Le Labourier*

I | Travail préparatoire au brouillon

Trois étapes sont nécessaires à la préparation de votre devoir. Vous devez :

1 / Définir les termes du sujet afin de le cerner correctement et d'en dégager la problématique.
2 / Rassembler sommairement tous les éléments permettant de répondre à cette problématique.
3 / Regrouper certains éléments et en dissocier d'autres afin de construire le plan de votre devoir.

Définition des termes du sujet

— **Coutume :** règle de droit née d'un usage prolongé peu à peu considéré comme obligatoire.
Pensez à rappeler les deux éléments constitutifs de la coutume : élément matériel et élément psychologique. Se rappeler qu'il n'y a pas lieu de distinguer la coutume de l'usage lorsqu'une répétition d'actes présentes les deux caractéristiques de la coutume : on est en présence d'une règle de droit. Si l'usage a souvent un domaine d'application et une force obligatoire plus limités que la

* Attaché temporaire d'enseignement et de recherche à la Faculté de droit de Caen.

coutume, règle générale et abstraite – l'usage ne se distingue pas alors de la pratique –, rien n'empêche l'usage ou la pratique de devenir coutume – à moins que ce ne soit une loi qui réalise leur consécration – dès lors qu'apparaît l'*opinio juris.* La distinction entre les deux notions est donc ténue, plus de degré que de nature, et n'aura pas lieu d'être opérée ici.

— **Loi :** au sens strict, toute disposition émanant du Parlement ainsi que les dispositions adoptées par référendum. Au sens large, toute disposition générale et impersonnelle, fixée par écrit, émanant d'un organe compétent pour la prendre (Parlement ou pouvoir réglementaire).
Le mot « loi » tel qu'il figure dans l'intitulé doit être entendu dans son acception la plus large, rien ne justifiant de l'entendre au sens strict.

— **Droit interne :** droit en vigueur dans un État déterminé ayant pour objet de régir les situations qui se produisent à l'intérieur de cet État, sans qu'un élément relevant d'un autre État intervienne dans ces situations.
Bien sûr, vous vous attacherez au droit en vigueur dans l'État français.

— **Rapports :** terme polysémique. Dans l'intitulé, ce terme renvoie au lien existant entre deux choses.
Par conséquent, le sujet implique d'étudier le lien existant entre la coutume et la loi. Ce lien apparaît lorsqu'on étudie le ***rôle*** *de la coutume.*

Le sujet conduit à analyser le rôle de la coutume en France. À cette fin, vous devez rassembler vos connaissances et réflexions personnelles au brouillon. Tous ces éléments vous permettront ensuite de bâtir un plan.

Éléments à rassembler de façon sommaire

Ne rédigez surtout pas vos idées, vous perdriez un temps précieux. Vous les développerez au moment de la rédaction

➢ Variation du rôle de la coutume dans le temps :

⇒ **France avant 1789 :** droit coutumier. Rôle prépondérant de la coutume par rapport aux autres sources du droit.

⇒ **Grandes codifications napoléoniennes :** loi principale source de droit / coutume source d'appoint.

➢ Rôle actuel de la coutume : multiple (trois types de coutumes rendent compte de ses différents rôles, sans que la distinction entre eux soient parfaitement nette).

⇒ **Coutume *secundum legem* :**

— Définition : coutume qui s'applique en vertu de la loi.

— Le texte d'une loi peut renvoyer à l'application de la coutume de deux façons : expressément ou tacitement.

1 / Expressément, pour le règlement d'un point particulier. Exemple : article 671 du Code civil, Dans cette hypothèse, la coutume a pour rôle de compléter la loi.

2 / Implicitement, quand les termes de la loi évoquent des notions coutumières : article 6 du Code civil *(« bonnes mœurs »),* article 1137 du même Code *(« bon père de famille »).* Absence

de définition légale de ces concepts car leur signification évolue corrélativement à la progression de la société. Là encore, la coutume a pour rôle de compléter la loi.

⇒ **Coutume *praeter legem* :**

— Définition : coutume qui s'applique en dehors de tout renvoi implicite ou expresse de la loi.

— Rôle de cette coutume : complète la loi sur des points que le législateur n'a pas réglé. Ce rôle ne lui est pas confié par le législateur puisque, précisément, celui-ci n'a rien prévu.

— Admission de la force obligatoire de cette coutume en dehors de tout renvoi de la loi ?

- Opposition d'une partie de la doctrine car le Parlement est le seul organe habilité à la création directe de règles de droit.
- Mais le pouvoir exécutif dispose également du pouvoir de créer des règles de droit.
- Portalis (discours préliminaire au projet de Code civil) favorable à la force obligatoire de la coutume indépendamment de toute reconnaissance par le législateur.

— Hypothèses rares de coutumes *praeter legem* : si une question juridique soulève des conflits ou incertitudes, intervention du législateur ou du juge avant qu'une coutume ait eu le temps de se former. Hypothèses de coutumes *praeter legem* tirées du passé : coutume autorisant la femme mariée à porter le nom patronymique de son mari ou celle permettant de prouver sa qualité d'héritier au moyen d'acte de notoriété.

⇒ **Coutume *contra legem* :**

— Définition : coutume contraire à la loi.

— Admission des coutumes *contra legem* ? Principe : supériorité de la loi sur la coutume dans la hiérarchie des sources de droit. *A priori,* une coutume ne peut pas l'emporter sur la loi. Conséquences : absence d'abrogation par désuétude ou par l'application d'une coutume *contra legem (définir abrogation et désuétude).*

— Mais, ce principe ne vaut que si la loi est impérative. Si la loi est supplétive, possibilité d'appliquer une coutume contraire à cette loi : ceux qui en font application manifestent leur volonté de ne pas appliquer la règle supplétive *(définir loi impérative et supplétive).*

— Rôle de la coutume *contra legem* : correctif de la loi. Uniquement envers les lois supplétives ? Non : certaines coutumes *contra legem* se sont formées contre l'application de lois impératives et ont fait, par la suite, l'objet d'une consécration législative (ex. : pratique coutumière des notaires qui ne respectaient pas les conditions de validité requises par la loi du 25 ventôse an XI pour certains actes notariés. Consacrée ultérieurement par le législateur).

— Ici, la coutume permet d'inspirer le législateur en vue de l'adoption d'une loi plus conforme aux attentes du corps social.

Maintenant que vous avez dégagé les différentes idées permettant d'analyser le rôle de la coutume, vous devez réfléchir à la structure de votre devoir.

Recherche du plan

Les termes du sujet (coutume, loi, etc.) préalablement définis ne doivent en aucun cas faire l'objet d'une des parties de votre devoir. En effet, leur définition ne sert qu'à cerner le sujet mais ne permet pas de répondre à la problématique qu'il pose. Par conséquent, une première partie portant sur les notions de loi et de coutume est à proscrire. Toutes ces définitions trouveront leur place dans l'introduction. Il serait encore pire de consacrer le I. à la loi et le II. à la coutume.

Le sujet vous permet d'adopter, selon votre choix, un plan en deux ou trois parties.

— En partant du constat que le rôle de la coutume est différent selon que l'on a affaire à une coutume *secundum, praeter* ou *contra legem,* il est permis de consacrer une partie de votre devoir à chacune de ces catégories de coutumes.

I : La coutume *secundum legem*
II : La coutume *praeter legem*
III : La coutume *contra legem*

— Vous pouvez également opter pour un plan en deux parties. Les coutumes *secundum* et *praeter legem* ont pour trait commun de compléter la loi alors que les coutumes *contra legem* ont pour rôle de la corriger.

I : Les coutumes *secundum* et *praeter legem*, complément de la loi

A : La coutume *secundum legem*

B : La coutume *praeter legem*

II : La coutume *contra legem*, correctif de la loi

A : L'infériorité de la coutume à la loi

B : La consécration législative d'une coutume *contra legem*

Proposition de rédaction

La coutume aurait dû disparaître des sources du droit dès la promulgation du Code civil en 1804. En effet, l'article 7 de la loi du 21 mars 1804 prévoyait l'abrogation générale de l'Ancien droit, composé notamment des coutumes générales et locales. Toutefois, les coutumes dont les matières ne firent l'objet d'aucune disposition du Code civil restèrent en vigueur. On assista, en outre, à une certaine renaissance des coutumes au XIXe siècle tandis que la survie de la loi ancienne maintenait nombre de dispositions coutumières applicables. C'est pourquoi se pose aujourd'hui encore la question des rapports de la coutume et de la loi en tant que sources de notre droit interne.

Règle de droit née d'un usage prolongé et peu à peu considéré comme obligatoire, la coutume se compose de deux éléments : premièrement, d'un élément matériel – acte réitéré de manière identique par un milieu social ou un groupe d'individus –, secondement, d'un élément psychologique – croyance dans le caractère obligatoire du comportement. L'usage répété se transforme en règle de droit uniquement lorsque les individus qui l'appliquent le croient obligatoire. La loi, quant à elle, revêt plusieurs sens. Au sens strict, la loi désigne toute disposition émanant du Parlement composé de l'Assemblée nationale ou du Sénat, ainsi que celles adoptées par référendum.

Au sens large ou au sens matériel, la loi désigne toute disposition générale et impersonnelle, fixée par écrit, émanant d'un organe compétent pour la prendre, qu'elle émane du Parlement ou du gouvernement. Le mot « loi » sera ici compris dans son acception la plus large, rien ne justifiant de l'entendre au sens strict.

L'analyse des rapports de ces deux sources du droit conduit à déterminer le lien existant entre l'une et l'autre. Ce lien apparaît lors de l'examen du rôle de la coutume. En effet, ce dernier dépend étroitement de celui joué par la loi. Il convient alors de s'interroger sur le rôle de la coutume en droit français.

Le rôle de la coutume a varié dans le temps. Avant 1789, le droit français était essentiellement constitué d'un droit coutumier. La coutume jouait un rôle prépondérant par rapport aux autres sources du droit. Mais avec les grandes codifications napoléoniennes, la France adopta un système légaliste dans lequel la loi devint la principale source de droit, la coutume ne constituant plus qu'une source d'appoint – de même d'ailleurs que la jurisprudence. Aujourd'hui, la coutume joue deux rôle distincts aux côtés de la loi (I) : le plus souvent elle complète la loi, mais il peut arriver qu'elle tente de la corriger (II).

I | Les coutumes *secundum* et *praeter legem*, complément de la loi

Deux catégories de coutumes jouent le rôle de complément de la loi : d'une part, les coutumes *secundum legem* (A) et, d'autre part, les coutumes *praeter legem* (B).

A - La coutume **secundum legem**

Cette première catégorie de coutumes concerne celles qui s'appliquent en vertu de la loi. Il existe différentes hypothèses dans lesquelles le texte d'une loi renvoie à l'application de la coutume. Ce dernier peut y renvoyer de deux manières : soit expressément, soit tacitement.

En premier lieu, le texte de la loi peut renvoyer de façon expresse à l'application de la coutume pour le règlement d'un point particulier. Tel est le cas de l'article 671 du Code civil qui prévoit la distance à laquelle des arbres doivent être plantés en limite de propriété. Les arbres d'une hauteur inférieure à deux mètres doivent être plantés à une distance de 50 cm de la limite de la propriété voisine. Mais, l'article précise que cette règle n'est applicable qu'à défaut *d'« usages constants et reconnus »* qui ne sont pas autre chose qu'une règle coutumière. (Si l'usage a souvent un domaine d'application et une force obligatoire plus limités que la coutume, règle générale et abstraite, rien n'empêche l'usage de devenir coutume, dès lors qu'apparaît l'*opinio juris.* La distinction entre les deux notions est donc ténue, plus de degré que de nature, et n'a pas lieu d'être opérée ici.) La règle prévue par l'article 671 du Code civil n'est donc qu'une règle supplétive à laquelle peuvent déroger des usages constants et reconnus. Dans cette hypothèse, la coutume a bien pour rôle de compléter la loi : cette dernière fixe une règle générale ne tenant pas compte des particularismes de chaque région, ville ou village ; ce rôle est assigné à la coutume qui complétera au cas par cas la règle de droit applicable à tel endroit. De la même manière, un texte de loi peut prévoir que pour tel milieu socioprofessionnel (les orfèvres, par exemple), la coutume pratiquée dans ce milieu complétera les règles de droit législatives.

En second lieu, la loi peut renvoyer à l'application de la coutume de façon tacite. Tel est le cas lorsque les termes de la loi évoquent des notions coutumières. Par exemple, l'article 6 du Code civil fait référence à la notion de *« bonnes mœurs ».* L'article 1137 du même Code emploie quant à lui l'expression de *« bon père de famille ».* Ces différents concepts ne font l'objet d'aucune définition légale car leur signification évolue corrélativement à la progression de la société. Par exemple, le comportement d'un *« bon père de famille »* considéré comme conforme à un moment donné peut très bien ne plus l'être quelques dizaines d'années plus tard. La définition de ces notions est donc laissée à la coutume qui, relayée par la jurisprudence et la doctrine, offre une définition évolutive de ces concepts juridiques. Là encore, la coutume a pour rôle de compléter la loi. Puisque la loi ne définit pas ces standards juridiques, elle doit nécessairement être complétée par les définitions que la coutume donne à ces termes. Cette dernière joue alors le même rôle qu'un décret d'application d'une loi qui définirait certains termes de la loi en vue de son application.

De ce qui précède, il ressort que la coutume *secundum legem* a pour rôle de compléter la loi. C'est la loi elle-même qui lui confère ce rôle en commandant son application. Il existe une autre catégorie de coutume dont la fonction est également de compléter la loi mais, cette fois-ci, en dehors de tout commandement tacite ou exprès de la loi. Il s'agit des coutumes *praeter legem.*

B - La coutume **praeter legem**

La coutume *praeter legem* comble une lacune du législateur ; elle complète la loi sur des points que le législateur n'a pas réglé. Contrairement à la première catégorie de coutumes, ce rôle ne lui est pas confié par le législateur, précisément parce que celui-ci n'a rien prévu à cet égard. La question de l'admission de ce type de coutume s'est alors posée en doctrine. Pouvait-on admettre sa force obligatoire en dehors de tout renvoi de la loi ? Ceux qui s'y opposaient avançaient comme principal argument que le Parlement était le seul organe habilité à la création directe du droit. Cet argument ne fut pas retenu car, par la suite, le pouvoir exécutif s'est lui aussi vu reconnaître un pouvoir de création directe du droit. D'ailleurs, dans son discours préliminaire au projet de Code civil, Portalis s'était montré favorable à la force obligatoire de la coutume, indépendamment de toute reconnaissance de celle-ci par le législateur.

En réalité, les hypothèses de coutume *praeter legem* sont rares : lorsqu'une question juridique soulève d'importants conflits ou incertitudes, elle est le plus souvent réglée par le législateur ou par le juge avant qu'une coutume ait eu le temps de se former. On peut toutefois évoquer la coutume autorisant la femme mariée à porter le nom patronymique de son mari, ou encore de celle qui permet de prouver sa qualité d'héritier au moyen d'acte de notoriété. Toutes deux appartiennent aujourd'hui à l'Histoire...

Ainsi, les coutumes *secundum* et *praeter legem* complètent la loi, les premières sur renvoi de la loi, les secondes, de manière autonome. Si la majorité des coutumes entrent dans ces deux premières catégories, il en existe une troisième dont le rôle n'est plus de compléter la loi mais de tenter de la corriger : il s'agit des coutumes *contra legem.*

II | La coutume *contra legem*, correctif de la loi

La coutume *contra legem* est une coutume contraire à la loi. En principe et en vertu de la supériorité de la loi sur la coutume dans la hiérarchie des sources du droit, une coutume ne peut pas l'emporter sur la loi (A). Pour autant, le droit a connu ou connaît des cas où une coutume a pu naître *contra legem.* Mais, le plus souvent, en raison de la subordination de la coutume à la loi, la survie de la règle posée par la coutume *contra legem* n'est assurée que par une consécration législative ultérieure (B).

A - Le principe de l'infériorité de la coutume par rapport à la loi

Issue de la Révolution de 1789, la tradition constitutionnelle française affirme la prééminence de la loi sur la coutume. Cette supériorité de la loi sur la coutume emporte plusieurs conséquences. D'une part, une loi peut abroger une coutume. D'autre part, une loi ne peut pas être abrogée, c'est-à-dire anéantie pour l'avenir seulement, par l'application d'une coutume contraire. En effet, si une loi ne peut pas être abrogée par désuétude, c'est-à-dire en raison de son défaut d'application, elle ne peut pas non plus être abrogée par l'application d'une coutume contraire. Mais, ce principe ne vaut que si la loi est impérative et qu'en conséquence, on ne peut pas y déroger. En revanche, dès lors que la loi est supplétive, on pourrait très bien admettre l'application d'une coutume contraire à cette loi puisque ceux qui en font application manifestent leur volonté de ne pas l'appliquer.

En principe, les coutumes *contra legem* jouent un rôle de correctif uniquement envers les lois supplétives. Pourtant, certaines coutumes *contra legem* se sont formées contre l'application de lois impératives.

B - L'existence effective de coutumes contra legem

Le principe de la suprématie de la loi n'est acceptable que si le législateur veille à abroger les lois devenues inutiles, ou encore celles auxquelles le corps social résiste par l'application d'une coutume contraire. En effet, bien qu'en principe, la loi soit hiérarchiquement supérieure à la coutume, une coutume contraire bien enracinée peut à terme l'emporter sur la loi. Il faut bien alors constater l'existence réelle d'une coutume *contra legem,* indépendamment donc de toute loi (ou de toute jurisprudence d'ailleurs). Cependant, il est rare que cette coutume subsiste ainsi en tant que telle, car le législateur finira par consacrer la coutume contraire, pour tenir compte des attentes d'un groupe social. Tel fut le cas de la pratique coutumière des notaires qui ne respectaient pas les conditions de validité requises par la loi du 25 ventôse an XI pour certains actes notariés (certains actes notariés voyaient leur validité subordonnée à la présence d'un notaire en second ou de témoins instrumentaires). Le législateur finit par consacrer cette coutume et, plus encore, permit de valider les actes passés en violation de la loi, en conférant à la nouvelle disposition un caractère rétroactif. Quand la règle posée par une coutume *contra legem* est consacrée par le législateur, c'est la volonté populaire qui, à travers l'application d'une coutume contraire, inspire l'édiction d'une loi plus conforme à ses attentes. Lorsque le législateur confère en plus un caractère rétroactif à la disposition consacrant la coutume, il légitime finalement l'application passée d'une coutume *contra legem.* Cela montre que la coutume peut parfois l'emporter sur la loi, qu'elle peut parfois la corriger et ne pas se contenter de lui être soumise. Or, l'inflation législative actuelle ne semble pas de nature à remettre en cause les différents rôles de la coutume, qui a encore certainement de beaux jours devant elle...

Commentaire de l'arrêt du 9 octobre 2001

Olivier Le Quéré*

Cour de cassation
Chambre civile 1re
9 octobre 2001

République française
au nom du peuple français

Attendu qu'à partir du mois de juin 1974, M. Y..., médecin, a suivi la grossesse de Mme X... ; que, lors de la visite du 8e mois, le 16 décembre 1974, le praticien a suspecté une présentation par le siège et a prescrit une radiographie fœtale qui a confirmé cette suspicion ; que, le samedi 11 janvier 1975, M. Y... a été appelé au domicile de Mme X... en raison de douleurs, cette dernière entrant à la clinique A... devenue clinique Z... le lendemain dimanche 12 janvier dans l'après-midi, où une sage-femme lui a donné les premiers soins, M. Y... examinant sa patiente vers 19 heures, c'est-à-dire peu avant la rupture de la poche des eaux, la naissance survenant vers 19 heures 30 ; qu'en raison de la présentation par le siège un relèvement des bras de l'enfant, prénommé Franck, s'est produit, et, lors des manœuvres obstétricales, est survenue une dystocie de ses épaules entraînant une paralysie bilatérale du plexus brachial, dont M. Franck X... a conservé des séquelles au niveau du membre supé-

* Attaché temporaire d'enseignement et de recherche à la Faculté de droit de Caen.

rieur droit, son IPP après consolidation étant de 25 % ; qu'après sa majorité, ce dernier a engagé une action contre le médecin et la clinique en invoquant des griefs tirés des fautes commises lors de sa mise au monde et d'une absence d'information de sa mère quant aux risques inhérents à une présentation par le siège lorsque l'accouchement par voie basse était préféré à une césarienne ; que l'arrêt attaqué l'a débouté ;

Sur le moyen unique, pris en ses première et cinquième branches :

Sans intérêt.

Et sur les deuxième, troisième et quatrième branches du moyen :

Vu les articles 1165 et 1382 du Code civil ;

Attendu que la cour d'appel a estimé que le grief de défaut d'information sur les risques, en cas de présentation par le siège, d'une césarienne et d'un accouchement par voie basse, ne pouvait être retenu dès lors que le médecin n'était pas en 1974 contractuellement tenu de donner des renseignements complets sur les complications afférentes aux investigations et soins proposés, et ce d'autant moins qu'en l'espèce le risque était exceptionnel ;

Attendu, cependant, qu'un médecin ne peut être dispensé de son devoir d'information vis-à-vis de son patient, qui trouve son fondement dans l'exigence du respect du principe constitutionnel de sauvegarde de la dignité de la personne humaine, par le seul fait qu'un risque grave ne se réalise qu'exceptionnellement ; que la responsabilité consécutive à la transgression de cette obligation peut être recherchée, aussi bien par la mère que par son enfant, alors même qu'à l'époque des faits la jurisprudence admettait qu'un médecin ne commettait pas de faute s'il ne révélait pas à son patient des risques exceptionnels ; qu'en effet, l'interprétation jurisprudentielle d'une même norme à un moment donné ne peut être différente selon l'époque des faits considérés et nul ne peut se prévaloir d'un droit acquis à une jurisprudence figée ; d'où il suit qu'en statuant comme elle l'a fait, la cour d'appel a violé les textes susvisés ;

PAR CES MOTIFS :

CASSE ET ANNULE, dans toutes ses dispositions, l'arrêt rendu le 10 février 2000, entre les parties, par la cour d'appel de Lyon ; remet, en conséquence, la cause et les parties dans l'état où elles se trouvaient avant ledit arrêt et, pour être fait droit, les renvoie devant la cour d'appel de Grenoble.

Nota bene :

— La dystocie des épaules est l'une des conséquences graves mais extrêmement rares d'un accouchement par le siège. Il s'agit d'un blocage des épaules au niveau du plexus, pouvant entraîner une paralysie.

— Avant 1998 (donc au moment de l'accident donnant lieu à ce procès), la jurisprudence dispensait le médecin d'informer son patient de l'existence de risques graves si ceux-ci ne se réalisaient qu'exceptionnellement. Le 7 octobre 1998 (donc postérieurement à l'accident mais antérieurement à l'arrêt d'appel de l'espèce), la Cour de cassation a décidé que le médecin avait le devoir d'informer le patient de « tous les risques graves afférents aux investigations et soins proposés, le fait que ces risques soient exceptionnels ne le dispensant pas de cette obligation ».

— Si le médecin manque à son obligation d'information, il peut être condamné à verser des dommages et intérêts sur le fondement de l'article 1147 du Code civil, pour faute dans l'exécution du droit conclu entre lui et son patient.

Commentaire de l'arrêt

Analyse de la décision

Comme pour tout commentaire, l'arrêt doit d'abord être lu, plusieurs fois si nécessaire. Ensuite, l'analyse proprement dite doit commencer. Il s'agit de relever les faits dans l'ordre chronologique, puis la procédure, à restituer dans l'ordre logique du raisonnement et les thèses en présence, comportant l'exposé du principe juridique appliqué, l'explication de l'application à l'espèce, la solution qui en est dégagée et le problème de droit. On pourrait hésiter sur le problème de droit ici. Deux questions pourraient en effet se poser : celle de la portée du revirement de jurisprudence et celle de la responsabilité médicale. Deux raisons permettent d'opter pour la première solution. Tout d'abord, de façon très pragmatique, vous n'aurez à commenter que des thèmes vus au cours de l'année. Or, le programme de première année de droit comprend l'étude de la jurisprudence et non celle du droit des obligations. Ensuite, vous ne disposez pas d'assez d'éléments dans l'arrêt pour faire un commentaire sur le problème de la responsabilité médicale. Il faut donc en déduire que votre commentaire doit porter sur le problème de l'évolution de la jurisprudence et laisser le problème de la responsabilité médicale de coté. (Il est bon de justifier en quelques mots la mise à l'écart de la question non traitée).

Il faut déterminer précisément le problème de droit. À quelle question la Cour de cassation a-t-elle répondu ici ? L'une méthode possible est d'écrire sur papier les deux positions antagonistes de l'arrêt. Soit la position de la Cour de cassation et celle du pourvoi, si nous sommes en présence d'un arrêt de rejet, soit la position de la Cour de cassation et celle de la cour d'appel si, comme ici, nous sommes en présence d'un arrêt de cassation. En l'espèce, la cour d'appel soutient qu'un revirement de jurisprudence ne peut s'appliquer à des actes antérieurs à celui-ci. La Cour de cassation, au contraire, soutient que la nouvelle interprétation d'un texte doit s'appliquer à tous les procès postérieurs, quelle que soit la date des faits. La confrontation de ces deux positions fait apparaître le problème de droit. Celui-ci tourne autour du revirement de jurisprudence et de ses conséquences vis-à-vis des actes accomplis avant celui-ci. Le problème de droit devra donc contenir cette idée.

L'introduction du commentaire va être rédigée linéairement à partir de ces divers éléments :

Durant sa grossesse, Mme X... a été suivie par le Dr Y... Celui-ci, détectant une anomalie dans la position du fœtus, n'informe pas Mme X... des conséquences possibles pour son enfant. Lors de l'accouchement, le 12 janvier 1975, l'enfant subi des dommages aux épaules, conséquences de sa position lors de l'accouchement.

À sa majorité, l'enfant attaque le médecin en justice, pour obtenir réparation de son préjudice, au motif que le médecin n'a pas informé sa mère des dommages graves qui pouvaient résulter d'un accouchement lorsque l'enfant se présente par le siège. On ignore le sens et les motifs du jugement de première instance.

En appel, la Cour d'appel de Lyon a débouté l'enfant de sa demande, au motif que le médecin ne peut être tenu que de respecter les obligations qui lui incombent au jour de l'exécution de ses actes. Par conséquent, pour les actes antérieurs au 7 octobre 1998, la Cour de cassation dispensait le médecin d'informer ses patients des risques rares mais exceptionnels pouvant survenir. En l'espèce, la dystocie des épaules est un risque qui ne se réalise qu'exceptionnellement. Donc, le médecin n'avait pas à en informer Mme X...

L'enfant forme un pourvoi en cassation, composé d'un moyen de cinq branches. On ignore le contenu exact du moyen.

La Cour de cassation casse l'arrêt d'appel. On ignore le motif des première et cinquième branches. Sur la deuxième, troisième et quatrième branche, la Cour estime que l'interprétation d'une même norme à un moment donné ne peut être différente selon le moment des faits considérés et que nul ne peut se prévaloir du droit acquis à une jurisprudence figée. En conséquence, un changement de jurisprudence doit s'appliquer à tous les litiges survenant postérieurement, peu important que les actes à l'origine du litige se soient déroulés avant ce revirement.

En l'espèce, selon l'interprétation actuelle de l'article 1147, le médecin aurait dû informer sa patiente des risques graves, même exceptionnels, de l'accouchement par le siège.

Or, ne l'ayant pas fait, il doit être condamné.

Le problème soulevé par l'arrêt était celui-ci : les effets d'un revirement de jurisprudence sur les actes accomplis antérieurement à celui-ci. (*On peut préférer la forme interrogative :* quels sont les effets d'un revirement de jurisprudence sur les actes accomplis antérieurement à celui-ci ?)

Recherche des éléments nécessaires au commentaire

Attention : *il est bien évident que lors de l'examen, seules les ossatures des raisonnements doivent apparaître au brouillon, la rédaction complète devant intervenir directement sur la copie, sous peine d'être dans l'incapacité de finir dans les temps.*

La première étape est de réunir vos connaissances sur papier. Vous avez étudié au cours de l'année de nombreuses notions en rapport avec la jurisprudence. Il n'est bien évidemment pas possible, ni souhaitable, de toutes les utiliser dans votre commentaire. Seules celles en rapport direct avec l'arrêt doivent être retenues.

Ici, il est intéressant de partir de la constatation qui va suivre, sachant qu'on pourra faire rapidement mention de cette idée dans la copie, sans y consacrer une sous-partie complète, qui relèverait du hors sujet : en effet, il ne semble pas ici y avoir de réelle difficulté pouvant nécessiter un commentaire dans votre copie. Le Code civil contient deux articles relatifs à la jurisprudence. Le premier, l'article 4, dispose que « le juge qui refuserait de juger, sous prétexte du silence, de l'obscurité ou de l'insuffisance de la loi, pourra être poursuivi pour déni de justice ». Le conflit porte ici sur un revirement de jurisprudence, c'est-à-dire sur une interprétation différente d'un même texte par la Cour de cassation. Celle-ci, comme tous les tribunaux, a l'obligation, de par l'article 4, de trancher les litiges selon le droit en vigueur. Au besoin, il appartient aux tribunaux, et en dernier ressort à la Cour de cassation, d'interpréter la loi pour donner une solution au litige. En l'espèce, la Cour a donné deux interprétations différentes de l'article 1147.

Ce qu'il faut développer, c'est la question de l'influence d'un arrêt de revirement de la Cour de cassation sur les arrêts suivants, ce qui revient à s'interroger sur l'autorité de ces arrêts. Pour éviter les redites, on se contentera ici de renvoyer d'une part au manuel de cours (leçon 5, n°s 110 et s.) et d'autre part, au corrigé rédigé infra.

À noter que, lors de la critique faite de la décision commentée, vous pouvez parfaitement prendre des positions « originales » ; il faut savoir toutefois que c'est un risque, en première année de droit. Si vous ne vous sentez pas l'âme aventureuse, mieux vaut ne soutenir que le point de vue de la doctrine majoritaire. Si, au contraire, vos lectures vous ont donné suffisamment d'éléments, il peut être intéressant d'évoquer un autre point de vue. Mais même dans ce cas, vous devez exposer la doctrine majoritaire, puis évoquer plus rapidement les raisonnements divergents.

Une fois ce travail fait, il faut organiser les idées de façon à trouver un plan. Celui-ci doit être simple : un plan « bateau » ne vous sera jamais reproché s'il s'applique à l'espèce. Pour obtenir un plan, il ne faut pas partir du titre des parties pour trouver le titre des sous-parties puis décider de ce que l'on va mettre dedans, mais rassembler plusieurs idées de façon logique, puis de trouver une cohérence à ces suites d'idées. Ici, le plan paraît relativement simple : la Cour de cassation justifie sa solution par deux arguments appuyés par des raisonnements, toutefois non exempts de critiques (cf. infra, *corrigé rédigé). Les idées semblent s'organiser en deux fois deux parties : d'une part les raisonnements de la Cour de cassation, et d'autre part les critiques que l'on peut émettre. Cependant, cet ordre paraît peu logique. En revanche, il paraît plus logique de consacrer une partie à chaque raisonnement de la Cour de cassation, les sous-parties se divisant ensuite entre l'exposition du raisonnement lui-même et de la critique que l'on peut émettre. Pour l'ordre des parties, il pourrait paraître logique de suivre l'ordre donné par la Cour de cassation. Cependant, notre critique du premier raisonnement de la Cour est basé sur l'article 5 du Code civil. Nous développons celui-ci dans le second argument. Par conséquent, la logique veut que nous inversions, abordant le premier argument avant le second.*

L'introduction du commentaire doit s'achever par l'annonce justifiée du plan (v. par ex. le corrigé proposé).

Corrigé type du corps du commentaire

Selon la Cour de cassation, un revirement de jurisprudence doit s'appliquer à tous les jugements postérieurs, y compris si ceux-ci portent sur des faits antérieurs à ce revirement. Elle justifie cela selon deux principes. Tout d'abord, l'idée que nul ne peut se prévaloir du droit acquis à une jurisprudence figée (I). Ensuite, l'interprétation jurisprudentielle d'une même norme à un moment donné ne peut être différente selon l'époque des faits considérés (II). Ces deux principes nécessitent d'être exposés de façon approfondie.

I | Nul ne peut se prévaloir d'un droit acquis à une jurisprudence figée

Si le raisonnement suivi par la Cour de cassation est correct en droit (A), il n'est pourtant pas exempt de critiques (B).

A - Une solution juridiquement correcte

L'article 5 du Code civil dispose qu' « il est interdit aux juges de prononcer par voie de dispositions générales et réglementaires sur les causes qui leur sont soumises ». Il s'agit de la prohibition de ce que l'on nomme les arrêts de règlement. Ces derniers sont des arrêts qui imposent leur solution de droit aux tribunaux inférieurs et aux arrêts postérieurs de la même cour. Si ce système est celui de certains pays, en France le juge n'a pas ce pouvoir. Par application de l'article 5 du Code civil, un jugement n'a d'effet obligatoire qu'entre les parties à ce jugement et pour le litige en cause.

C'est là l'un des arguments pour refuser à la jurisprudence le titre de « source du droit » : un tribunal (*a fortiori* la Cour de cassation) n'est jamais lié par l'une de ses décisions, il peut toujours changer l'interprétation qu'il a eue d'un texte.

C'est ce raisonnement qui permet aux revirements de jurisprudence de s'appliquer immédiatement sans garantir le maintien de la jurisprudence ancienne à ceux qui ont agi sous son empire. C'est précisément ce que l'arrêt signifie lorsqu'il mentionne que « nul ne peut se prévaloir d'un droit acquis à une jurisprudence figée ». Puisque les arrêts de la Cour de cassation ne sont obligatoires qu'entre les parties, les tiers ne peuvent invoquer un arrêt antérieur pour obtenir une solution similaire.

En l'espèce, le médecin ne pouvait invoquer les arrêts rendus avant 1998 sur des faits similaires. Plus précisément, les arrêts ne rendant pas responsable les médecins pour avoir manqué à leur devoir d'information dans le cas de risques graves mais exceptionnels rendus avant 1998 ne pouvaient être invoqués par le médecin. En aucun cas ces arrêts ne pouvaient imposer en l'espèce de dispenser le médecin de responsabilité car ils concernaient d'autres parties pour des faits différents.

Si ce raisonnement semble juridiquement fondé, on peut cependant s'interroger sur sa pertinence pour répondre aux arguments de la cour d'appel.

B - Une solution juridiquement imparfaite

Ce qui peut choquer en l'espèce, c'est la responsabilité du médecin, plus de trente ans après les faits. Au-delà du fait qu'un jugement porte toujours par principe sur des faits antérieurs à son prononcé (et par conséquent que sa solution ne soit jamais certaine), l'effet est ici accentué par le fait que, même connaissant parfaitement le droit en 1978, un médecin ne pouvait savoir qu'il se rendait responsable par son silence.

Juridiquement, le raisonnement de la Cour de cassation ne semble pas devoir être pris en défaut. Décider l'inverse serait en contradiction flagrante avec l'article 5 du Code civil. Cependant, on peut se demander si la Cour de cassation répond réellement au problème soulevé par la cour d'appel. Celle-ci ne semble pas remettre en cause l'interdiction des arrêts de règlement. Elle souhaite seulement ne pas appliquer à un citoyen l'interprétation postérieure d'un texte de loi à des faits accomplis antérieurement. Elle souhaite donc préserver celui-ci des conséquences de ses actions qu'il ne pouvait manifestement pas connaître au moment où il les connaissait. Il apparaît en fait que la cour d'appel a fait jouer le principe de sécurité juridique au profit du médecin. Ce principe prescrit la prévisibilité et l'accessibilité de la règle de droit. Dire que la règle de droit doit être accessible signifie qu'elle doit pouvoir être connue par les justiciables. Dire qu'elle doit être prévisible signifie que le justiciable doit pouvoir comprendre les comportements prescrits ou interdits par le texte. C'est notamment pour cela que les lois doivent être publiées au *Journal officiel* pour devenir obligatoire : les citoyens doivent avoir été en mesure d'en avoir pris connaissance.

En l'espèce, le médecin, suivi par la cour d'appel, loin de réclamer un « droit acquis à une jurisprudence figée », demandait uniquement l'appréciation de sa responsabilité au vu des obligations qu'il savait peser sur lui lorsqu'il a accompli les actes qui lui sont reprochés. Puisqu'il ne pouvait qu'ignorer l'interprétation nouvelle de l'article 1147, on ne pouvait attendre de lui qu'il la respectât. L'obligation n'était pas ici prévisible. La Cour de cassation semble donc ne pas répondre à la question posée par la cour d'appel : celle-ci ne se prononçait pas à proprement parler pour le droit à une jurisprudence « figée ». Elle a seulement tiré les conséquences de l'application du principe de sécurité juridique.

Toutefois, le principe de sécurité juridique peut être écarté lorsque l'intérêt général l'exige en droit civil : une loi peut être obligatoire avant d'avoir été publiée au *Journal officiel*, en cas de rétroactivité, par exemple.

En l'espèce, on peut donc rechercher les raisons qui font que la Cour de cassation n'applique pas ce principe. Deux raisons peuvent venir à l'esprit : une raison pratique, tout d'abord : cela signifierait qu'il faudrait à chaque procès déterminer l'interprétation des textes en vigueur lors des faits litigieux. Il s'agit là d'un risque de complication du droit. Il y a donc un intérêt général à avoir une jurisprudence unifiée. La seconde raison, comme nous l'avons exposé plus haut est que ce raisonnement, de façon indirecte, semble donner force obligatoire aux arrêts antérieurs, ce qui est en contradiction avec l'article 5 du Code civil.

Ces deux arguments permettent de justifier la solution retenue par la Cour de cassation d'écarter le principe de sécurité juridique. Cependant, la motivation sibylline de la Cour ne permet pas de déterminer lequel de ces arguments a prévalu.

Par conséquent le premier argument de la Cour de cassation est valable, mais une solution différente aurait parfaitement pu être envisagée, sans pour autant passer par le droit acquis à une jurisprudence figée.

Il nous faut maintenant examiner le second argument de la Cour, selon lequel l'interprétation jurisprudentielle d'une même norme à un moment donné ne peut être différente selon l'époque des faits considérés.

II | L'INTERPRÉTATION JURISPRUDENTIELLE D'UNE MÊME NORME À UN MOMENT DONNÉ NE PEUT ÊTRE DIFFÉRENTE SELON L'ÉPOQUE DES FAITS CONSIDÉRÉS

De même ici, si le raisonnement suivi par la Cour de cassation est correct en droit (A), il n'est pourtant pas exempt de critiques (B).

A - Une solution juridiquement correcte

On doit tout d'abord écarter, bien entendu, l'idée que cette phrase signifie l'interdiction du revirement de jurisprudence. Les « époques » évoquées par l'arrêt renvoient sans nul doute aux époques de l'accomplissement des faits donnant lieu au procès et non aux « époques » des jugements.

Le raisonnement de la Cour de cassation semble ici également justifié juridiquement. En effet, l'application d'une norme peut varier selon l'époque de commission des actes donnant lieu à procès, lorsque cette norme est une loi. Par exemple, en matière contractuelle, la loi nouvelle ne modifie pas les conventions déjà passées lors de son entrée en vigueur. Dans ce cas, deux normes différentes cohabiteront, l'une s'appliquant aux contrats antérieurs à l'entrée en vigueur de la loi, l'autre aux contrats postérieurs. Ainsi, pour faire une transposition, si la loi avait modifié l'article 1147 pour y inclure une obligation d'information à la charge du médecin, elle n'aurait pas été nécessairement rétroactive. La Cour de cassation aurait appliqué deux normes différentes à des faits survenus à des époques différentes.

Or, ici, la Cour de cassation prend soin de rappeler que seule « l'interprétation de la norme » ne peut varier selon les époques et non la norme elle-même. En effet, l'article 5 du Code civil interdit expressément aux tribunaux d'édicter des normes générales : les arrêts n'ont force obligatoire qu'entre les parties au litige pour les faits soumis au juge. La jurisprudence n'est pas en droit français une source du droit.

Au contraire, lorsqu'elle interprète un texte, la Cour découvre le sens du texte voulu par le législateur.

Par conséquent, l'interprétation d'un texte par la Cour de cassation remonte toujours au jour où le texte a été promulgué, car c'est à ce moment que le législateur a crée la norme, avec la volonté de lui donner un sens précis, découvert par la Cour. Il serait en effet illogique de refuser que la volonté du législateur, bien que découverte plus tard par la Cour, ne soit pas respectée dès son origine.

Dès lors, la Cour ne peut donner au texte deux interprétations différentes selon les époques d'accomplissement des actes : elle irait alors obligatoirement contre la volonté présumée du législateur dans l'une des deux interprétations. Or, cela lui est interdit : elle ne peut substituer sa volonté à celle du législateur.

En l'espèce, la Cour, en 1998, n'a fait que découvrir l'obligation du médecin voulue par le législateur dès la promulgation de l'article 1147 (soit dès la promulgation du Code civil lui-même, puisque l'article n'a pas été modifié depuis).

Par conséquent le médecin ne pouvait demander l'application d'une interprétation différente, puisqu'il s'agit ici de l'interprétation voulue par le législateur dès l'entrée en vigueur de l'article contre laquelle la Cour de cassation ne peut aller.

Cependant, ce raisonnement également n'est pas à l'abri de critiques.

B - Une solution juridiquement imparfaite

On peut s'interroger sur le caractère réellement dirimant de l'argument de la Cour de cassation. En effet, comme nous l'avons rappelé, l'article 5 du Code civil interdit les arrêts de règlement. Cela signifie que l'interprétation d'une norme ne vaut que pour les parties en cause pour les faits considérés. En d'autres termes, pour des faits similaires, la Cour de cassation reste libre d'opter pour une interprétation différente de cette même norme, voire de changer à nouveau d'interprétation pour une troisième affaire.

Or, ici, la Cour semble donner à son interprétation une valeur contraignante : le sens donné à une norme doit être le même, quelle que soit l'époque des faits.

On pourrait donc affirmer que la Cour de cassation, par cet argument, semble implicitement reconnaître que l'interprétation donnée un texte s'impose aux affaires similaires suivantes, en contradiction avec l'article 5 du Code civil. Nous sommes ici dans le cas inverse du premier argument : la Cour de cassation a privilégié la sécurité juridique (puisque l'interprétation d'un texte par la Cour s'applique à tous les arrêts postérieurs, les justiciables pourront accéder à la norme et prévoir son application) au détriment du respect de l'article 5 du Code civil.

En l'espèce, la Cour aurait très bien pu, vu les circonstances de l'espèce, opérer un revirement de jurisprudence, dispensant le médecin de son devoir d'information, pour revenir à une position plus « orthodoxe » lors de l'affaire suivante. Il se serait agit d'une application stricte de l'article 5 du Code civil : la Cour n'est pas liée par les interprétations données à une norme dans les arrêts précédents.

Si, une fois encore, le raisonnement de la Cour est pleinement justifié en droit, on ne peut que s'interroger sur l'utilisation de deux arguments qui, loin de se compléter, semblent s'affaiblir, voire se contredire. La Cour de cassation jugera-t-elle en ce sens lors d'un nouveau revirement jurisprudentiel dont elle aurait à connaître les effets ?

Leçon 5

L'application et l'interprétation de la loi

Cas pratiques sur les conflits de lois dans le temps

Pierre Fleury*

Méthodologie

1. La méthode de résolution des cas pratiques exposée précédemment est un schéma général ; elle doit ensuite être précisée, selon le thème du sujet sur lequel vous devez travailler. En matière de *conflits de lois dans le temps,* la résolution de la *question de droit* doit respecter un déroulement méthodique particulier, propre à éviter toute confusion. La technique est partiellement différente, selon que le sujet vous conduit à raisonner en matière *civile* (I) ou *pénale* (II).

I | Méthodologie pour le droit civil

2. Cinq étapes différentes doivent être distinguées :

• **Premièrement,** dessinez un axe du temps au brouillon et notez d'ores et déjà la date de réalisation des faits exposés dans le sujet (signature d'un contrat, adoption d'un enfant, mariage, divorce, ouverture d'une succession...). Vous pourrez ainsi visualiser les données du problème.

• **Deuxièmement,** placez sur ce schéma la date d'entrée en vigueur de la loi nouvelle. Vous déterminerez ainsi à partir de

* Docteur en droit, chargé de cours à Sup Europ Cesec et à l'IAE de Caen.

quand la loi nouvelle sera applicable, d'une part, à l'égard de ses destinataires, d'autre part, par les organes d'application du droit.

• **Troisièmement,** dégagez les *questions de fait* et de *droit* qui doivent être posées.

La *question de fait* ressort souvent de manière évidente des données de l'énoncé.

Exemple :

❖ Envisageons l'entrée en vigueur d'une loi propre à remettre en cause la validité d'un contrat de vente de véhicule conclu antérieurement.

La question de fait sera la suivante : *« La vente sera-t-elle annulée ? »*

La *question de droit* est plus délicate à formuler. De toute évidence, elle consiste toujours à déterminer si la loi nouvelle doit être appliquée aux faits de l'énoncé, ou si la loi ancienne doit, au contraire, être retenue. En revanche, il ne faut pas se contenter de la poser en des termes trop généraux. Deux aspects doivent apparaître dans cette formulation :

➢ D'une part, la formulation doit comporter l'indication du **domaine législatif** dans lequel le problème d'application de la loi dans le temps se pose :

— régimes matrimoniaux ?
— droit des successions ?
— droit des biens ?
— droit des contrats ?

➢ D'autre part, parce que les solutions peuvent varier en fonction de **l'objet de la loi,** c'est-à-dire des faits ou des situations de droit à l'égard desquels elle a vocation à produire son effet, cet objet doit apparaître dans la question de droit : envisage-t-on d'appliquer la loi nouvelle à une *situation passée* ou à une *situation en cours* par rapport à sa date d'entrée en vigueur ? Dans ce dernier cas, l'application concernerait-elle les effets *passés* ou bien les effets *futurs* de cette *situation* ? Ces circonstances étant déterminantes pour le choix de la solution, vous devez nécessairement faire ressortir cet aspect des choses dans la question de droit.

Exemples :

❖ La loi nouvelle portant modification des *conditions de validité d'un contrat* **(domaine législatif)** peut-elle être appliquée à l'égard des *effets d'un contrat conclu dans le passé* **(objet de la loi)** ?

❖ La loi nouvelle portant modification des *droits et obligations des époux mariés sous le régime de la communauté légale réduite aux acquêts* **(domaine législatif)** produit-elle son effet immédiatement *à l'égard des personnes mariées sous ce régime* **(objet de la loi)** ? Cette même loi **(domaine législatif)** peut-elle avoir une incidence sur la validité *d'actes accomplis dans le passé* par *des époux actuellement mariés sous ce régime* **(objet de la loi)** ?

Dans ce dernier cas, on constate ici qu'une même modification législative implique parfois que plusieurs questions de droit soient posées, et donc réglées.

• **Quatrièmement,** apportez une réponse à cette (ou ces) question(s). À cette fin, vous devez rechercher si le législateur a intégré dans la loi nouvelle des *dispositions transitoires* qui déterminent l'étendue de son champ d'application.

Existence de dispositions transitoires ?

Suivez alors les indications du législateur pour régler le problème.

Exemple :

❖ Si le législateur intègre une disposition prévoyant que la loi nouvelle ne sera pas applicable à l'égard des époux actuellement mariés sous ce régime, vous pourrez conclure que le législateur a choisi de faire *survivre la loi ancienne* à leur égard ; autrement dit, il réservera l'application du régime nouveau aux personnes qui se marieront postérieurement à la date d'entrée en vigueur de la loi nouvelle.

Absence de dispositions transitoires ?

Déterminez alors l'étendue du champ d'application au moyen des solutions dégagées par la jurisprudence. Ces solutions diffèrent selon que le problème posé a trait à des *situations légales* ou à des *situations contractuelles* ; apprenez par cœur ces solutions figurant dans ces deux tableaux récapitulatifs.

• **Cinquièmement,** au terme de cette procédure, vous devez répondre à la *question de fait* afin que votre client sache exactement quel sort lui sera finalement et concrètement réservé.

Exemple :

« En application de la loi nouvelle, le contrat conclu par Pierre est valable », ou encore *« en application des dispositions transitoires intégrées dans la loi nouvelle, M. et Mme Lemoine pourront toujours se prévaloir de tel droit ».*

Tableaux récapitulatifs des solutions jurisprudentielles

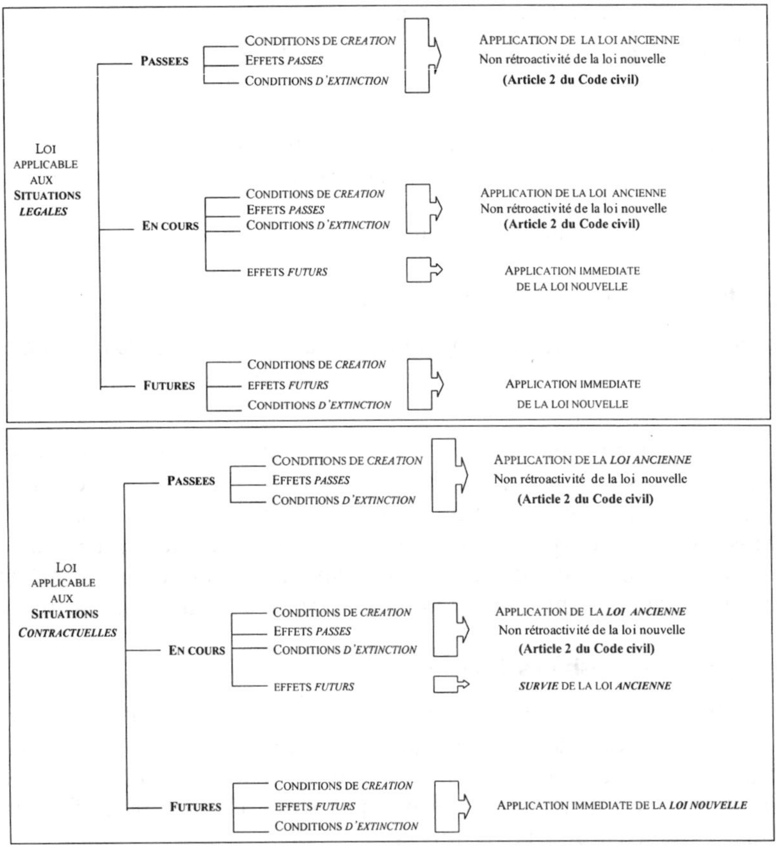

II | Méthodologie pour le droit pénal

3. En matière pénale, les solutions applicables sont exposées dans l'article L. 112-1 du Code pénal sans que le législateur puisse y déroger. Si la méthode de résolution diffère partiellement, les trois premières phases sont identiques :

Premièrement, localisez les faits sur l'axe du temps – en l'occurrence, la date de réalisation de l'infraction (vol, meurtre, abus de confiance, escroquerie...).

Deuxièmement, recherchez la date d'entrée en vigueur de la loi nouvelle qui devra aussi être relevée au sur cet axe.

Troisièmement, déterminez les *questions de fait* et *de droit.*

La *question de fait* consiste toujours à déterminer quelle sera la peine applicable à l'égard du délinquant.

Exemple :

❖ *« Paul encourra-t-il la peine de trois années d'emprisonnement prévue par la loi ancienne ou la peine de deux années d'emprisonnement prévue par la loi nouvelle » ?*

D'une manière générale, la *question de droit* consistera de nouveau à déterminer si la nouvelle doit être appliquée ou si la loi ancienne doit, au contraire, être retenue. Toutefois, on ne saurait encore une fois la poser en des termes trop généraux.

Exemples :

La loi nouvelle *aggravant la sanction applicable à l'égard de tel type d'infraction* **(domaine législatif)** peut-elle être appliquée rétroactivement *à des infractions commises avant sa date d'entrée en vigueur* **(objet de la loi)** ?

La loi nouvelle *réduisant la sanction applicable à l'égard de tel type d'infraction* **(domaine législatif)** peut-elle être appliquée rétroactivement *à des infractions commises avant sa date d'entrée en vigueur* **(objet de la loi)** ?

Quatrièmement, répondez à la question de droit. La méthode diffère de ce qui a été précisé précédemment : les solutions applicables sont des principes législatifs à valeur constitutionnelle auxquels le législateur n'a pas le droit de déroger. Vous devez vous référer à ces solutions posées par l'article L. 112-1 du Code pénal (le rôle de la jurisprudence ne doit toutefois pas être négligé pour résoudre certains cas complexes : c'est le cas, notamment, en matière d'infraction d'habitude) : énoncez ces règles contenues dans le texte applicable qui conduisent, d'une part, à *appliquer rétroactivement* la loi pénale *plus favorable* aux infractions non définitivement jugées, et d'autre part, à *ne pas appliquer rétroactivement* la loi pénale *moins favorable...* Appliquez-les ensuite en procédant de la façon suivante :

Commencez par rechercher si une loi nouvelle propre à régir l'infraction est entrée en vigueur avant que cette infraction ait été définitivement jugée – entendons ici avant qu'elle ait fait l'objet d'une décision de condamnation insusceptible de recours. Ce point de départ est logique car si une décision définitive a déjà été rendue, il n'est pas nécessaire d'analyser la sévérité de la loi nouvelle...

En cas de réponse positive, recherchez si la loi nouvelle est *plus* ou *moins sévère.*

Concluez enfin en précisant quelle loi sera effectivement appliquée à l'égard du délinquant.

Cinquièmement, au terme de cette procédure, vous aurez de nouveau répondu à la question de droit ; n'oubliez pas de répondre à la question de fait afin que votre client sache exactement quelle est la sanction encourue.

Exemple :

❖ *« Paul encourra la peine de trois années d'emprisonnement prévue par la loi nouvelle. »*

Sujet d'entraînement n° 1

4. Jean Lemoine a commis le mois dernier un vol à l'étalage dans une grande surface ; l'article L. 311-3 du Code pénal dispose qu'il encourt notamment une peine de trois années d'emprisonnement. Supposons qu'une loi nouvelle entre en vigueur aujourd'hui et qu'elle réduise cette peine à deux années d'emprisonnement. Quelle serait l'incidence de l'entrée en vigueur de cette loi à son égard ? En supposant, que la peine soit plutôt portée à quatre années, la solution serait-elle différente ?

Sujet d'entraînement n° 2

5. Supposons que le 1er janvier 2004, une loi nouvelle soit entrée en vigueur pour modifier l'article 488 du Code civil qui disposerait dorénavant que *« la majorité civile est fixée à seize ans accomplis »* au lieu de dix-huit ans. Supposons encore que Jean, né le 13 décembre 1986, ait vendu deux tableaux que son grand-père lui avait légués, la première vente ayant eu lieu le 28 novembre 2003, la seconde le 15 février 2004. Quelle est l'incidence de l'entrée en vigueur de la loi nouvelle sur la validité de ces actes ?

Sujet d'entraînement n° 3

6. Jean et Sophie sont mariés sous le régime de la communauté légale réduite aux acquêts. L'article 1421 du Code civil confère à chacun d'eux le droit de vendre les biens meubles sans solliciter l'autorisation de son conjoint ; en revanche, l'article requiert cette autorisation pour un bien immeuble. Supposons qu'une loi nouvelle entre en vigueur le 1er septembre 2004 et qu'elle supprime l'obligation de solliciter cette autorisation. En admettant que Jean ait vendu un immeuble le 1er août 2004, sans requérir l'autorisation de son épouse, quelle serait l'incidence de l'entrée en vigueur de cette loi sur cette vente passée ?

---

7. Trois corrigés vous sont proposés ; les deux premiers font également état du brouillon qui retrace les étapes du raisonnement du travail préparatoire à la rédaction.

Corrigé du sujet n° 1

Brouillon

(Pour des raisons de compréhension,
les phrases ont été partiellement construites
Adoptez en revanche un style plus succinct
pour gagner du temps)

Réalisation de l'infraction — Entrée en vigueur de la loi nouvelle →

• Deux hypothèses différentes à distinguer : depuis la commission de l'infraction, *diminution* puis *augmentation* de la peine.

• **Question de fait :**

— Quelle peine Jean encourra-t-il ?
— Plus précisément encore : dans le premier cas, retiendra-t-on trois ou deux années ? Dans le second cas, retiendra-t-on trois ou quatre années ?

• **Question de droit :**

— Choix précédent conditionné par le choix de la loi applicable. Doit-on appliquer la loi ancienne, en vigueur lors de la réalisation de l'infraction ? Retient-on plutôt la loi nouvelle qui sera alors appliquée rétroactivement ?

— Plus précisément encore :

➔ Dans le premier cas, peut-on appliquer rétroactivement la loi nouvelle plus *douce* ?

➔ Dans le second, peut-on appliquer rétroactivement la loi nouvelle plus *sévère.*

Vous aurez ici dégagé les données du problème ; il faut ensuite chercher les règles de droit qui permettent de répondre à la question de droit : on pensera toujours à citer les textes et éventuellement les justifications ou illustrations jurisprudentielles données en cours.

• **Règles applicables :**

— En matière pénale, existence de trois règles de principe : *article L. 112-1 (al. 1, 2 et 3).*

➢ *Alinéas 1 et 2 :* non rétroactivité des lois nouvelles plus sévères.

➢ *Alinéa 3 :* rétroactivité de la loi nouvelle plus douce (rétroactivité *in mitius*) si infraction non encore jugée définitivement.

• **Valeur des principes :**

— Valeur constitutionnelle *(Cons. constit., 30 décembre 1980 pour le 1er principe et Cons. constit., 19 et 20 janvier 1981 pour le 2d).*

Conséquence : le législateur ne peut pas y déroger.

Vous aurez ainsi déterminé les règles de droit applicables ; appliquez-les ensuite aux faits de l'espèce.

• **Réponse en droit :**

— Dans le premier cas, nouvelle peine d'emprisonnement plus favorable (moins sévère) et absence de décision de condamnation définitive.

➔ Par conséquent, mise en œuvre de la rétroactivité *in mitius* conduisant à appliquer la loi nouvelle.

— Dans le second cas, nouvelle peine d'emprisonnement moins favorable (plus sévère), d'où application du principe de non rétroactivité des lois pénales plus sévères :

➔ Par conséquent, application de la loi ancienne en vigueur au jour de la réalisation de l'infraction.

• **Réponse en fait :**

— Dans le premier cas, *deux années* d'emprisonnement encourue (loi nouvelle).

— Dans le second cas, *trois années* d'emprisonnement encourue (loi ancienne).

Rédaction

Précision préliminaire : pour répondre à la question II, il n'est pas nécessaire de reprendre tout le raisonnement déjà développé dans le I ; pour gagner du temps, et éviter les répétitions, faites référence aux arguments que vous avez déjà développés. Procédez ainsi chaque fois que nécessaire (dans le cadre de chaque exercice).

8. Le cas de Jean Lemoine implique que deux hypothèses différentes soient distinguées : premièrement, l'incidence de la diminution de la sanction encourue (I), secondement, l'incidence de l'augmentation de la sanction encourue (II).

I | L'incidence de la diminution de la sanction encourue

9. Les données du problème impliquent que le *problème de fait* suivant soit réglé : Jean Lemoine encourt-il une peine de trois années ou de deux années d'emprisonnement pour la réalisation de l'infraction ? Juridiquement, la réponse apportée à cette question dépend de la possibilité d'appliquer ou non la loi nouvelle à l'égard d'une infraction commise avant sa date d'entrée en vigueur. Le *problème de droit* suivant doit donc être réglé : en matière pénale, la loi pénale nouvelle qui réduit la sanction applicable à la réalisation d'une infraction est-elle applicable aux infractions commises avant sa date d'entrée en vigueur ?

10. En matière pénale, il existe deux principes différents posés par l'article L. 112-1 du Code pénal ; dotés d'une valeur constitutionnelle à laquelle le législateur n'a pas le droit de déroger, ces deux principes déterminent le champ d'application dans le temps de toute loi nouvelle :

— Premièrement, la loi nouvelle plus sévère ne peut jamais être appliquée à des infractions commises avant sa date d'entrée en vigueur *(Cons. constit., 30 décembre 1980).* En particulier, l'alinéa 2 interdit l'application rétroactive des sanctions nouvelles plus sévères.
— Secondement, et au contraire, l'alinéa 3 de ce texte ordonne que la loi nouvelle plus favorable soit toujours appliquée aux infractions commises avant cette date, à la condition que cette infraction n'ait pas encore été définitivement jugée *(Cons. constit., 19 et 20 janvier 1981,* D., *1982.441).*

11. En l'occurrence, la loi nouvelle est moins sévère puisque la peine encourue prévue par la loi nouvelle est de deux années contre trois années pour la loi ancienne. Par ailleurs, aucune décision de condamnation devenue définitive n'a été rendue contre Jean pour la réalisation de cette infraction. Puisque les deux conditions prévues par l'article L. 112-1, alinéa 3 sont remplies, on peut conclure que la loi nouvelle plus favorable devra être appliquée à l'égard de Jean.

12. Concrètement, cela signifie que Jean encourra une peine de deux années pour l'infraction commise, en application de la loi nouvelle.

Il convient maintenant de rechercher si, dans l'hypothèse de l'augmentation de la peine encourue, la solution diffère.

II | L'INCIDENCE DE L'AUGMENTATION DE LA SANCTION ENCOURUE

13. Cette fois, le problème de fait est le suivant : Jean Lemoine encourt-il une peine de trois années ou de quatre années d'emprisonnement pour la réalisation de l'infraction ? Juridiquement, la réponse apportée à cette question dépend de nouveau de la possibilité d'appliquer ou non la loi nouvelle à l'égard d'une infraction commise avant sa date d'entrée en vigueur. Le *problème de droit* suivant peut être posé : en matière pénale, la loi pénale nouvelle aggravant la sanction applicable à la réalisation d'une infraction est-elle applicable aux infractions commises avant sa date d'entrée en vigueur ?

14. Puisqu'en application de l'article L. 112-1 du Code pénal évoqué précédemment, la loi nouvelle plus sévère ne peut jamais être appliquée à des infractions commises avant sa date d'entrée en vigueur, on peut en conclure que la loi nouvelle plus sévère ne pourra pas être appliquée à l'égard de Jean ; en d'autres termes, la loi applicable sera la loi ancienne en vigueur lors de la réalisation de l'infraction.

15. Concrètement, cela signifie que Jean encourra une peine de trois années pour l'infraction commise en application de la loi ancienne, en vigueur lors de la réalisation de l'infraction.

Corrigé du sujet n° 2

Brouillon

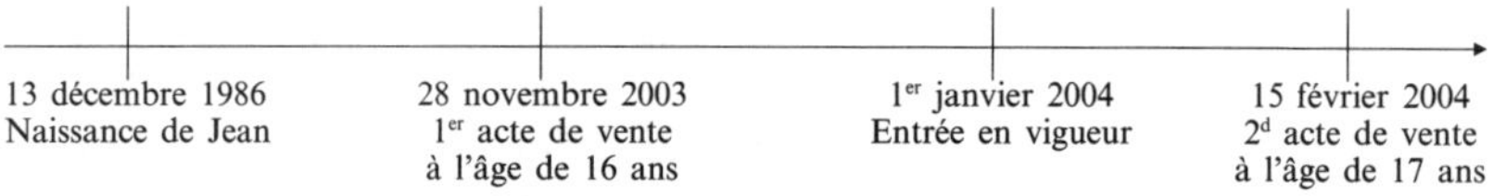

- Deux actes de vente ont été réalisés par Jean :

➔ 1er à l'âge de 16 ans.

➔ 2d à l'âge de 17 ans.

• L'énoncé parle de problème de « validité ». On en déduit l'existence de la question de fait unique :

➜ Les ventes pourront-elles être remise en cause ?

• En l'espèce, pourquoi la validité pourrait-elle faire difficulté ?

➜ Pour que l'acte soit valide, il faut que son auteur soit *capable* (art. 1108 du Code civil) ; selon l'article 488, une personne est capable si elle est majeure.

Vérification :

➜ Lors du 1er acte :

— Jean était *mineur* en application de la loi ancienne (car selon 488, majorité = 18 ans).

— Il serait considéré *ex post facto* comme étant *majeur* si on appliquait rétroactivement la loi nouvelle entrée en vigueur après sa réalisation (nouvel art. 488 : majorité = 16 ans).

➜ Lors du 2d acte :

— Il était majeur en application de la loi nouvelle entrée en vigueur avant sa réalisation (nouvel art. 488 : majorité = 16 ans).

— Il serait considéré comme étant mineur si on décidait de faire survivre la loi ancienne à son égard.

On voit ici que tout dépend de la loi qu'on va appliquer. Pour faire un choix, il faut résoudre la question de droit suivante.

• **Problème de droit :**

Quel est le domaine d'application d'une loi qui modifie l'âge de la capacité légale, c'est-à-dire l'un des éléments conditionnant la validité d'un contrat ?

• Aucune *disposition transitoire* prévue par le législateur pour répondre.

➜ donc recherche dans les tableaux de solutions jurisprudentielles. On peut considérer que la loi a vocation à produire à l'égard de *situations contractuelles,* d'où application tableau n° 2.

• Tableau distingue selon que le contrat est *passé, en cours* ou *futur* par rapport date d'entrée en vigueur loi nouvelle :

➜ Première vente : contrat *passé.*

➜ Seconde vente : contrat *futur.*

Vous recherchez donc les règles applicables dans ces contextes.

➔ Pour un contrat *passé,* application de la loi ancienne d'après jurisprudence ; application loi nouvelle serait rétroactive et donc impossible en application de l'article 2 du Code civil.

➔ Pour un contrat *futur,* application immédiate de la loi nouvelle d'après la jurisprudence.

Vous appliquez ensuite les règles aux faits de l'espèce.

• **Réponse en droit :**

➔ Première vente : les conditions de validité d'un contrat antérieur à l'entrée en vigueur de la loi nouvelle (contrat passé) doivent s'apprécier en application de la loi ancienne. La loi applicable est donc la loi qui considérait que l'on devient majeur et donc capable à partir de 18 ans.

➔ Seconde vente : les conditions de validité d'un contrat postérieur à l'entrée en vigueur de la loi nouvelle (contrat futur) doivent s'apprécier en application de la loi nouvelle. La loi applicable est donc la loi qui considère que l'on devient majeur et donc capable à 16 ans.

• **Réponse en fait :**

➔ En application loi ancienne, première vente non valable pour défaut de capacité puisque Jean était mineur : il n'avait que 16 ans.

➔ En application loi nouvelle, seconde vente valable puisque Jean était majeur et donc capable : il avait 17 ans.

Rédaction

16. Les données du problème révèlent que Jean a conclu deux actes de vente, le premier alors qu'il n'était âgé que de 16 ans, le second, alors qu'il venait d'avoir 17 ans. Il convient d'envisager tour à tour chacun d'eux.

I | La validité de l'acte passé le 28 novembre 2003

17. La question de fait qui ressort de l'énoncé consiste à déterminer si la vente du premier tableau pourrait ou non être remise en cause. Afin qu'elle ne le soit pas, l'acte doit être valable. Or, pour qu'un acte juridique soit valable, il doit respecter les conditions afférentes à la capacité du contractant. Sur ce point, on constate que lors de la conclusion de l'acte de vente, l'article 488 du Code civil disposait que pour bénéficier de cette capacité et être ainsi habilité à conclure un contrat, il fallait être âgé de 18 ans. Or, lorsque Jean a vendu le premier tableau le 28 novembre 2003, il n'était âgé que de 16 ans. Il faut donc conclure qu'en application de la loi en vigueur lors de la réalisation de l'acte, celui-ci n'était pas valable puisque les conditions afférentes à la capacité du contractant n'étaient pas remplies. Cependant, on constate que quelques semaines plus tard, le législateur a édicté une loi nouvelle réduisant de 18 à 16 ans l'âge requis.

D'un point de vue juridique, la question suivante doit alors être posée : l'entrée en vigueur d'une loi qui modifie les conditions de validité d'un contrat en abaissant l'âge de la majorité peut-elle avoir une incidence sur un contrat conclu antérieurement ?

18. La loi nouvelle ne comporte aucune disposition transitoire particulière ; il convient donc d'appliquer les règles de conflit de lois dégagées par la jurisprudence à partir de l'article 2 du Code civil.

Nous sommes en présence d'un contrat, de telle sorte qu'il faut envisager les règles applicables aux *situations contractuelles.* Il faut distinguer trois types de contrat : les contrats *passés,* les contrats en *cours* et les contrats *futurs.* En l'espèce, le contrat ayant été conclu avant la date d'entrée en vigueur de la loi nouvelle, il s'agit d'un contrat passé. Il faut alors rechercher si la jurisprudence admet que la loi nouvelle soit appliquée à l'égard de ce type de contrat. Or, on constate que pour tout ce qui touche à un contrat *passé* (conditions de création, d'extinction ou de ses effets passés), le principe de non rétroactivité s'oppose à ce qu'une loi nouvelle soit appliquée (art. 2 du Code civil). En d'autres termes, l'entrée en vigueur de la loi qui modifie les conditions de validité des contrats en abaissant l'âge de la majorité ne peut pas avoir d'incidence sur un contrat conclu antérieurement.

19. Dans le cas présent, il faut conclure que la loi nouvelle qui abaisse à 16 ans l'âge minimum requis pour effectuer valablement un acte juridique n'est pas applicable. La loi ancienne qui fixait cet âge à 18 ans doit donc être appliquée pour apprécier si le contrat conclu par Jean est valable.

20. De ce qui précède, on peut conclure que le contrat de vente n'est pas valable puisque Jean n'était pas âgé de 18 ans lorsqu'il a conclu cette vente ; ce contrat de vente peut donc être remis en cause. Quel sort doit alors être réservé à la seconde vente ?

II | La validité de l'acte passé le 15 février 2004

21. La question de fait qui ressort de l'énoncé consiste encore à déterminer si la vente du second tableau est valable ou non. À l'instar du cas précédent, il faut rechercher si les conditions de validité du contrat sont remplies. On constate ici qu'avant la conclusion de la seconde vente, une loi nouvelle est entrée en vigueur pour abaisser l'âge de la majorité à 16 ans. La question de droit suivante peut être posée : une loi nouvelle modifiant les conditions de validité des contrats en abaissant l'âge de la majorité s'applique-t-elle aux contrats conclus postérieurement ?

22. Nous savons qu'en l'absence de dispositions transitoires, il faut appliquer les règles de conflit de lois que la jurisprudence a tirées de l'article 2 du Code civil. Or, nous avons rappelé qu'en ce qui concerne l'appréciation des conditions de création d'un contrat, la loi applicable est celle en vigueur lors de cette conclusion. Ainsi, la loi qui modifie les conditions de validité d'un contrat en abaissant l'âge de la majorité a une incidence sur un contrat conclu *postérieurement* à son entrée en vigueur.

23. En l'espèce, au jour de la vente, il existe une nouvelle loi en vigueur qui a ramené à 16 ans l'âge requis pour effectuer valablement un acte juridique. Il faut donc conclure que c'est cette loi nouvelle qui est applicable pour apprécier les conditions de validité de l'acte.

24. Âgé de 17 ans au jour de la vente, Jean remplissait les conditions retenues par la loi nouvelle. L'acte de vente valide ne pourra donc pas être remis en cause.

Corrigé du sujet n° 3

Rédaction

25. La question de fait qui ressort de l'énoncé consiste à déterminer si la vente de l'immeuble peut ou non être remise en cause. Pour que cet acte soit valable, il faudrait qu'en application de la loi en vigueur lors de sa réalisation, l'époux ait eu le pouvoir de l'accomplir seul, sans requérir l'autorisation de son épouse. Or, tel n'est pas le cas. Cependant, on constate que quelques semaines plus tard, le législateur a édicté une loi nouvelle supprimant la nécessité de solliciter cette autorisation. D'un point de vue juridique, la question suivante doit alors être posée : l'entrée en vigueur d'une loi portant modification des pouvoirs des époux mariés sous le régime de la communauté légale réduite aux acquêts s'applique-t-elle aux actes accomplis avant sa date d'entrée en vigueur ?

26. La loi nouvelle ne comportant aucune disposition transitoire particulière, il convient d'appliquer les règles de conflits de lois dégagées par la jurisprudence à partir de l'article 2 du Code civil.

Nous sommes en présence d'une loi afférente à la *situation légale d'époux mariés.* Or, il existe trois types de situations : les situations *passées, en cours,* et *futures.* En l'espèce, les époux sont encore mariés au jour de l'entrée en vigueur de la loi nouvelle ; il faut donc conclure que nous sommes en présence d'une situation *en cours.* Il faut alors rechercher si la jurisprudence admet que la loi nouvelle puisse être appliquée à de telles situations.

Sur ce point, on distingue les effets *passés* des effets *futurs* ; en l'espèce, nous sommes en présence d'un *effet passé* d'une situation *en cours* puisque la vente est antérieure à l'entrée en vigueur de la loi nouvelle. Lorsqu'il en est ainsi, la loi nouvelle ne peut pas être appliquée sans rétroactivité à de telles situations *(cf. tableau)*. On peut donc conclure que la loi nouvelle ne peut pas être appliquée à l'égard de la vente conclue le 1er août. Sa validité doit être appréciée par rapport à la loi ancienne en vigueur en cette date, ce qui nous conduit à conclure que l'acte n'était pas valable, faute d'avoir été réalisé avec l'autorisation des deux époux.

DEUXIÈME PARTIE

LES DROITS

Leçon 6

L'être et l'avoir : les personnes et les choses

Dissertation : « Vie privée et vie publique »

Virginie Gonzalez*

Toute personne, quels que soient son rang, sa naissance, sa fortune, ses fonctions, a droit au respect de sa vie privée. Le principe est aujourd'hui acquis et protégé tant en droit interne, par l'article 9 du Code civil, qu'en droit européen, par l'article 8 de la Convention européenne des droits de l'homme. Pourtant, la protection de la vie privée est une notion moderne en droit.

La vie privée découle d'une conception de la civilisation à compter du XVIIIe siècle. Auparavant, cette idée n'existait guère. Par exemple, la reine de France accouchait en public, les palais royaux étaient ouverts à tous... Deux facteurs expliquent l'apparition de la notion : d'une part, le raffinement de la vie quotidienne et l'idée de confort matériel accessible à tous vont entraîner une montée constante de l'individualisme. D'autre part, l'on assiste à partir du XIXe siècle au développement considérable de la presse à grand tirage, puis de la presse dite à sensation. À l'évolution du lectorat et de ses besoins répond l'adaptation des médias tant dans le contenu que dans les formes de communication : de l'information au sensationnel, de l'écrit à l'image. Ce nouvel intérêt du public pour les petites choses du quotidien, pour les fredaines des personnalités entraîne une réflexion sur les droits de la personnalité au nombre desquels figure le droit au respect de la vie privée.

La loi du 17 juillet 1970 va introduire ce droit dans le Code civil, en consacrant la jurisprudence prétorienne antérieure qui avait élaboré la protection de l'intimité de la vie privée. Énoncé à l'article 9

* Chargée de travaux dirigés à l'Université des sciences sociales de Toulouse.

du Code civil, ce droit a valeur de principe et est rattaché par le Conseil constitutionnel à la liberté individuelle (décision du 23 janvier 1999). Il consiste classiquement dans le droit de chacun à s'opposer à l'immixtion d'autrui dans sa sphère d'intimité, sous peine de sanctions civiles et pénales. Pourtant, demeure une difficulté, et non des moindres : quel est l'objet de la protection ? Qu'est-ce que la vie privée ? Quelles sont ses limites ?

En l'absence de définition légale, répond une absence de définition jurisprudentielle dont la raison est simple : l'élasticité de la notion permet la protection la plus large.

Traditionnellement, on oppose la vie privée à la vie publique : la première serait la vie cachée, à tout le moins secrète alors que la vie publique est celle qui se déroule dans un endroit accessible à tous ou à beaucoup. Mais les choses sont plus subtiles. En effet, l'homme forme un tout indissociable. La vie privée n'est pas ce qui reste lorsque la vie publique s'est retirée, pas plus que la vie publique n'est ce que l'on accepte de révéler. Le thème « Vie privée et vie publique » démontre bien que ces notions sont intimement liées. Chercher à distinguer le privé et le public en les opposant est donc vain. La notion de vie privée, notion générique, est en constante évolution, notamment sous l'impulsion de la Cour européenne des droits de l'homme, et la vie privée est aujourd'hui plus certainement le devoir de respecter la tranquillité et la sérénité de vie d'autrui. Parallèlement, en tant que droit subjectif, c'est le droit d'affirmer son individualité et de se fonder sur celle-ci pour opposer à la société son mode de vie. Ce droit à la tranquillité d'existence, emprunté au droit américain, ne se réduit pas à la vie privée et innerve la vie menée sur la place publique. À l'inverse, la vie privée n'est pas exclue de la vie publique et ne doit pas être ramenée à un enfermement. La vie privée est aussi la rencontre et le dialogue. Ainsi, la vie privée n'est pas nécessairement pas intime (I), pas plus que le visible n'est indissociablement qualifié de public (II).

I | La vie privée n'est pas qu'intime

Tout individu a droit à une sphère d'intimité qu'il peut faire protéger. Chacun a droit à ce qu'on le laisse tranquille dans sa vie privée (A). Mais la vie privée connaît des limites et le principe selon lequel la protection instituée par l'article 9 du Code civil couvre tout événement intéressant la vie privée n'est pas absolu : une information, bien qu'intime peut être dépourvue de toute protection contre l'ingérence d'autrui (B).

A - La vie privée : liberté et secret

La notion de vie privée n'est pas définie légalement. Il appartient, en effet, le propre du droit civil est de fixer des principes, de faire référence à des notions, non de les définir. C'est donc vers la jurisprudence qu'il convient de se tourner. Toutefois, la quête sera, même là, difficile. La jurisprudence, notamment antérieure à la loi de 1970, s'est contentée d'en esquisser les facettes.

La vie privée s'entend traditionnellement de la vie personnelle et familiale. Elle embrasse la liberté et le secret des modes de vie personnelle. La vie privée est un ensemble de considérations que la société n'a pas le droit de connaître pour défaut d'intérêt. C'est le droit qu'a toute personne d'évoluer dans la paix et la tranquillité.

Les éléments constitutifs de la notion de vie privée sont multiples et concernent certains renseignements relatifs à la personne. Il en est ainsi des informations relatives à la stricte intimité comme la vie sentimentale, conjugale, sexuelle et familiale, en témoigne l'abondante jurisprudence en la matière. La vie sentimentale d'une personne présente un caractère strictement privé et l'article 9 interdit de porter à la connaissance du public les liaisons véritables ou imaginaires qui lui sont prêtées (TGI Paris, 2 juin 1976). Les faits intéressant les difficultés de la vie conjugale ou la rupture du lien matrimonial relèvent de l'intimité de la vie privée, tout comme les révélations relatives aux orientations et pratiques sexuelles. Il en va de même pour certains événements relevant de la vie familiale telles une maternité, une paternité (Cass. civ. 1re, 5 janvier 1983).

La correspondance ainsi que la vie quotidienne à domicile sont le siège privilégié des secrets de la personne qu'il convient de protéger. On peut à ce titre rappeler « l'affaire de la poubelle » dans le cadre de laquelle la cour d'appel de Paris a jugé le 30 mars 1995, que la divulgation de l'inventaire des poubelles d'une personne constitue une atteinte à la vie privée, le fait que les objets aient été jetés en vue de leur destruction impliquant nécessairement le refus par leur propriétaire de les rendre publics.

Le corps humain est le temple de l'intimité : tous les renseignements relatifs à l'état de santé réel ou supposé, physique ou psychologique, de la personne sont des éléments purement intimes et leur protection est d'ailleurs prolongée par le secret médical, qui assure la confidentialité des informations médicales et dont la violation est pénalement sanctionnée.

En outre, les opinions politiques, philosophiques et religieuses constituent l'un des secrets de l'être et des révélations portant sur l'appartenance à une religion (CA Paris, 26 mai 1992) ou à la franc-maçonnerie (TGI Paris, 28 octobre 1998) portent atteinte à la vie privée. Mais, il a pu être jugé que « s'il est généralement admis que les convictions religieuses ou l'absence de telles convictions ne rentrent pas dans les éléments constitutifs de la vie privée, il n'en demeure pas moins que des tiers ne sauraient révéler au public des actes qui relèvent du for intérieur et qui intéressent la liberté de conscience » (CA Basse Terre, 14 octobre 1985).

Enfin, s'il est acquis que la protection de la vie privée cesse avec le décès, la dépouille mortelle appartient en revanche à la sphère la plus intime de la vie privée. Le mode et le lieu de sépulture constituent des éléments intimes (TGI Paris, 7 août 1986).

Ces divers éléments constitutifs de la notion de vie privée bénéficient d'une protection contre l'immixtion d'autrui en raison de leur rattachement à la sphère d'intimité. Pourtant il s'avère que certains événements bien qu'intéressant la vie privée peuvent être valablement livrés ou saisis par un tiers sans qu'une quelconque atteinte à la vie privée puisse être invoquée.

B - Le caractère relatif de l'intimité de la vie privée

Les éléments intimes sont protégés en raison de leur nature. L'intimité doit restée privée, secrète ; mais, il est des hypothèses où cette même nature est insuffisante à la mise en œuvre de la protection. En effet, on relève diverses hypothèses d'atteintes licites à la vie privée. Ces atteintes soit sont autorisées, soit résultent de la nécessaire conciliation entre droit au respect de la vie privée et liberté de la presse.

En premier lieu, des faits bien que privés, intimes ne bénéficient pas de la protection contre l'immixtion d'autrui en raison de la volonté. Outre les hypothèses où c'est la loi qui autorise l'immixtion dans la vie privée (écoutes téléphoniques...), chacun est maître de déterminer les limites de sa vie privée et a donc la liberté de révéler des informations intimes le concernant. Mais tout fait intime révélé devient public et l'intéressé ne pourrait arguer d'une quelconque atteinte à son intimité. La même solution doit être retenue lorsque la personne autorise la divulgation d'événements intéressant sa personne. Sur ce point, l'on sait la Cour de cassation très libérale. La première chambre civile dans un arrêt du 3 avril 2002 a admis comme licite la redivulgation d'informations liées à la vie privée mais tombées dans le domaine public. Elle se refuse par ailleurs à consacrer un quelconque droit à l'oubli.

En second lieu, il est évident que la vie privée n'est pas la même pour tous. L'on peut prendre le cas des hommes politiques et des artistes. Comment tracer la frontière entre leur vie privée et leur vie publique lorsque eux-mêmes utilisent la première pour alimenter la seconde ?

Si à leur égard, la vie privée doit être conçue strictement afin d'assurer leur tranquillité d'existence, elle ne peut être totalement coupée de leur vie publique. À ce titre la jurisprudence rappelle qu'afin de concilier la protection de la vie privée avec le droit à l'information du public, les limites de cette protection doivent s'apprécier différemment selon le degré de notoriété de la personne. Ainsi doit être exclue l'atteinte à la vie privée lorsque la divulgation de faits intéressant la vie privée des personnes dites publiques ou ayant une certaine notoriété peut rejaillir sur leurs fonctions sociales ou quand la reproduction de l'image d'une personne apparaît nécessaire pour rendre compte de l'actualité. Les critères permettant la conciliation du droit au respect de la vie privée et du droit à l'information du public, plus généralement de la liberté d'expression, résident dans la légitimité de l'information révélée et de sa relation avec un fait d'actualité. Est légitime toute information, même si elle porte sur la vie privée, lorsqu'elle est utile à l'intérêt général et qu'elle ne comporte ni outrance, ni d'atteinte à la dignité de la personne.

Deux observations : d'une part, cette immixtion et divulgation licite de faits privés n'est pas l'apanage des personnages publics. Un anonyme peut voir ainsi exposer au grand public des éléments de sa vie privée parce qu'en relation avec un fait d'actualité. D'autre part, et s'agissant cette fois des personnages publics, la jurisprudence est parfois éclairante ! La Cour de cassation a pu exclure la qualification d'atteinte à la vie privée s'agissant de révélation de faits privés en retenant le caractère anodin des indications (Cass. civ. 1re, 3 avril 2002) : information légitime ?

Les droits de l'histoire justifient l'intrusion dans la sphère d'intimité. Les événements intéressant la vie privée, même la plus intime, d'un personnage historique décédé peuvent être publiés sans que les héritiers puissent s'y opposer. Mais, la jurisprudence veille à ce que ces révélations soient conformes à l'impératif majeur de respect dû à la vérité et n'admet que la révélation des éléments de la vie privée du personnage historique qui soit éclairent effectivement l'action du personnage public, soit ont déjà été en tout ou partie révélés de son vivant par l'intéressé.

Enfin, il est des atteintes licites dégagées par la jurisprudence fondées apparemment sur des raisons de pure opportunité. Alors que le patrimoine est le sanctuaire de la vie privée, que sa composition et sa gestion sont révélateurs de l'intimité de son titulaire, la Cour de cassation, dans un arrêt du 30 mai 2000, a néanmoins décidé que la publication de renseignements d'ordre purement patrimonial, la révélation de la fortune, n'est pas une atteinte à la vie privée, à condition qu'elle ne porte pas également sur « le mode de vie et la personnalité de l'intéressé ». Cette décision n'est que l'écho de la position de la Cour européenne des droits de l'homme : les questions patrimoniales concernant une personne menant une vie publique, telle qu'un dirigeant d'une grande entreprise, ne relèvent pas du domaine de la vie privée (CEDH, 20 janvier 1999, *Le Canard enchaîné*). Les anonymes seraient-ils donc mieux protégés ?

L'opposition vie privée / vie publique est vaine. On ne peut retenir une conception étroite et absolutiste de la vie privée. Si l'intimité de la vie privée doit être protégée, tout fait privé n'est pas nécessairement intime et peut se retrouver licitement sur la place publique. La réflexion inverse peut être menée s'agissant de la vie publique : ce qui est visible n'appartient pas nécessairement à la sphère publique.

II | La vie publique n'est pas que publique

Il y a des faits publics par nature en raison soit de leur notoriété, soit du caractère public du lieu où ils sont accomplis. Schématiquement, la vie privée serait la vie personnelle et familiale alors qu'appartiendraient à la vie publique les activités sociales et professionnelles. Mais, la vie privée ne se confond pas avec la demeure privée et l'homme est un tout indissociable. Dès lors l'on peut voir resurgir l'intimité de la personne dans sa vie publique et la protection instituée par la loi couvre l'intimité en dehors du domicile dans le cadre, d'une part, de la vie sociale (A), et d'autre part, de la profession (B).

A - La vie sociale privée

En raison de leur nature, les activités sociales au sens large relèvent de la vie publique : loisirs, repas au restaurant, vacances en camping, participation à une manifestation publique... L'accomplissement de ces activités dans un lieu public devrait donc exclure toute référence à la vie privée. Pourtant, l'intimité de la manière d'être se prolonge dans la vie sociale et doit trouver protection. D'ailleurs, la Cour européenne des droits de l'homme ne limite pas le respect de la vie privée à la non-immixtion d'autrui et fait du droit de nouer des relations avec autrui une composante de la vie privée. Au-delà de la vie privée, c'est un droit à la tranquillité d'existence qui est reconnu.

Deux hypothèses peuvent illustrer le propos.

En premier lieu, l'état civil et plus particulièrement le nom (comme la voix) échappe par sa nature au secret puisqu'il est destiné à permettre au public d'individualiser une personne. Mais la jurisprudence considère comme une atteinte illicite à la vie privée la révélation du nom et plus généralement du domicile (adresse, numéro de téléphone...).

Ce principe s'applique tant aux anonymes qu'aux personnages publics dès lors que ces derniers manifestent, par le fait même d'acquérir une résidence privée, l'intention d'échapper occasionnellement à la curiosité publique que leurs fonctions attire nécessairement sur eux. Le droit à l'incognito par l'usage d'un pseudonyme est par ailleurs protégé.

En outre, le droit à la vie privée devient de plus en plus un « droit à l'indépendance », « un droit à la différence ». Il ne s'agit plus seulement d'interdire l'immixtion d'autrui mais aussi d'empêcher son jugement. Ainsi, c'est par le biais du respect de la vie privée que la Cour de cassation a renversé sa jurisprudence relative aux transsexuels, leur reconnaissant le droit de faire modifier leur état civil. Le principe dû à la vie privée justifie que leur état civil indique le sexe dont ils ont l'apparence (Ass. plén., 11 décembre 1992), ce qui est conforme au droit européen (CEDH, 25 mars 1992).

En second lieu, toute personne a droit au respect de sa vie privée lorsqu'elle se trouve dans un lieu public, qu'elle participe ou pas à une activité particulière. Le principe est aujourd'hui acquis, réduisant à néant une quelconque opposition entre vie privée et vie publique. La résurgence de l'intimité dans la vie sociale et sa protection est assurée par le droit qu'a toute personne sur son image, avec une précision : l'appréciation de l'atteinte au droit à l'image est fonction de la notoriété de la personne qui s'en prévaut. L'exemple classique d'atteinte illicite au droit à l'image et à l'intimité de la vie privée est la publication de photographie prise ou d'un film réalisé dans un lieu public.

Distinguons : s'agissant d'un anonyme, il est admis qu'un cliché pris en un lieu public (magasin, plage...) peut être publié sans qu'il y ait besoin d'obtenir l'accord de ceux qui apparaissent sur le document. Mais ce principe n'est pas absolu : l'autorisation de diffusion est requise lorsque l'objet de la photographie est le visage d'une personne déterminée, un simple particulier, et que la diffusion du document litigieux n'est susceptible de se rattacher à aucun intérêt légitime d'information sous peine de porter atteinte à la vie privée de l'intéressé. De la même façon, la cour d'appel de Paris, le 6 octobre 1999, a jugé que la diffusion d'un film pris à l'issue d'une cérémonie de mariage constitue une atteinte au droit des époux sur leur image ainsi qu'à l'intimité de leur vie privée, peu importe que le film ait été tourné dans un lieu public.

Et la Cour de cassation a précisé que ne saurait être retenue pour licite la publication du cliché d'une personne déterminée lorsque cette publication se justifie par un intérêt légitime d'information lorsque l'objet de la photographie est tel que sa publication porte atteinte à la dignité de la personne humaine (Cass. civ. 1re, 12 juillet 2001, affaire des victimes de l'attentat de la station de métro Saint-Michel).

Concernant les personnages publics, le choix de leur activité tend à affaiblir le droit sur leur image. Mais son principe subsiste. La jurisprudence a consacré « une sphère publique et d'actualités dans laquelle récits et clichés sont la contrepartie du statut de personne publique et des contraintes qui lui sont inhérentes ». Elle considère que les personnalités publiques consentent tacitement par l'exercice public qu'elles font de leur activité, à ce que des clichés d'elles soient pris dans des lieux publics et soient publiés dans des conditions normales. Mais, le seul fait qu'une personnalité se trouve dans un lieu public n'implique pas qu'elle déploie une activité publique (CA Paris, 16 juin 1986) et la présomption d'autorisation est limitée aux hypothèses où elle est saisie dans le cadre de son activité publique ou de ses fonctions officielles. Tel n'est pas le cas de la photographie du président de la République en vacances sur un yacht (TGI Paris, 4 avril 1970), du cliché d'un juge d'instruction célèbre téléphonant d'une cabine publique vitrée sans relation avec l'activité professionnelle du magistrat (CA Paris, 19 mars 1995)...

B - La vie professionnelle privée

La vie professionnelle relève-t-elle uniquement de la vie publique ? La cour d'appel de Paris avait pu juger le 17 mars 1966 que l'activité professionnelle « est placée sur la scène publique » et précisé le 21 février 1986 qu'elle « constitue une participation publique à la vie de la cité. Elle n'entre pas en soi dans l'intimité de la vie privée... ». Or la Cour européenne des droits de l'homme dans un arrêt Niétmez c/ Allemagne du 16 décembre 1992 a décidé que les notions de « vie privée », de « domicile », de « correspondance » couvrent aussi « les activités professionnelles ou commerciales ainsi que les locaux où elles s'exercent... ».

En effet, si la profession ne relève pas en elle-même de la sphère d'intimité, l'activité professionnelle est l'occasion d'atteintes multiples à la vie secrète et privée de l'intéressé.

Il est illusoire de penser que le salarié laisse son intimité sur le seuil de son lieu de travail.

Laissons de côté les atteintes licites portées à la vie privée parce que commandées par la loi (comme l'invitation faite à l'employeur de s'informer sur des faits relevant de la vie intime pour l'octroi de droits sociaux, pour respecter les dispositions relatives à la discrimination...).

L'on sait que la Chambre sociale de la Cour de cassation distingue, notamment au temps de l'exécution de la relation de travail, la « vie privée » et « la vie personnelle » du salarié. Ainsi, dans un important arrêt Nikon du 2 octobre 2001, elle pose pour la première fois en principe que « le salarié a droit même au temps et au lieu de travail au respect de l'intimité de sa vie privée (...), celle-ci implique en particulier le secret des correspondances (...) ». L'employeur, lorsqu'il a interdit une utilisation non professionnelle de l'ordinateur dont dispose un salarié, ne peut ouvrir un fichier intitulé « personnel ». Cette position s'inscrit dans la lignée de l'arrêt Niétmez da la Convention européenne des droits de l'homme qui avait alors précisé que « c'est dans leur travail que la majorité des gens ont beaucoup, voire le maximum d'occasions de resserrer leurs liens avec le monde extérieur (...) ».

Les obligations découlant du travail doivent respecter la vie privée du salarié. Tel n'est pas le cas lorsqu'il est filmé (Cass. soc., 20 novembre 1991) ou écouté à son insu pendant son travail (CA Paris, 19 mars 2002).

L'exercice d'une profession libérale est aussi protégé dans son aspect intime : ainsi la publication sans autorisation dans un magazine non professionnel de la photographie d'une avocate dans l'exercice de sa profession est une atteinte à la vie privée (TGI Paris, 27 mars 1981).

Conclusion : En définitive, ce qui compte c'est le respect de la tranquillité et de la dignité d'une personne. La séparation entre vie privée et vie publique ne saurait donc, à elle seule, rendre compte de cette double finalité des droits de la personnalité. Cette séparation, d'une part, n'est pas la même pour les simples particuliers que pour les personnages publics (hommes politiques, acteurs, etc.) ; d'autre part, les droits fondamentaux à l'information, même à l'égard des particuliers, imposent des restrictions. En définitive, la vraie question est de savoir comment protéger une part de liberté individuelle (la vie privée) dans une société organisée (la vie publique). Tout se résout par des solutions de compromis et de mesure, non par l'affirmation de principes irréductibles.

La difficulté de l'exercice résidait ici dans le large domaine couvert par le sujet proposé, bien plus que dans la compréhension des concepts soumis à la sagacité de l'étudiant.

Il s'agit, en effet, d'un sujet classique mais vaste.

Deux écueils devaient être évités : le premier était d'utiliser l'exercice comme un prétexte à réciter le cours sans mener de véritable réflexion. Le deuxième, qui est d'ailleurs intimement lié au premier était de centrer la démonstration sur la seule notion de vie privée, ce qui n'était pas le thème. L'intitulé du sujet n'est pas « la vie privée » et utilise la conjonction « et » ce qui invitait à traiter de front les deux notions.

Le sujet posait des difficultés de construction et il s'agissait d'organiser la matière selon un plan d'idée. Des choix s'imposaient quant aux thèmes à traiter : l'intitulé du sujet semblait appeler une réflexion sur les notions elles-mêmes, plus que sur le régime de la protection.

L'introduction devait être précise car c'est le lieu de détermination du sujet et de la problématique. Devaient notamment y figurer la définition des notions, leur historique et leur valeur.

Enfin, un tel thème doit être traité non seulement à la lumière du droit interne mais aussi du droit européen qui innerve de plus en plus la notion et participe à son évolution.

*
* *

Autre plan

I. Le droit au respect de l'autre.
II. Le droit à être soi-même.

Commentaire de l'arrêt rendu par la première Chambre civile le 20 février 2001 (*Bull. civ.*, I, n° 42)

Lionel Miniato*

Sur le moyen unique, pris en sa deuxième branche :

Vu l'article 10 de la Convention européenne de sauvegarde des droits de l'homme et des libertés fondamentales, ensemble les articles 9 et 16 du Code civil ;

Attendu que la liberté de communication des informations autorise la publication d'images des personnes impliquées dans un événement, sous la seule réserve du respect de la dignité de la personne humaine ;

Attendu que pour juger illicite la publication, par l'hebdomadaire *Paris-Match,* d'une photographie représentant Mme X, victime, lors de l'attentat survenu à Paris à la station Saint-Michel du RER, le 25 juillet 1995, l'arrêt attaqué retient que, si la liberté d'expression et les nécessités de l'information rendaient légitime le compte rendu de l'événement, la protection du droit à l'image de Mme X commandait que la reproduction de sa photographie, prise sans son autorisation, ne permette pas son identification ;

Attendu qu'en se déterminant ainsi, alors qu'elle relevait que la photographie était dépourvue de recherche du sensationnel et de toute indécence et qu'ainsi, elle ne portait pas atteinte à la dignité de la personne représentée, la cour d'appel a violé les textes susvisés ;

PAR CES MOTIFS :

CASSE ET ANNULE dans toutes ses dispositions, l'arrêt rendu le 30 décembre 1998, entre les parties, par la cour d'appel de Paris ;

* Maître de conférences au Centre universitaire Champollion (Albi).

remet, en conséquence, la cause et les parties dans l'état où elles se trouvaient avant ledit arrêt et, pour être fait droit, les renvoie devant la cour d'appel de Paris, autrement composée.

Conseils méthodologiques

Les faits qui ont donné lieu à l'arrêt de la première Chambre civile de la Cour de cassation du 20 février 2001 sont relativement simples. *Paris-Match* publie la photographie de Mme X, victime d'un attentat. S'opposant à la publication de son image, elle assigne l'hebdomadaire en justice. On ne sait pas ce qu'ont décidé les premiers juges, puisqu'il n'est pas précisé si l'arrêt de la cour d'appel est confirmatif ou infirmatif. En revanche, et c'est là l'essentiel, on sait ce qu'a jugé l'arrêt attaqué (comme dans tout arrêt de cassation) à travers le second attendu figurant dans les motifs de la décision de la Cour de cassation : la cour d'appel de Paris a décidé de faire droit aux prétentions de Mme X, en se fondant sur la protection du droit à l'image de cette personne. Le demandeur au pourvoi est donc son adversaire, *Paris-Match.* L'arrêt n'énonce pas le moyen du pourvoi car ce dernier n'apparaît que dans un arrêt de rejet. Cependant, on peut aisément en imaginer la teneur : *Paris-Match* a dû faire valoir la liberté de la presse et son corollaire, le droit de publier sans entraves les images de personnes.

La question qui se pose en l'espèce est donc la suivante : faut-il privilégier le droit à l'image, ou bien doit-on faire primer la liberté de communication des informations dès lors que les personnes photographiées sont impliquées dans un événement ? La Cour de cassation doit ici trancher entre *deux intérêts contradictoires* et à première vue tout aussi légitimes : d'un côté le droit pour les personnes de s'opposer à la publication de leur image, et, en cas de publication, celui d'obtenir des dommages et intérêts (et, éventuellement, l'interdiction de publications ultérieures) ; de l'autre, le droit pour les organes de presse de publier des images de personnes sans leur consentement dans le but de rendre compte d'un événement de l'actualité. Si la Cour de cassation privilégie le droit – *subjectif* – des personnes, il en résultera une atteinte substantielle à la liberté – *publique* – de la presse. Si elle décide, au contraire, de faire pencher la balance du côté de la liberté de la presse, la protection des personnes sera fortement ébranlée.

La Cour de cassation répond alors dans ces termes : la liberté de communication des informations autorise la publication d'images des personnes impliquées dans un événement, sous la seule réserve qu'il n'y ait pas d'atteinte au respect de la dignité de la personne humaine. Cette affirmation figure dans le « chapeau » (premier attendu), lequel vient compléter les textes qui fondent la cassation, et dont l'existence permet d'en déduire que l'arrêt en question est un arrêt de principe. En l'espèce, dès lors que la photographie représentant Mme X était dépourvue de recherche du sensationnel et de toute indécence (ainsi que l'avaient relevé les juges du fond), il n'y avait pas violation du respect de la dignité de la personne humaine (troisième attendu). La solution de la Cour de cassation s'efforce donc de concilier au mieux les deux impératifs, puisque, même si elle accorde la primauté à la liberté de communication des informations, elle n'en oublie pas pour autant la protection des personnes, à travers le respect de la dignité.

La compréhension de l'arrêt semble évidente, mais une difficulté d'interprétation n'était pas à exclure. En effet, on aurait pu expliquer la censure par le fait que la violation du respect de la dignité de la personne humaine était, selon la Cour de cassation, une condition supplémentaire pour qu'il y ait une atteinte au droit à l'image. Autrement dit, que l'absence d'autorisation de Mme X et son identification ne suffisaient pas pour qu'il y ait violation du droit à l'image, et qu'il était nécessaire, en plus, que la photographie soit indécente ou pourvue de recherche du sensationnel.

Cette interprétation, cependant, aurait été erronée puisque les éléments justifiant d'une atteinte au droit à l'image étaient en l'espèce réunis (il fallait évidemment connaître le régime juridique du droit à l'image pour parvenir à cette conclusion). Certes, la Cour de cassation aurait très bien pu ajouter aux conditions déjà connues pour qu'il y ait une atteinte au droit à l'image, une nouvelle condition tenant à la violation du respect de la dignité de la personne humaine. Il n'en demeure pas moins qu'une lecture attentive du « chapeau » (essentielle pour la compréhension de l'arrêt et l'établissement du commentaire) permettait de lever toute ambiguïté quant au rôle assigné dans cet arrêt au respect de la dignité.

Tandis que la cour d'appel s'est certainement fondée sur l'absence de recherche du sensationnel et de toute indécence pour limiter le droit à réparation de Mme X (tout en admettant l'illicéité de la publication en raison de l'atteinte au droit à l'image), la Cour de cassation en tire les conséquences pour en conclure au respect de la dignité et à la licéité de la publication.

Cet arrêt pose donc le primat de la liberté de communication des informations sur le droit à l'image, contrairement à ce qu'avait décidé la cour d'appel. Ce qui amenait nécessairement à s'interroger sur les fondements de cette solution, puis sur ses conséquences (première partie). Dans un second temps, il convenait d'étudier les limites posées par la Cour de cassation à la liberté de communication des informations, qui tiennent au respect de la dignité de la personne humaine. Après avoir présenté la notion, il convenait ensuite, à partir des éléments figurant dans l'arrêt, de voir quels étaient les critères de l'atteinte à la dignité (seconde partie).

***

Corrigé proposé

L'hebdomadaire *Paris-Match* publie une photographie représentant Mme X, victime, lors d'un attentat survenu à Paris à la station Saint-Michel du RER. Mme X, qui s'oppose à la publication sur le fondement de la protection de son droit à l'image, assigne l'hebdomadaire en justice. La cour d'appel relève que la liberté d'expression et les nécessités de l'information rendaient légitime le compte rendu de l'événement. Elle n'en fait pas moins droit aux prétentions de Mme X car la photographie, qui permettait son identification, avait été prise sans son autorisation. La question posée à la Cour de cassation, à la suite du pourvoi formé par *Paris-Match,* était donc de savoir si le droit à l'image interdit la publication de photographie de personnes qui sont impliquées dans un événement. La Cour de cassation, se fondant sur la liberté de communication des informations, déclare la licéité d'une telle publication, sous la seule réserve du respect de la dignité de la personne humaine qui n'était pas, en l'espèce, violé. Elle casse donc l'arrêt rendu par la cour d'appel pour violation de la loi, au visa des articles 10 de la Convention européenne des droits de l'homme, et des articles 9 et 16 du Code civil. Dans cet arrêt de principe, la Cour de cassation fait ainsi primer la liberté de communication des informations sur le droit à l'image des personnes **(Première partie : la primauté de la liberté de communication des informations sur le droit à l'image),** tout en posant des limites à cette liberté, qui tiennent au respect de la dignité de la personne humaine **(Seconde partie : les limites à la liberté de communication des informations).**

I | La primauté de la liberté de communication des informations sur le droit à l'image

Il nous faut envisager d'abord le fondement à cette primauté (A), puis nous verrons ensuite quelles en sont les conséquences (B).

A - Fondement

Le respect de la hiérarchie des normes semble être de prime abord le fondement à la primauté de la liberté de communication sur le droit à l'image. En effet, la Cour de cassation, dans le visa, fait notamment référence à l'article 10 de la Convention européenne des droits de l'homme qui énonce la liberté de communication, et à l'article 9 du Code civil qui prévoit le respect de la vie privée d'où est issu le droit à l'image. La Convention européenne des droits de l'homme étant une convention internationale (de valeur supralégislative), et l'article 9 un texte issu de la loi du 17 juillet 1970 (de valeur législative), il est donc logique que la Cour de cassation fasse primer le premier texte sur le second. Néanmoins, ce fondement ne paraît guère avoir déterminé la solution car le droit à l'image (à travers le droit au respect de la vie privée) est également édicté par l'article 8 de la Convention européenne des droits de l'homme. De plus, le Conseil constitutionnel a fait du droit au respect de la vie privée un principe à valeur constitutionnelle (CC, 23 juillet 1999), au même titre que la liberté de communication, prévue, quant à elle, à l'article 11 de la Déclaration de 1789. Si la Cour de cassation privilégie la liberté de communication des informations, ce n'est pas en raison de sa supériorité hiérarchique au sein de la pyramide des normes, mais c'est parce qu'elle est une liberté publique dont le bénéfice revient à l'ensemble de la collectivité, alors que le droit à l'image est un droit subjectif qui ne profite qu'à la personne qui a été photographiée. Il s'agit finalement de garantir la liberté de la presse, eu égard à son importance dans une société démocratique. On ne saurait donc, de ce fait, entraver cette liberté aux motifs que les personnes impliquées dans un événement voudraient s'opposer à la diffusion de leur image.

B - Conséquences

Si l'on se réfère aux éléments habituellement retenus par la jurisprudence, on constate que le droit à l'image était en l'espèce violé, puisque d'une part, la défenderesse au pourvoi n'avait pas consenti à se faire photographier, et d'autre part, l'image qui a été publiée par *Paris-Match* permettait son identification. Cependant, la Cour de cassation, parce qu'elle juge que le droit à l'image ne doit pas l'emporter sur la liberté de communication des informations, ne tient pas compte de cette violation. Un organe de presse voulant relater un événement de l'actualité pourra ainsi diffuser la photographie de personnes sans demander leur autorisation et, à défaut, il ne sera pas nécessaire de brouiller leur image. La publication effectuée dans de telles conditions, au nom de la liberté d'expression et des nécessités de l'information, est donc parfaitement licite, et les personnes qui voudraient (comme en l'espèce) s'opposer à la diffusion de leur image et obtenir réparation de leur préjudice, ne pourront guère obtenir gain de cause. Il n'en reste pas moins qu'une liberté absolue de l'information et de diffusion d'images ne peut être admise, car des abus sont toujours possibles. Il convient en conséquence d'encadrer cette liberté par un autre principe, celui du respect de la dignité de la personne humaine.

II | Les limites à la liberté de communication des informations

Les limites à la liberté de communication des informations et à la diffusion d'images résultent du respect de la dignité de la personne humaine (A), définis à partir de certains critères (B).

A - Le respect de la dignité de la personne humaine

Le respect de la dignité de la personne humaine est un principe de droit naturel que viennent consacrer diverses sources du droit positif. D'abord énoncé par la jurisprudence, ce principe est désormais défini par l'article 16 du Code civil auquel se réfère la Cour de cassation dans le visa. Il est par ailleurs prévu à l'article 1er de la Charte des droits fondamentaux de l'Union européenne, et il est en outre un principe doté d'une valeur constitutionnelle, depuis une décision du Conseil constitutionnel du 27 juillet 1994. Le respect de la dignité de la personne humaine apparaît comme le principe qui vient justifier la supériorité accordée à la liberté de communication des informations sur le droit à l'image. Il doit être vu comme un principe correcteur et non comme une entrave à cette liberté, comme aurait pu l'être le droit à l'image si l'on avait fait primer ce droit. Il n'est donc pas destiné à empêcher l'exercice de la liberté de communication des informations, mais il a simplement pour but d'encadrer cette liberté, en protégeant les personnes d'éventuels excès. Cette possibilité de restreindre la liberté de communication des informations est d'ailleurs prévue par l'alinéa 2 de l'article 10 de la Convention européenne des droits de l'homme, qui énonce que l'exercice de cette liberté peut être soumise à certaines restrictions, lesquelles constituent des mesures nécessaires *« à la protection de la réputation ou des droits d'autrui »*. Il reste à savoir dans quels cas la jurisprudence pourrait considérer qu'une image d'une personne impliquée dans un événement est constitutive d'une atteinte au respect de la dignité.

B - Les critères retenus

Dans le troisième attendu, il est affirmé que la cour d'appel avait relevé que la photographie représentant Mme X était dépourvue de recherche du sensationnel et de toute indécence, et qu'ainsi, selon la Cour de cassation, elle ne portait pas atteinte à la dignité de la personne. Par un raisonnement *a contrario*, on peut donc en déduire que toutes les fois où l'image présentera l'un ou l'autre de ces caractères, il y aura atteinte à la dignité. À cet égard, on peut faire référence à un arrêt rendu par la Cour de cassation, le 20 décembre 2000, dans l'« affaire Érignac ». En l'espèce, les juges avaient conclu à une atteinte à la dignité car la photographie représentait le corps et le visage d'un préfet assassiné gisant sur la chaussée. La Cour de cassation n'avait pas affirmé de façon aussi solennelle que dans l'arrêt du 20 février 2001 le primat de la liberté d'information sur le droit à l'image, dans la mesure où ce droit disparaît avec la personne de son titulaire. Elle s'était pourtant fondée sur l'atteinte à la dignité de la personne du préfet, et non sur l'atteinte à l'intimité de la vie privée qui était invoquée par la famille. Incidemment, on peut donc en conclure que le respect de la dignité de la personne humaine ne profite pas simplement aux personnes vivantes, mais qu'il peut également bénéficier aux personnes décédées par le biais de l'action en justice qui serait intentée par les ayants cause.

*
* *

Autres plans possibles

Plan n° 1 :

La Cour de cassation ne retient pas l'atteinte au droit à l'image de Mme X, alors que les éléments pouvant justifier de l'atteinte étaient réunis. Cette absence de prise en compte de l'atteinte au droit à l'image se fonde sur la primauté accordée à la liberté de communication des informations (I). Par ailleurs, la Cour de cassation conclut à une absence d'atteinte au respect de la dignité de la personne humaine car la photographie, en l'espèce, était dépourvue de recherche du sensationnel et de toute indécence. Il en résulte la licéité de la publication de l'image représentant Mme X (II).

I. L'absence de prise en compte de l'atteinte au droit à l'image.
   A. Les éléments caractérisant l'atteinte.
   B. La primauté accordée à la liberté de communication des informations.

II. L'absence de violation du respect de la dignité de la personne humaine.
   A. Justifications : l'absence de recherche du sensationnel et de toute indécence.
   B. Conséquences : la licéité de la publication.

Plan n° 2 :

La Cour de cassation avait en l'espèce un *conflit à résoudre* entre le droit à l'image des personnes et la liberté de communication des informations (I). *Primauté* a été accordée à la seconde (II), sans toutefois lui accorder un caractère absolu puisque l'exercice de cette liberté doit se faire dans le respect de la *dignité de la personne humaine* (III).

I. Le conflit entre le droit à l'image et la liberté de communication des informations.
II. La primauté accordée à la liberté de communication des informations.
III. Les limites apportées à la liberté de communication.

Commentaire de l'article 16-1 du Code civil

Emmanuel Tricoire*

Conseils méthodologiques

Les deux principales erreurs à éviter dans l'élaboration de ce commentaire sont l'angélisme et la dissertation philosophique. Il ne s'agit, en effet, ni de faire un devoir démontrant le caractère absolument sacré du corps humain, ni de mener une réflexion sur la dignité de la personne humaine.

L'article 16-1 est avant tout un article proclamatoire dont la portée pratique est relative. Ce serait donc une grave erreur que de tenter de montrer qu'il pose un principe dont notre droit puisse exiger un respect absolu. Il convient de construire un devoir qui mette en exergue tant le caractère fondamental de l'énoncé du principe que les nécessaires atténuations dont il fait l'objet. Expliquer ces atténuations et les justifier en montrant bien qu'elles sont inhérentes à la nature du texte.

La seconde erreur à ne pas commettre est celle de transformer le sujet en une dissertation. Il s'agit de décrire une réalité, non de s'interroger sur la nature de la personne humaine ou sur sa considération par le droit. C'est l'article 16 du Code qui contient les éléments d'une telle réflexion. Il y est question de la dignité et de la primauté de personne : le sujet n'est pas pour autant « la dignité de la personne humaine ». L'article 16-1, s'il est une application de

* Maître de conférences à l'Université des sciences sociales de Toulouse.

l'article 16, est un article à vocation pratique. Il convient donc de faire référence au caractère essentiel de la personne sans s'interroger sur sa nature.

L'articulation du caractère symbolique de l'article et de son aspect pratique doit se faire en étudiant les finalités du texte. Il convient de décrire ce que le texte prescrit, ce qu'il prohibe, mais aussi ce qu'il autorise. Dans ce cadre, il est inutile de procéder au recensement de tous les actes pouvant porter sur le corps. Une telle liste serait fort peu utile à la compréhension de l'article et en tout état de cause ne pourrait être exhaustive. Il faut préférer expliquer pourquoi il est irréaliste de prohiber tous les actes portant sur le corps humain et donner des exemples d'actes utiles.

En définitive, le commentaire de l'article 16-1 du Code civil est un exercice très abordable si l'on prend garde à rester dans le domaine de la discussion juridique. Il faut alors s'attacher à la clarté de la forme en veillant à ne pas submerger son devoir d'exemples. La matière est dense, il faut prendre garde à la simplifier pour la rendre compréhensible.

Dans cette perspective, l'élaboration du plan d'un commentaire de l'article 16-1 du Code civil pose une difficulté de méthode. Il convient de faire un choix entre une *étude exégétique* de l'article et une *approche analytique.* La première approche conduira à l'adoption d'un plan en trois parties, auquel on sait que les étudiants ont parfois du mal à adhérer principalement en raison d'une peur de l'inconnu ou de l'originalité. La seconde approche, plus classiquement, offrira la possibilité de développer un plan en deux parties articulées autour du caractère sacré du corps et de son impécuniosité. Le choix entre ces deux approches ne doit pas être arbitraire. En matière de commentaire de texte il s'agit de savoir quelle problématique permet de mettre en évidence de la façon la plus claire la portée du texte tel qu'il a été conçu par le législateur.

Corrigé proposé

Composé de trois alinéas d'une grande clarté, l'article 16-1 du Code civil est un des textes fondamentaux de la législation contemporaine. Adopté à l'occasion de la loi du 29 juillet 1994, première loi de bioéthique (révisée par la loi n° 2004-800 du 6 août 2004) il est un mélange de considérations morales et juridiques et contribue tant à l'énoncé d'une règle de principe qu'à la formulation d'une règle de droit. « Chacun a droit au respect de son corps. Le corps humain est inviolable. Le corps humain, ses éléments et ses produits ne peuvent faire l'objet d'un droit patrimonial. »

Dans un premier élan, la lecture de ce texte donne l'impression de l'énoncé d'un tabou. Le mot « inviolable » inspire irrésistiblement l'idée d'un interdit. L'article formule le caractère sacré du corps humain. Il ne pose pas une limite, il définit un interdit. Il prohibe comme intolérable tout acte portant sur le corps. La règle, évidente dans son énoncé, est antérieure à la rédaction de l'article. Jusqu'à la loi de 1994, les juristes se référaient à un adage, tiré de la Bible, *« Noli me tangere ».* Il provient de l'évangile selon saint Jean (XX, 17). *Noli me tangere* – Ne me touche pas –, est une parole de Jésus qui, après la Résurrection, interdit à Marie Madeleine de toucher son corps. D'un point de vue théologique, l'adage à un sens très éloigné de celui que lui ont conféré les juristes. Il est l'un des textes fondamentaux de la révélation, de la croyance abstraite, de la foi (la foi, par principe, est insusceptible de démonstration). Il est aussi un texte dont le sens même varie selon les traductions. Le texte grec original pourrait être traduit par *ne me retiens pas,* ce que Jésus explique en disant « car je ne suis pas encore monté vers le Père ». Son interprétation (totalement détachée de son contexte) en tant qu'adage de droit est relativement récente. Comme de nombreux adages latins, il ne provient pas du droit romain mais s'est insinué peu à peu, à partir du XIXe siècle, dans l'ordonnancement juridique.

Noli me tangere, est devenu une règle de droit au fur et à mesure que les progrès de la science ont permis de disposer du vivant, d'utiliser le corps humain comme un instrument scientifique.

Les juristes, comme en réaction, ont alors imaginé cette règle de droit, posant un interdit, pour limiter, encadrer les progrès de la science. C'est une des caractéristiques du droit de la bioéthique. Il se développe et se précise en parallèle au développement de la science. La réflexion juridique suit les avancées de la technique de sorte qu'il existe comme une ambiguïté profonde dans ces règles qui paraissent évidentes mais dénuées de toute portée.

L'article 16-1 du Code civil n'échappe pas à cette incohérence. Dire que le corps humain est inviolable, que ses éléments et produits ne peuvent faire l'objet d'un droit patrimonial, alors que l'on sait que chaque jour des éléments ou des produits du corps tels que le sang ou les gamètes sont utilisés par la médecine relève parfois de l'aveuglement.

C'est que l'article 16-1 du Code civil relève parfois davantage du symbole que de la règle de droit. Il s'agit de prohiber les dérives sans freiner l'avancée de la science, de condamner les savants fous tout en permettant également aux laboratoires et aux chercheurs de travailler. La démarche est louable mais comme l'a noté le doyen Carbonnier, « entre les laboratoires, les moralistes, les politiques, le bon peuple se demandera peut-être quels peuvent être les ressorts et les enjeux cachés de l'entreprise » (*Les personnes,* n° 8).

Reste le texte. Trois affirmations claires qui, *d'une part,* affirment un droit subjectif au respect de son corps, *d'autre part,* mettent en exergue le caractère inviolable du corps humain et *enfin* interdisent la constitution d'un droit pécuniaire sur le corps.

Toutefois, l'adoption d'une méthode exégétique peut paraître artificielle. En effet, il ne s'agit pas tant de l'affirmation de trois principes distincts que de l'énoncé d'un principe fondamental – le droit au respect du corps – porté par deux règles, l'inviolabilité et l'inaptitude à faire l'objet d'un droit patrimonial.

Nous étudierons donc chacun de ces deux aspects dans la perspective du caractère sacré du corps humain.

I | Le corps humain est inviolable

Dire que le corps humain est inviolable signifie qu'il n'est pas possible d'y porter atteinte que ce soit avec ou sans le consentement de la personne. Il ne s'agit pas seulement de la prohibition d'une contrainte comme pourrait le laisser entendre l'idée de viol. La personne elle-même ne peut porter atteinte à son propre corps. C'est l'idée de respect qui prédomine ici (A). Or ce respect n'a pas seulement pour objet de protéger la personne. À travers le respect du corps se dessine également le respect de l'homme, source et finalité du droit, élément indissociable de l'espèce humaine : cela fixe les limites du principe (B).

A - Le principe

Le principe d'inviolabilité du corps est l'application, au corps de la personne, de la notion de dignité de la personne humaine. Il existe sur chacun de nous ce que Mme Labrusse-Riou dénommait il y a quelques années une « servitude d'humanité » dont chacun de nous ne peut se défaire, à laquelle il n'est pas possible de renoncer.

Ce caractère universel de l'inviolabilité du corps est symbolisé par le fait qu'il touche aussi bien le corps de la personne vivante que le corps du cadavre. Les atteintes injustifiées au corps d'un défunt vont ainsi être sanctionnées, soit civilement, soit pénalement.

Tout corps, parce qu'il représente un élément de l'humanité, est inviolable. Il ne peut y avoir d'acte licite portant atteinte ou contraignant un corps humain.

Là encore, il convient de relativiser la portée du principe énoncé. Chacun sait bien qu'il existe de nombreux actes qui portent atteinte au corps et qui pourtant ne sont pas sanctionnés juridiquement. C'est que la règle de l'article 16-1 du Code civil relève d'abord de l'ordre du symbole. Il s'agit d'une règle de droit idéelle qu'il est nécessaire de pondérer pour la mettre en phase avec la réalité de la nature humaine et les nécessités de la science.

B - Les limites

La première exception à noter au caractère inviolable du corps humain est l'absence de sanction juridique du suicide ou de l'automutilation. Les raisons de cette absence de sanction sont nombreuses, qu'il s'agisse de la confusion de la personne auteur de l'acte et de la victime ou qu'il s'agisse du fait que l'acte de se suicider n'est pas un acte juridique et qu'il ne rentre pas ainsi dans le domaine de l'interdiction, il n'en reste pas moins que ce geste terrible reste la démonstration la plus flagrante de l'impuissance du droit à légiférer dans ces matières sans faire preuve d'une certaine artificialité.

La deuxième exception est également évidente. Il s'agit des actes portant atteinte au corps humain pour des raisons médicales ou scientifiques. Là, l'intérêt de l'exception n'est pas à démontrer. Soigner, guérir, sauver la personne, justifie que l'on puisse porter atteinte à son corps. Il n'en reste pas moins que sur cette matière, l'article 16-1 du Code civil, comme l'ensemble des dispositions de bioéthique doit servir de guide en permettant de tracer la frontière du licite et de l'illicite.

De façon générale, il doit être précisé que les atteintes justifiées par un intérêt médical, ne peuvent être opérées sans le consentement de la personne. C'est ce que précise l'article 16-3 du Code. Le texte, dans sa rédaction initiale, faisait référence à un intérêt thérapeutique pour la personne. Il a été modifié par la loi du 27 juillet 1999. Le terme « thérapeutique » faisant directement référence aux conséquences curatives de l'acte pour le patient, il lui a été préféré le terme « médical » qui permet d'élargir le domaine des actes considérés comme licites.

Si l'acte n'a pas directement d'intérêt curatif pour la personne, il peut être considéré comme licite, dans la mesure où il a un caractère médical. Tel est, par exemple, le cas en matière d'expérimentation cliniques pratiquées sur les patients. Là cependant, outre l'exigence d'un consentement particulièrement éclairé, il est rappelé à l'article 16-6 le second principe essentiel du respect du corps humain : le patient ou le cobaye ne peut recevoir aucune rémunération. Cette prohibition est en principe absolue dans la mesure où, « le corps humain, ses éléments et ses produits ne peuvent faire l'objet d'un droit patrimonial ».

II | Le corps humain ne peut faire l'objet d'un droit patrimonial

Le dernier alinéa de l'article 16-1 du Code civil, même mis en perspective avec le principe fondamental du droit eu respect du corps, doit faire l'objet de précisions terminologiques tant il est lui aussi porté par une profonde ambiguïté. L'article prohibe la constitution d'un droit patrimonial sur le corps. Cela signifie en premier lieu et dans l'intention du législateur, qu'il ne peut être tiré du corps humain ou de ses produits un profit pécuniaire (A). L'affirmation est louable et elle est, dans une large mesure, conforme à la réalité. Les dons de sang, d'organes, de gamètes, ou d'autres éléments du corps, ne peuvent donner lieu à une rémunération. Il n'en reste pas moins que si la personne, auteur de ces dons, intervient de façon gracieuse, les produits du don, une fois extraits de la personne, deviennent des objets de droits patrimoniaux. Les établissements qui récoltent du sang, par exemple, vendent les produits qu'ils en tirent aux établissements hospitaliers ou de santé (B).

A - Le principe

D'un point de vue strictement juridique, il faut alors estimer que l'affirmation du caractère extrapatrimonial du corps se vide de toute substance. C'est que là encore, il convient d'appréhender l'article 16-1, alinéa 3 dans son acception symbolique plus que dans l'optique d'une analyse juridique rigoureuse.

Le troisième alinéa de l'article 16-1 du Code civil a pour fonction d'interdire que la personne fasse commerce de son corps. Pour des raisons humaines parfaitement compréhensibles, le législateur a souhaité empêcher qu'une personne puisse faire du don de son corps, de ses organes ou de ses éléments, un moyen de subsistance. La situation inhumaine dans laquelle se trouverait une personne contrainte de vendre son corps pour vivre a ainsi été parfaitement prohibée et les organismes qui ont pour mission de recueillir des dons de produits du corps humain, opèrent un contrôle très précis de ce fait.

Il n'en reste pas moins là encore, qu'envisagée sous l'angle de la stricte logique juridique, l'affirmation est dénuée de sens ou tout du moins de portée. Nombre de personnes humaines font du commerce de leur corps un moyen de subsistance. On songe bien sûr à la prostitution qui n'est pas en elle-même une activité prohibée mais qui convenons-en, n'est pas non plus regardée avec une bienveillance telle qu'elle puisse remettre en cause l'énoncé du principe.

B - Les limites

La véritable exception à ce principe est en réalité bien plus commune et bien plus générale. Il s'agit de la possibilité pour chaque personne de faire commerce de son corps au travers de son travail. En effet, tout travail, et plus spécifiquement mais pas uniquement, tout travail manuel, est un moyen de tirer de son corps un moyen de subsistance. D'un point de vue juridique, on évoque la notion de force de travail, notion mise en avant d'un point de vue philosophique par la doctrine marxiste, qui est juridiquement l'élément du corps humain que l'employé met à la disposition de l'employeur dans le cadre du contrat de travail.

Un tel contrat est d'évidence un contrat licite. Il n'est pas possible de considérer qu'il est un contrat pouvant porter atteinte au corps humain. Il n'en est pas moins évident que le corps de la personne est incontestablement pris dans le rapport contractuel.

En réalité, cette exception, comme l'exception au deuxième alinéa fondée sur la nécessité médicale, est d'une ampleur trop conséquente pour pouvoir considérer que l'article 16-1 du Code civil pose une véritable règle de droit générale et absolue.

Conclusion

Il convient alors de restituer à ce texte sa véritable portée. Texte fondamental s'il en est tant les principes dont il est l'expression sont nécessaires à la sauvegarde de la dignité de la personne humaine et tant ils sont consubstantiels à toute société civilisée, l'article 16-1 du Code civil est principalement un texte proclamatoire et symbolique. Presque inconciliable avec la réalité des rapports humains et de la vie en société, il reste un guide et reste l'expression d'une vérité fondamentale : la personne humaine, même considérée charnellement en son corps, ne peut être un objet de droit comme les autres.

Dans notre droit, la personne humaine est sacrée, son corps est donc inviolable, insusceptible de faire l'objet d'un droit patrimonial car il doit être respecté. Cela est peut-être une utopie, mais c'est une utopie qu'il est nécessaire de quérir.

Leçon 7

Le patrimoine, les droits patrimoniaux et les droits extrapatrimoniaux

Commentaire de texte : C. Aubry et C. Rau, *Cours de droit civil français, d'après la méthode de Zachariæ,* t. IX, 1917, par E. Bartin, § 573 : « Notion du patrimoine »

Jérôme Julien*

§ 573

Notion du patrimoine

Le patrimoine est l'ensemble des biens d'une personne, envisagé comme formant une universalité de droit.

1 / L'idée du patrimoine se déduit directement de celle de la personnalité. Quelle que soit la variété des objets sur lesquels l'homme peut avoir des droits à exercer, quelle que soit la diversité de leur nature constitutive, ces objets, en tant que formant la matière des droits d'une personne déterminée, n'en sont pas moins soumis au libre arbitre d'une seule et même volonté, à l'action d'un seul et même pouvoir juridique ; ils constituent, par cela même, un tout juridique *(universum jus).*

Le patrimoine étant de nature purement intellectuelle, les éléments dont il se compose doivent revêtir le même caractère. Les objets extérieurs sur lesquels portent les droits d'une personne, ne forment point des parties intégrantes de son patrimoine, en eux-mêmes et sous le rapport de leur nature constitutive, mais à titre de

* Maître de conférences à l'Université des sciences sociales de Toulouse.

biens, et sous le rapport de l'utilité qu'ils sont susceptibles de procurer. En cette qualité, ces objets se ramènent tous à l'idée commune d'une valeur pécuniaire.

2 / En pure théorie, le patrimoine comprend tous les biens indistinctement, et notamment les biens innés, et les biens à venir.

Le droit français s'est conformé à cette théorie, en ce qui concerne les biens à venir, qui, ainsi que cela ressort nettement des articles 1270, 2092, 2122 et 2123, sont regardés comme virtuellement compris dans le patrimoine, dès avant que de fait ils y soient entrés.

Mais il s'en est écarté en ce qui touche les biens innés. Tout en considérant comme des parties intégrantes du patrimoine, les actions auxquelles peuvent donner ouverture les lésions causées à de pareils biens, notre Droit n'y comprend cependant pas ces biens eux-mêmes, tant qu'ils n'ont pas éprouvé quelque lésion.

Il y a mieux : les droits de puissance envisagés comme tels, et indépendamment des avantages pécuniaires qui peuvent y être attachés, ne sont pas non plus, d'après notre Code, à regarder comme faisant partie du patrimoine.

3 / Le patrimoine, considéré comme ensemble de biens ou de valeurs pécuniaires, exprime lui-même, en définitive, l'idée d'une pareille valeur. Pour en déterminer la consistance, il faut, de toute nécessité, déduire le passif de l'actif. La circonstance, toutefois, que le passif surpasserait l'actif ne ferait pas disparaître l'existence du patrimoine, qui comprend les dettes comme il comprend les biens.

4 / Le patrimoine étant une émanation de la personnalité, et l'expression de la puissance juridique dont une personne se trouve investie comme telle, il en résulte :

- que les personnes physiques ou morales peuvent seules avoir un patrimoine ;
- que toute personne a nécessairement un patrimoine, alors même qu'elle ne posséderait actuellement aucun bien ;
- que la même personne ne peut avoir qu'un seul patrimoine, dans le sens propre du mot.

I | Conseils méthodologiques

Le commentaire de texte doctrinal, comme ce passage d'Aubry et Rau, recèle un certain nombre de difficultés, les unes tenant à l'exercice lui-même, et les autres au sujet traité.

1 / Difficultés propres à l'exercice

Il convient tout d'abord de préciser ce que n'est pas un commentaire de texte, puis ce qu'il est. La grande difficulté tient à ce que l'étudiant dispose d'un support écrit qui peut être important, comme c'est le cas en l'espèce. La tentation de la paraphrase est alors grande ; elle doit cependant être évitée. Le but de l'exercice n'est pas, en effet, de reprendre le texte pour le présenter littéralement, quand il ne s'agit pas purement et simplement de le réécrire (et généralement moins bien...). Bien entendu, il est indispensable de restaurer le contenu du texte, mais en y incorporant un véritable commentaire, c'est-à-dire en éclairant ce qui doit l'être, en expliquant la pensée de l'auteur et en la confrontant au droit positif. De la même façon, il ne s'agit pas de faire une dissertation sur la théorie du patrimoine, même si, en l'espèce, l'exercice peut s'en rapprocher. Il s'agit de faire un véritable *commentaire de texte.* Cela impose de partir du texte, et de décomposer sa structure. Le fil conducteur doit être donné par le texte, et non par l'idée que peut s'en faire l'étudiant. Dès lors, la composition du devoir doit retranscrire l'architecture du texte commenté. Cependant, il convient de ne pas s'arrêter à cette étape ; en effet, le texte donne la structure, mais il s'agit avant tout de le commenter ! Il en résulte que le commentaire de texte est semblable à... une promenade en forêt. La règle d'or est de toujours suivre le sentier, même s'il convient de temps en temps de s'en détourner pour contempler tel ou tel point de vue...

Point de départ et point d'arrivée, le commentaire doit permettre, *à partir* du texte, de l'expliquer puis d'en montrer toutes les nuances, toutes les implications, quitte à s'aventurer sur d'autres domaines. Une idée en appelle toujours une autre et les digressions sur tel ou tel point sont les bienvenues. L'essentiel est de toujours en revenir au texte. Ainsi, la progression se fait au fil du texte, en expliquant, en illustrant, en critiquant au fur et à mesure. L'exercice est alors rigoureux. Le cadre est imposé mais à l'intérieur les figures sont libres. Dès lors, la structure du raisonnement pourrait suivre le cheminement suivant : idée présente dans le texte ; définition et explication de cette idée ; illustrations en jurisprudence (si besoin) ; appréciation doctrinale et critique ; nouvelle idée du texte...

2 / Difficultés propres au sujet

Indépendamment des difficultés liées à l'exercice, le présent texte présente quelques écueils, d'inégale importance, que l'étudiant prendra soin d'éviter. La principale est relative à la date du texte. La théorie d'Aubry et Rau remonte au XIXe siècle alors que l'édition commentée remonte à 1937. Cependant, le commentaire est *actuel.* Cela signifie très clairement que l'étudiant doit apprécier les idées présentées au regard du droit positif : commenter un texte de 1937 en 2004 ! Le devoir n'est pas une composition d'histoire du droit, fût-il de droit civil. Il est précisément fondamental de replacer le texte dans le droit contemporain, pour en montrer la permanence, ou bien les insuffisances. L'étudiant prendra donc soin de le confronter avec la jurisprudence et/ou la législation actuelle, afin d'en tirer des enseignements (le texte est toujours d'actualité ; il est dépassé ; il mérite d'être amendé ou modernisé...). Il faut en effet montrer toute l'actualité du sujet, afin d'intéresser le lecteur au commentaire. Il s'agit donc de présenter l'analyse d'un juriste contemporain sur un texte ancien, et de le replacer dans les grands thèmes du droit civil, et du droit privé en général.

Bien entendu, le sujet est ici complexe : la théorie du patrimoine est essentielle et elle touche à tous les droits. Commenter ce texte fait assurément appel à des connaissances qu'un étudiant de première année ne peut encore avoir. Pas de panique ! Ce qui importe, c'est la démarche de commentaire plus que le commentaire lui-même : il est évident qu'il ne sera pas exigé d'avoir des connaissances de droit des affaires, alors que cette matière n'est pas encore étudiée. En revanche, l'étudiant doit être capable de comprendre un texte et d'en dégager la structure. Plus qu'apprendre, on demande à un étudiant de première année (et même au-delà) *d'apprendre à apprendre.* Le commentaire de texte doit révéler la structure de l'esprit et non pas des connaissances livresques : il n'est cependant pas interdit d'en avoir...

Vient ensuite la phase de construction du devoir. Il faut partir du texte, pour en tirer deux ou trois idées essentielles. Il n'est pas, en revanche, indispensable de commenter l'intégralité du texte, surtout s'il est long. Le but de l'exercice est bien d'en montrer toute la valeur, quitte à passer sur des considérations mineures. La mise en valeur du document passe immanquablement par une synthèse de ses idées-forces. À ce titre, le présent texte est trompeur car il comporte une structure interne visible avec un découpage en 4 points. Il n'est pas question ici de faire 4 parties. Cependant, pour d'autres textes, il n'est pas interdit de suivre pas à pas la structure apparente, si elle présente 2 ou 3 points, à condition que cela se justifie. Si tel n'est pas le cas, il faut « déstructurer » le document pour le reconstruire. Revenons à Aubry et Rau ; la conclusion est très intéressante car elle présente trois principes que les auteurs pensent être – à juste titre – essentiels : seule une personne a un patrimoine ; toute personne a un patrimoine ; la personne n'a qu'un patrimoine. Il peut alors être tentant de faire un plan suivant ce schéma. Il sera pourtant ici évité, dans la mesure où il laisserait de côté toute la première partie du texte.

Si l'étudiant décompose la structure du texte entier, en quelques idées, cela donne :

— une définition du patrimoine (1) ;
— le patrimoine se déduit de la personnalité (2) ;
— peu importent la diversité des objets et leur nature (3) ;
— les biens sont soumis au libre arbitre de la personne (4) ;
— le patrimoine est composé d'objets intellectuels (5) ;
— le patrimoine comporte tous les biens, présents et à venir (6) ;
— il comprend un actif et un passif mais un passif supérieur à l'actif ne le fait pas disparaître (7) ;
— le patrimoine est l'émanation d'une personne (8) ;
— la conclusion finale (9).

Avec ces éléments de base et de réflexion, il convient de bâtir un plan. En les regroupant par affinité, deux idées se dégagent alors inévitablement : un aspect matériel avec ce que comporte le patrimoine (points 3, 5, 6 et 7) et un aspect intellectuel avec le lien qui est fait avec la personne (points 2, 4, 8 et 9). Les deux axes du développement sont alors trouvés.

L'essentiel est que le plan doit être dégagé à partir des éléments du texte et non de l'idée préconçue que l'on s'en fait : *le plan est dans le texte, il suffit de le dégager !*

La même méthode sera suivie pour les sous-parties, qui se dégageront assez facilement. Les sous-parties, peut-être plus que les parties, peuvent révéler la personnalité du commentateur (cf. les sous-parties de la seconde partie) : peu importe (mais il ne faut pas d'excès) dès lors que la structure générale est posée à partir du texte. Le fil conducteur est imposé par l'auteur du texte, mais le commentaire est l'œuvre de l'étudiant, qui peut ne pas être d'accord. L'esprit critique est le signe distinctif du juriste à condition de toujours argumenter ses positions.

Une dernière série de précisions s'impose à propos de l'introduction. Dans un commentaire de texte, une structure peut être conseillée (même si les règles ne sont pas figées) : texte ; contexte ; retour au texte. Explications : *texte.* C'est bien sûr le point de départ et la définition initiale permet d'ouvrir le devoir. *Contexte :* replacer le texte dans son environnement. Au sens strict, le contexte est le texte qui se trouve autour. Plus largement, l'étudiant montrera l'intérêt et l'actualité du sujet. Il s'agit de mettre le texte en valeur, surtout lorsqu'il est ancien, comme ici. À cet égard, il faut sans doute dire quelques mots des auteurs, surtout lorsqu'ils sont célèbres. L'étudiant pourra utilement se reporter à l'ouvrage de M. le professeur Philippe Malaurie : *Anthologie de la pensée juridique,* aux Éditions Cujas, dans lequel il puisera des éléments importants. *Retour au texte :* après la digression, on revient sur le sentier (c'est toujours la même méthode), pour dégager les idées-forces qui permettront d'annoncer le plan. Si la structure est simple, le plan sera simple ! Si elle est complexe, il faudra la simplifier pour qu'elle soit immédiatement perceptible pour le lecteur !

Enfin, tout au long du devoir, l'étudiant pourra faire des – courtes – incursions dans d'autres domaines, ou rattacher les développements à des « problématiques » plus générales. Ainsi, le présent texte offre un saisissant exemple de l'influence de la doctrine sur le droit. En dire quelques mots montrera que l'auteur du commentaire sait replacer une réflexion parfois technique dans une vision plus générale du droit (voir, notamment, la leçon 4 sur « Les sources mineures du droit », spéc. n°s 123 et s. sur la doctrine). Il ne reste plus alors qu'à rédiger le commentaire avec ses connaissances... Et le tour est joué !

II | Proposition de corrigé

« Le patrimoine est l'ensemble des biens d'une personne, envisagé comme formant une universalité de droit. » C'est par cette définition que débute l'analyse de la notion de patrimoine, faite par Aubry et Rau à la fin du XIXe siècle dans leur *Cours de droit civil français,* et qui forme encore aujourd'hui l'assise de la théorie française du patrimoine. Celle-ci est fondamentale pour le juriste, à plus d'un titre. Le patrimoine est au cœur de l'analyse juridique de droit privé. En ce sens, elle transcende les clivages traditionnels entre les différentes matières, certes indispensables pédagogiquement, mais néanmoins en grande partie artificiels. Ainsi, pour s'intéresser au patrimoine, il est non seulement nécessaire d'examiner le droit civil, mais également d'approcher le droit des affaires, la procédure civile, les procédures civiles d'exécutions, le droit des propriétés intellectuelles... La raison en est évidente : le patrimoine, constitué de *l'ensemble des biens d'une personne* l'accompagnera tout au long de son existence, et sera soumis à des fluctuations diverses, tandis que les biens qui le composent seront l'objet de multiples opérations. Par conséquent, les biens et le patrimoine – tant les deux notions sont indissociables – sont au cœur de l'activité humaine. Pour s'en convaincre, il n'est qu'à examiner plus en détail le plan du Code civil : en 1804 (mais la remarque vaut encore aujourd'hui), le Code est essentiellement consacré aux biens, qui constituent le patrimoine de l'individu. S'il est fait exception du récent – et surprenant – livre quatrième, consacré aux dispositions applicables à Mayotte (inséré en 2002), comment ne pas relever que les deux tiers de ses dispositions (livre II et III) sont consacrés *aux biens et aux différentes modifications de la propriété et aux différentes manières dont on acquiert la propriété* ? Si notre droit oppose, peut-être trop radicalement, les personnes et les choses, le patrimoine est la notion qui permet de faire le lien entre les deux : elle est au cœur des relations entre la personne et les choses (ou plutôt les biens) dont elle dispose.

Pourtant, à lire le Code, le terme de patrimoine apparaît peu, alors que les biens sont omniprésents : quelques allusions sont faites, comme par exemple à l'article 1569, à propos du régime de participation aux acquêts. Par conséquent, si la *réalité* du patrimoine est incontestable, il faut reconnaître que sa *définition* fait défaut dans la loi. Ce fut par conséquent l'œuvre de la doctrine que de la conceptualiser et de l'analyser. À ce titre, l'œuvre de Charles Aubry et de Charles Rau fut essentielle. Le texte soumis au commentaire livre cette analyse, qui reste aujourd'hui, bien que critiquée, le fondement de notre droit du patrimoine. Professeurs à la faculté de droit de Strasbourg jusqu'en 1870, puis conseillers à la Cour de cassation en 1871, ils étaient également avocats, ce qui n'est sans doute pas indifférent à leurs travaux, qui associent la théorie et la pratique.

Le célèbre § 573, commenté, livre la construction juridique qu'ils firent du patrimoine, offrant ainsi un parfait exemple d'une construction doctrinale reçue par le droit positif. Après avoir défini le patrimoine, ils établirent un certain nombre de règles, perçues à juste titre comme des axiomes permettant de fonder et d'expliquer les règles relatives aux biens, telles qu'elles apparaissent dans le Code. Sa lecture laisse apparaître deux idées majeures. D'une part, et il s'agit là d'une approche presque empirique de la notion, le patrimoine est un *ensemble de biens.* Derrière l'évidence de la proposition, et son apparente simplicité, les auteurs apportent d'indispensables précisions sur le contenu de ce patrimoine, et peut-être surtout sur sa nature juridique. D'autre part, et c'est le cœur de l'analyse, cet aspect matériel est insuffisant à rendre compte de ce qu'est le patrimoine. En effet, au-delà de la dimension immédiatement perceptible, le patrimoine est un ensemble de biens *attaché à la personne.* Cet aspect du texte est véritablement l'aboutissement de la théorie d'Aubry et Rau, lesquels en tirent un certain nombre de conséquences pratiques, qui ne sont d'ailleurs pas sans poser aujourd'hui quelques difficultés.

I | Le patrimoine est un ensemble de biens...

Dans ce texte, Aubry et Rau précisent tout d'abord que le patrimoine est une réunion de biens. Cependant, la formule peut prêter à confusion et c'est la raison pour laquelle les auteurs apportent deux précisions essentielles. Premièrement, il convient de déterminer quelle est la composition du patrimoine (A), puis quelle est sa nature juridique (B).

A - La composition du patrimoine

Le langage courant associe le patrimoine d'une personne à l'ensemble de ses biens. La formule n'est pas fausse, mais elle demande à être affinée. Le texte précise que peu importent « la variété des objets (...) leur diversité » ; de même, « le patrimoine comprend tous les biens indistinctement ». Le patrimoine d'une personne – physique ou morale – est composé de choses, mobilières ou immobilières, dont elle est par exemple propriétaire, mais pas seulement. En effet, comme le soulignent les auteurs, le patrimoine est une construction purement intellectuelle et par conséquent les éléments qui le composent également. De la sorte, ce ne sont pas à proprement parler les choses (une maison, une voiture... un Code civil) qui font partie du patrimoine mais plutôt le droit que le titulaire possède sur eux : il faut ici parler de droits patrimoniaux, ou de biens, au sens précis du terme. Ainsi, le propriétaire d'une chose la possède assurément, mais c'est plus le droit qu'il a sur cette chose que la chose elle-même qui figure à son patrimoine. Il en résulte que le patrimoine comprend des biens et que tous les biens ne sont pas des choses. Parmi les biens, faisant partie du patrimoine, une distinction classique sera opérée entre les droit réels, c'est-à-dire qui portent sur une chose, et les droit personnels, que le titulaire peut avoir à l'égard d'une autre personne, comme par exemple celui que peut avoir un créancier contre son débiteur. À l'inverse, les droits dits extrapatrimoniaux, comme les droits de la personnalité, ne sont pas inclus dans le patrimoine. Il en résulte que leur titulaire n'a pas la possibilité par exemple de les céder. Pourtant, Aubry et Rau les incluent dans le patrimoine de la personne, en les qualifiant de *« droits innés »* : ils l'expliquent par le fait que la transgression de ces droits ouvre droit à dommages-intérêts. L'analyse n'est pas exacte au regard du droit positif même si leur transgression ouvre droit à une indemnité qui, sans aucun doute, a une valeur patrimoniale.

Par ailleurs, le texte précise que le patrimoine comprend tous les biens présents et « à venir ». La précision est très importante, et elle se rattache notamment à l'article 2092 du Code civil. Ce texte est le siège du droit de gage général des créanciers. Il dispose que « quiconque s'est obligé personnellement, est tenu de remplir son engagement sur tous ses biens mobiliers et immobiliers, présents et à venir ». Cela signifie clairement que le débiteur répond sur son patrimoine, comprenant les biens présents et futurs. Si ses biens actuels sont insuffisants à satisfaire ses créanciers, ceux-ci disposeront d'une action sur ses biens futurs. Cela apporte une précision importante sur ce qu'est le patrimoine : il n'est par conséquent pas possible d'affirmer que le patrimoine est figé à un instant donné, puisqu'il comprend en quelque sorte une virtualité, si son titulaire acquiert d'autres biens. Cette raison explique, en partie, la règle selon laquelle une personne, de son vivant, ne peut transmettre son patrimoine : cela est impossible – notamment pratiquement, mais pas seulement – car il ne peut bien sûr vendre, en principe et par exemple, des biens qu'il n'a pas encore, et qu'il peut ne jamais avoir.

B - La nature juridique du patrimoine

Cet élément est présent dans la définition que les auteurs donnent du patrimoine. Il s'agit d'une *universalité, de droit.*

Dire que le patrimoine est une universalité signifie qu'il forme un ensemble distinct des éléments qui le composent. En quelque sorte, le patrimoine est le contenant et les biens qui le composent – présents et à venir – le contenu. Par conséquent, le patrimoine n'est pas affecté par les fluctuations des éléments qui le composent ; un bien peut entrer dans le patrimoine, un autre en sortir : le patrimoine demeure. L'utilité pratique de cette notion apparaît lors de la transmission du patrimoine, à cause de mort : c'est *le* patrimoine qui est transmis, et non chaque élément individuellement. De même, au cas de vente d'une chose, celle-ci sort du patrimoine mais elle y est remplacée par le prix de vente : ce mécanisme est appelé la subrogation réelle. Par conséquent, le patrimoine, ce n'est pas la simple addition des éléments qui le composent, ce qui de toute façon serait pratiquement impossible puisqu'il comprend également les biens à venir. Il faut relever que cette notion d'universalité n'est pas propre au patrimoine. D'autres matières la connaissent également comme le droit des affaires. Ainsi, le fonds de commerce est aussi une universalité. Il comprend différents biens appartenant au commerçant comme la clientèle, les marchandises, les droits de propriété industrielle (brevet d'invention, marque...), etc. L'intérêt pratique est ici évident : lorsqu'un commerçant désire céder « son activité », plutôt que de réaliser plusieurs ventes (une pour la clientèle, puis une pour les marchandises...), une seule opération sera réalisée : la vente du fonds de commerce.

Le patrimoine est une universalité de droit. Cela signifie qu'il comprend un actif ainsi qu'un passif (les dettes de la personne) *corrélatif*. Il en résulte que l'actif répond du passif, et que les dettes d'une personne sont garanties par tout son patrimoine (ce qui explique l'article 2092 du Code civil). En revanche, toutes les universalités ne présentent pas un tel caractère : ainsi, le fonds de commerce est une universalité seulement de fait, et non de droit.

Le texte commenté, après avoir précisé que le patrimoine est un ensemble de biens, le rattache de manière indissoluble à la personne.

II | ... ATTACHÉ À LA PERSONNE DE SON TITULAIRE

Aubry et Rau lient fondamentalement le patrimoine à la personne. De la sorte, ils en tirent trois conséquences fondamentales, qui concluent le passage commenté : seules les personnes ont un patrimoine ; toute personne a un patrimoine ; une personne n'a qu'un seul patrimoine. Ce triptyque essentiel a pendant longtemps, et encore aujourd'hui en grande partie, expliqué le droit français du patrimoine (A). Cependant, il a rapidement été contesté en raison des difficultés purement concrètes auxquelles il aboutit (B).

A - Les vertus explicatives de la théorie

Le patrimoine, pour les auteurs, est fondamentalement une émanation de la personne. Elle en constitue donc l'alpha et l'oméga. Ce principe fut récemment rappelé par la Cour de cassation (Cass. com., 12 juillet 2004) dans un visa dénué de toute ambiguïté : « Vu le principe selon lequel le patrimoine est indissociablement lié à la personne ». *Seule une personne a un patrimoine.* La proposition marque bien la conception classique de la matière : le patrimoine sert de lien entre la personne et les choses. Cependant, toute personne juridique n'est pas nécessairement un individu et une personne morale possède également un patrimoine. En revanche, l'entreprise, en elle-même, ne possède pas de patrimoine, faute d'avoir la personnalité juridique. Ce n'est que lorsqu'elle prend une forme organisée, dotée d'une telle personnalité, qu'elle en possède (par exemple sous la forme d'une société). *Toute personne a un patrimoine.* Il importe peu qu'elle ne possède pas de bien à un instant donné, puisqu'elle est susceptible d'en acquérir dans l'avenir. De la même façon, ce patrimoine peut être positif (plus d'actif que de passif) ou négatif (situation inverse), sans que cela ne le fasse disparaître. Attaché à la personne, le patrimoine ne peut être transmis, sauf lorsque la personne qui en est le support a disparu : c'est le cas de la transmission successorale. *La personne ne peut avoir qu'un seul patrimoine.* Puisque la personne est unique, il est alors logique que son patrimoine le soit également : c'est ce qui est appelé le principe de l'unité du patrimoine. Quelles que soient la volonté de la personne, ou son activité, elle ne possédera jamais qu'une masse unique de biens. Il ne lui est donc pas possible d'isoler certains biens pour les réserver à une activité par exemple. C'est à ce propos que les critiques furent les plus nourries contre la théorie d'Aubry et Rau, et que les limites de la théorie furent mises en évidence.

B - Les insuffisances de la théorie

La vertu de la théorie d'Aubry et Rau réside dans sa simplicité ; ses insuffisances également. Ainsi, une personne ne peut être à la tête de deux patrimoines, l'un qui serait par exemple privé et l'autre professionnel. Les inconvénients apparaissent alors immédiatement. Les biens personnels peuvent répondre des dettes professionnelles, ce qui est un frein incontestable à l'activité. En effet, un commerçant par exemple ne peut pas décider que ses dettes professionnelles seront garanties uniquement par ses biens professionnels, en mettant ainsi à l'abri – en les isolant – ses biens personnels. C'est la raison pour laquelle les praticiens, et parfois le législateur, ont toujours cherché à contourner cette règle pour échapper à ses effets néfastes. Quelques exemples peuvent en être donnés. Bien souvent, l'entrepreneur individuel aura recours à une forme particulière d'exercice : l'entreprise unipersonnelle à responsabilité limitée (EURL), créée en 1985. Il y a alors création d'une personne morale, qui sera propriétaire des biens de l'entreprise (puisqu'elle disposera d'un patrimoine propre) alors qu'en pratique la personne physique demeurera à sa tête (l'entreprise est unipersonnelle). Le but recherché est le suivant : seule l'EURL contractera des dettes et ses créanciers saisiront alors son patrimoine, lequel n'est composé que de biens professionnels. Cependant, la parade possède ses limites : bien souvent, les créanciers de l'EURL demanderont, avant par exemple d'accorder un crédit à l'entreprise, une sûreté à la personne physique qui est à sa tête (comme un cautionnement) : si les biens professionnels – ceux de l'EURL – sont insuffisants à payer la dette, ils pourront alors demander paiement à la personne physique. La protection recherchée vole alors en éclat. La loi elle-même a tenté de pallier cet inconvénient en permettant à une personne d'être à la tête de deux masses de biens : ainsi la loi de 1987 sur les fondations permet à une personne d'affecter irrévocablement des biens à la réalisation d'une œuvre d'intérêt général.

En réalité, s'inspirant de droits étrangers, une partie de la doctrine, et nombre de praticiens réclament l'abandon de la règle posée par Aubry et Rau et l'instauration d'un véritable patrimoine d'affectation, permettant essentiellement à l'entrepreneur d'affecter à son activité professionnelle certains de ses biens seulement. Tel n'est pas encore le cas même si des hypothèses particulières peuvent se rencontrer. Ainsi, l'héritier qui accepte une succession sous bénéfice d'inventaire se retrouve-t-il à la tête de deux masses de biens, aux termes de l'article 802 du Code civil. De la même façon, une loi du 1er août 2003, relative à l'initiative économique, a inséré dans le Code de commerce des dispositions permettant au commerçant, sous certaines conditions, de soustraire à l'action de ses créanciers professionnels – par dérogation expresse à l'article 2092 du Code civil – ses droits sur sa résidence principale. Il ne s'agit certes pas d'une consécration à proprement parler de la théorie du patrimoine d'affection, mais son inspiration est néanmoins proche...

La théorie d'Aubry et Rau sur le patrimoine est incontestablement à la source de notre conception du droit du patrimoine. L'analyse première est peu sujette à discussion : le patrimoine est bien une universalité de droit. Cependant, le rattachement consubstantiel qui est fait à la personne traduit bien la conception civiliste de la fin du XIXe siècle, mais est peu en harmonie avec les contingences contemporaines. En particulier, elle nie le fait qu'une masse de biens (actif et passif) puisse avoir une finalité particulière et une cohérence interne, ce qui justifierait sans doute de lui réserver un sort particulier...

Leçon 8

Les actes et les faits juridiques

Cf. les sujets proposés dans les leçons 9 et 10.

Leçon 9

La preuve

Cas pratique

Patricia Parrot*

Ernest Bigoudi a voulu rendre service à Gontrand Michu et il le regrette bien aujourd'hui, face à la parfaite mauvaise foi de ce dernier.

En effet, Ernest Bigoudi a tout d'abord accepté de lui prêter la somme de 1 500 €. Et, bien qu'il ait signé une reconnaissance de dette dactylographiée pour cette somme en faisant précéder sa signature de la mention écrite de sa main « lu et approuvé », Gontrand Michu prétend n'avoir jamais emprunté une quelconque somme à Ernest Bigoudi !

Ensuite, toujours pour aider Gontrand Michu, Ernest Bigoudi lui a acheté une tondeuse d'occasion pour le prix de 500 € qu'il lui a payée comptant et voilà que Gontrand Michu lui réclame encore la somme de 350 € alors qu'aucun écrit n'a été rédigé !

Enfin, à la suite d'une tempête, un châtaignier situé sur le terrain de Gontrand Michu, alors parti en vacances, est venu s'écraser sur la clôture d'Ernest Bigoudi. Le lendemain, Ernest Bigoudi n'a pu que constater les dégâts en présence d'un autre voisin Marcel Boudiou qui s'inquiétait pour sa part de l'éventuelle chute sur sa maison d'un cèdre appartenant également à Gontrand Michu.

Ernest Bigoudi a fait venir un entrepreneur pour débiter le châtaignier, et comme ce dernier confirmait la chute imminente du cèdre, il lui a demandé de l'abattre. Ernest Bigoudi, qui a pourtant payé ces différents travaux à l'entrepreneur, n'arrive pas à se faire

* Assistante à la faculté de droit de Caen.

rembourser par Gontrand Michu qui refuse en plus de payer la réparation de la clôture.

Par la suite, mais trop tard, Ernest Bigoudi a appris que Gontrand Michu était réputé pour être un mauvais payeur et qu'il a laissé de nombreuses « ardoises » un peu partout. Pouvez-vous rassurer Ernest Bigoudi ?

Corrigé

Ernest Bigoudi comme Gontrand Michu se prétendent créanciers l'un de l'autre. S'ils agissent en justice pour demander la condamnation de leur débiteur, il leur appartiendra, par application de l'article 1315 CC, alinéa 1er, de faire la preuve de la ou des obligations dont ils demandent l'exécution. De quelle manière ? C'est à cette question qu'il faut répondre en examinant leurs prétentions respectives.

I | Les prétentions d'Ernest Bigoudi

A - Le prêt de 1500 €

Comment la preuve de ce prêt peut-elle être rapportée ?

Pour connaître les modes de preuves admissibles, il convient avant tout de déterminer l'objet de la preuve. En effet, selon qu'il s'agit d'un acte ou d'un fait juridique, les règles gouvernant l'admissibilité de la preuve sont différentes.

Le prêt est un acte juridique, au sens de *negotium,* trouvant sa source dans la manifestation de deux volontés, celle du prêteur (Ernest Bigoudi) et celle de l'emprunteur (Gontrand Michu). C'est donc un contrat. Et parce que ce contrat ne fait naître des obligations qu'à la charge d'un contractant, en l'occurrence l'emprunteur, il s'agit plus précisément d'un contrat unilatéral.

Comment prouver un acte juridique ? Par application de l'article 1341 du Code civil, l'existence et le contenu des actes juridiques ne peuvent être prouvés qu'à l'aide d'un acte, au sens d'*instrumentum,* authentique ou sous seing privé (la somme empruntée étant supérieure à 800 €, l'exception visée par ce même article est inapplicable). En l'espèce Ernest Bigoudi dispose d'un acte sous seing privé puisqu'il est revêtu de la signature de Gontrand Michu. Mais cet écrit constate un engagement unilatéral de payer une somme d'argent ; or, par application de l'article 1326 du Code civil, il doit comporter en plus de la signature du souscripteur de l'engagement « la mention, écrite par lui-même, de la somme..., en toutes lettres et en chiffres ». Tel n'est pas le cas ici, Gontrand Michu n'ayant écrit de sa main que la mention « lu et approuvé » laquelle n'a, au demeurant, aucune valeur juridique. Dès lors, selon la jurisprudence, l'écrit est privé de sa force probante, il n'a que la valeur d'un commencement de preuve par écrit tel que défini à l'article 1347, alinéa du Code civil.

Muni d'un simple commencement de preuve Ernest Bigoudi devra le compléter par d'autres modes de preuve. Ernest Bigoudi ne semble pas disposer de témoignage.

[La commune renommée selon laquelle Gontrand Michu serait un mauvais payeur ne sera d'aucun secours pour Bigoudi. En effet, d'une part, elle ne porte pas sur le prêt à prouver et, d'autre part, elle n'est admise qu'à titre exceptionnel par notre droit.]

En revanche, il doit sûrement avoir des traces du versement des 1 500 € (comptabilité ou relevés de compte, voire, sauf versement en espèces, la copie d'un chèque de ce montant, établi à l'ordre de Michu et encaissé par lui). Tous ces éléments pourront être utilisés par le juge comme présomptions du fait de l'homme par application de l'article 1349 du Code civil.

[Les registres et papiers domestiques même s'ils constituent des écrits ne peuvent faire preuve que contre leur auteur (art. 1331 CC). Certes, la production de pièces établissant le versement d'une somme de 1 500 € serait avantageuse pour Ernest Bigoudi, mais Gontrand Michu, à condition de le prouver, pourra soutenir que ce versement correspond à une autre opération. V. *infra.*]

Les chances d'obtenir gain de cause d'Ernest Bigoudi dépendent donc de l'appréciation du juge des éléments extrinsèques au commencement de preuve par écrit qu'il pourra produire.

Il faut également le prévenir de la réaction probable de Gontrand Michu qui ne manquera pas de contester les présomptions invoquées par Ernest Bigoudi. Mais il ne sera pas interdit à Ernest Bigoudi, bien au contraire, de se défendre à son tour.

Il est par ailleurs évident que Gontrand Michu ne reconnaîtra pas l'existence du prêt. Ainsi, Ernest Bigoudi ne disposera pas non plus d'un aveu judiciaire ou extrajudiciaire visé à l'article 1354 du Code civil.

Reste pour Ernest Bigoudi une arme ultime : celle du serment décisoire (visé à l'article 1358 du Code civil) qu'il pourrait déférer à Michu. Mais c'est aussi une arme dangereuse. En effet il suffira à Gontrand Michu de prêter le serment déféré et il gagnera le procès (art. 1363 CC).

En somme, il est donc impossible de rassurer complètement Ernest Bigoudi pour cette première prétention. Qu'en est-il de la seconde relative aux travaux et dommages causés par la tempête ?

B - Les conséquences de la tempête

La situation d'Ernest Bigoudi est ici meilleure.

De fait, pour les travaux de réparation de la clôture et de débitage du châtaigner, il ne s'agit plus pour lui de faire la preuve d'un acte juridique mais celle d'un fait juridique. En effet, un dommage a été subi par Ernest Bigoudi du fait de la chute d'un arbre appartenant à Gontrand Michu. Il s'agit d'un événement auquel la loi attache des effets de droit en dehors de la volonté de Michu ou de Bigoudi. Michu est légalement obligé de réparer le dommage subi par Bigoudi.

La preuve des faits juridiques se fait par tous moyens (système de la preuve morale ; v. art. 1348 CC). En l'occurrence, Ernest Bigoudi dispose, pour établir les causes du dommage, des témoignages de Marcel Boudiou et de l'entrepreneur forestier que Gontrand Michu pourra difficilement contredire. S'agissant du coût du débitage réglé par lui, Ernest Bigoudi pourra produire la facture de l'entrepreneur. Mais cela n'empêchera pas Gontrand Michu d'en contester le montant sur la base d'un devis établi par un autre entrepreneur. Dans ce cas, le juge pourra ordonner une expertise. Quant aux travaux de réparation, il faut conseiller à Ernest Bigoudi de solliciter une expertise judiciaire aux fins d'en chiffrer le coût exact.

Reste la question de l'abattage du cèdre. À n'en point douter, Gontrand Michu ne manquera pas d'invoquer la violation de son droit de propriété sur l'arbre pour solliciter, au contraire, la condamnation d'Ernest Bigoudi au paiement de dommages et intérêts. Néanmoins, ce dernier n'est pas démuni d'arguments. De fait, il pourra invoquer l'existence d'un quasi-contrat, plus spécialement celle d'une gestion d'affaires, autre fait juridique qu'il pourra prouver par tous moyens (art. 1348 CC). Les témoignages de Marcel Boudiou et de l'entrepreneur démontreront le caractère utile de la gestion d'Ernest Bigoudi. Gontrand Michu pourra encore contester cette gestion comme le montant du coût de l'abattage de l'arbre mais il lui appartiendra de produire des preuves en ce sens.

En conclusion, Ernest Bigoudi a de fortes chances de voir ses créances admises dans leur principe, la discussion restant plus ouverte sur leurs montants.

II | La prétention de Gontrand Michu

Selon lui, la vente de la tondeuse aurait été convenue pour le prix de 850 €. En conséquence, Ernest Bigoudi, n'ayant réglé que la somme de 500 €, resterait redevable de celle de 350 €.

[Aucune preuve écrite n'a été préconstituée. Cela était tout à fait possible si le prix de vente était inférieur à 800 € comme le prévoit l'article 1341 du Code civil. Il ne s'agit donc pas pour Gontrand Michu de prouver contre et outre le contenu d'un écrit au sens de ce même article.]

Il appartient à Gontrand Michu de faire la preuve d'un acte juridique trouvant sa source dans la manifestation de deux volontés. Il s'agit d'un contrat de vente, contrat synallagmatique comportant des obligations réciproques pour les contractants (celle de délivrer le bien pour le vendeur et celle de payer le prix pour l'acheteur). S'il prétend que le prix convenu était de 850 € et donc supérieur à 800 €, il ne peut prétendre à l'exception visée à l'article 1341 du

Code civil et il lui faut, par application de cette même disposition, produire un écrit. Au surplus, s'agissant d'un acte constatant un contrat synallagmatique, cet acte devrait être rédigé en autant d'exemplaires qu'il y a de parties au contrat (deux exemplaires en l'espèce) conformément à l'article 1325 du Code civil.

En l'espèce, aucune preuve écrite n'a été préconstituée. Gontrand Michu n'apporte donc pas la preuve d'une vente pour le prix de 850 €. Certes, Gontrand Michu pourrait être tenté d'invoquer l'exception tirée de l'impossibilité matérielle ou morale de se procurer un écrit visée à l'alinéa 1 de l'article 1348 du Code civil. Mais il pourrait lui être rétorqué que de simples rapports de voisinage sont insuffisants à caractériser une impossibilité morale et qu'Ernest Bigoudi a, quant à lui, pris la peine d'exiger un écrit pour le prêt consenti à Gontrand Michu.

La défense d'Ernest Bigoudi sur la demande de Gontrand Michu sera donc aisée.

Commentaire d'arrêt : Cass. civ. 1re, 30 mars 1999 (*Bull. civ.*, I, n° 113, p. 74)

Barry Zouania*

Cour de Cassation
Chambre civile 1re
Audience publique du 30 mars 1999

Numéro de pourvoi : 97-13047
Publié au bulletin

Président : M. Lemontey
Rapporteur : M. Sempère
Avocat général : Mme Petit
Avocat : la SCP Vier et Barthélemy

République française
au nom du peuple français

Donne défaut contre M. Albou ;

Sur le moyen unique :

Vu l'article 1315, alinéa 2, du Code civil :

Attendu que la Compagnie générale des eaux a assigné M. Albou en paiement de la somme de 11 415,88 francs représentant le montant d'une facture impayée ; que M. Albou a payé la somme de 5 000 francs soutenant qu'il n'avait jamais eu de factures

* Attaché temporaire à l'enseignement et à la recherche à l'Université des sciences sociales de Toulouse.

pour un montant aussi élevé et qu'aucune fuite n'avait été décelée dans son installation ;

Attendu que le Tribunal a énoncé que la Compagnie générale des eaux doit apporter la preuve, pour justifier le montant élevé de sa facture, que des modifications substantielles sont intervenues dans la consommation d'eau de M. Albou ou qu'une fuite d'eau après compteur existait sur les installations ;

Qu'en se déterminant ainsi, alors qu'il incombait à M. Albou d'établir le fait ayant produit l'extinction de son obligation, le Tribunal a inversé la charge de la preuve et violé le texte susvisé ;

PAR CES MOTIFS

CASSE ET ANNULE, dans toutes ses dispositions, le jugement rendu le 25 novembre 1996, entre les parties, par le tribunal d'instance de Montpellier ; remet, en conséquence, la cause et les parties dans l'état où elles se trouvaient avant ledit jugement et, pour être fait droit, les renvoie devant le tribunal d'instance de Lodève.

Corrigé type de commentaire d'arrêt : Cass. civ. 1re, 30 mars 1999 (*Bull. civ.*, I, n° 113, p. 74).

Même si les études universitaires conduisent, notamment dans le commentaire des décisions de justice, à faire prévaloir la part du droit sur celle du fait, il faut garder à l'esprit que le procès se présente toujours, d'abord, pour le juge, comme une question de fait. En vertu du principe dispositif qui gouverne le procès civil en France, les parties doivent rapporter la preuve des faits qu'elles allèguent et qui sont nécessaires au succès de leurs prétentions (art. 6 et 9 du NCPC). À l'inverse, le droit est et demeure la chose du juge : c'est à lui qu'incombe la tâche, parfois difficile, de rappeler le droit existant sur une matière donnée et, au besoin, de rétablir l'exacte qualification des faits (art. 12 du NCPC). C'est ce qu'énonce un vieil adage : *Da mihi factum, tibi dabo jus.* « Donne moi le fait, je te donnerai le droit. »

Une autre clé de répartition des rôles dans la marche du procès (« procès », vient du latin *procedere,* d'où vient également le mot « processus », et signifie littéralement « avancer », « aller en avant »), intéresse, non plus les rapports du juge avec les parties au litige, mais les rapports des parties litigantes entre elles. Un texte du

Code civil, l'article 1315, vient ici donner la solution d'une question qui touche de près à la *procédure* et au *fond* du procès en même temps : celle de la charge de la preuve. Cette question de la preuve se dédouble car elle pose en réalité deux problèmes : celui de la charge de la preuve ; et celui de l'objet de la preuve. Autrement dit, *qui* doit prouver *quoi* ? L'arrêt proposé au commentaire, est l'occasion pour nous d'illustrer ce problème, toujours essentiel dans le procès, du fardeau de la preuve.

Un abonné (M. Albou) de la Compagnie générale des eaux conteste le montant de la facture dont le fournisseur lui réclame le paiement.

Devant le refus de son abonné de lui régler ce qu'elle estime lui être dû, la Compagnie générale des eaux, l'assigne devant le tribunal d'instance (litige inférieur à 7 600 €) territorialement compétent. Pour débouter la Compagnie générale des eaux de sa demande, le tribunal d'instance de Montpellier, dans un jugement rendu le 25 novembre 1996, a retenu que celle-ci devait apporter, pour justifier du montant élevé de la facture (11 415,88 F) que des modifications substantielles étaient intervenues dans la consommation d'eau de son abonné ou qu'une fuite d'eau après compteur existait sur les installations. La voie de l'appel étant fermée, s'agissant d'un litige d'un montant inférieur à 3 800 €, seul un pourvoi en cassation était ouvert. C'est cette voie de recours extraordinaire que la Compagnie générale des eaux a exercé contre le jugement rendu en premier et dernier ressort par le tribunal d'instance de Montpellier.

Le tribunal avait estimé que la Compagnie générale des eaux devait, en raison du caractère élevé de la dernière facture par rapport aux habitudes de consommation de son client, établir qu'une modification était intervenue dans sa consommation ou qu'une fuite d'eau dont il était responsable pouvait être à l'origine de cette surconsommation d'eau. C'est ce motif qui lui vaut la cassation (pour violation de la loi) de la première Chambre civile dans cet arrêt rendu le 30 mars 1999, car, énonce la Cour de cassation au visa de l'article 1315, alinéa 2, « il incombait à M. Albou d'établir le fait ayant produit l'extinction de son obligation, le tribunal (ayant) inversé la charge de la preuve et violé le texte susvisé ».

La question de droit était donc de savoir à qui incombe la charge de la preuve de l'existence et de l'étendue d'une créance de fourniture d'eau, lorsque les indications du compteur d'eau font apparaître une modification anormalement élevée par rapport aux habitudes de consommation du client ?

Le procès possède des ressemblances avec un jeu de balle où les adversaires se trouvent à tour de rôle dans la situation de devoir faire la preuve des faits nécessaires à leur succès (le procès possède lui aussi normalement son « gagnant » et son « perdant »). *Actori incumbit probatio,* énonce un adage latin : demandeur et défendeur y assument l'un et l'autre, tour à tour, le rôle de demandeur s'agissant des faits dont ils ont respectivement la charge. C'est cette dialectique du procès que restitue parfaitement l'article 1315 du Code civil en deux alinéas, dans un style d'une concision remarquable.

« Celui qui réclame l'exécution d'une obligation doit la prouver » (art. 1315, al. 1).

« Réciproquement, celui qui se prétend libéré, doit justifier le paiement ou le fait qui a produit l'extinction de son obligation » (art. 1315, al. 2).

C'est la logique de ce combat mené dans l'arène judiciaire, c'est cette dialectique du procès que nous reprendrons, dans la lignée de l'article 1315 du Code civil...

I | La preuve de l'existence de l'obligation incombe au créancier

Poser la question « sur qui doit peser la charge de la preuve ? » revient à se demander également ce qui doit être prouvé, « quel est l'objet de la preuve ? ». On rappellera, mais pour mémoire seulement, qu'en matière civile, le juge voit ses pouvoirs d'instruction réduits aux moyens de droit qui peuvent être relevés d'office par les juges du fond. Le juge civil n'est pas autorisé à suppléer par des mesures d'instructions la carence d'une partie dans l'administration de la preuve (conséquence du principe dispositif, rappelée par l'article 146, al. 2 du NCPC). Il en va différemment dans le procès pénal où un juge est spécialement chargé de l'instruction et où, également, les magistrats du parquet (le procureur de la République et ses différents substituts) occupent la place de partie principale au procès, ou de partie jointe au côté de la victime.

A - La charge de la preuve

Il est naturel que la charge d'établir la preuve de l'existence d'une créance, revienne à celui qui s'en prévaut. La justice procédurale rend à chacun le sien *(suum cuique tribuendi)*, en faisant supporter à chaque partie le fardeau des éléments qui sont nécessaires au succès de ses prétentions.

C'est cette règle de bon sens et de bonne justice que rappelle l'article 1315. Les règles de preuve diffèrent selon qu'il s'agit d'un acte juridique ou d'un fait juridique. Tandis que la preuve des faits juridiques est libre, la preuve des actes juridiques est en principe soumise à l'exigence d'un écrit lorsque la créance que cet acte constate, est d'un montant supérieur à 800 € (art. 1341, C. civ.). La règle admet des exceptions qui sont prévues aux articles 1347 et 1348 du Code civil. On rappellera également que, s'agissant d'un acte conclu entre deux commerçants ou d'un *acte mixte* conclu, comme en l'espèce, entre un commerçant et un non-commerçant, la preuve est libre lorsqu'elle est opposée au commerçant (art. 109 du Code de commerce, devenu art. L. 110-3 du nouveau Code de commerce).

B - L'objet de la preuve

La preuve qui soutient la demande de la Compagnie générale des eaux est, en réalité, double. Celle-ci supporte deux exigences : la preuve de l'existence d'un contrat d'abonnement qui constitua la base de légitimité des droits acquis ultérieurement en qualité de fournisseur d'eau contre son client ; la preuve, dans un second temps, de la fourniture d'eau, cause impulsive et déterminante des créances qui naissent à exécution successive, au fur et à mesure de sa livraison (et qui est décompté généralement de façon prévisionnelle et provisionnelle tous les mois ou tous les trois mois, ou alors de façon définitive sur relevés du compteur d'eau).

L'existence d'un contrat d'abonnement ne fait pas difficulté en l'espèce, puisque ce fait n'était pas contesté par le défendeur. Ce que conteste le client, c'est l'existence de la créance de fourniture d'eau et, plus précisément, son étendue.

Cette créance est fixée, on l'a rappelé, unilatéralement par la Compagnie générale des eaux, sur relevé effectué par ses préposés. Ce mode d'établissement de la créance de fourniture d'eau supporte deux sortes de critiques. Le relevé est effectué unilatéralement par les agents de la Compagnie générale des eaux, et non contradictoirement comme on pourrait l'exiger en toute rigueur. De même, les compteurs sont la propriété du fournisseur, compteurs dont il conserve à distance (par l'intermédiaire de ses agents) la garde et la maîtrise. On peut se demander si l'établissement de l'existence et du montant de la créance unilatéralement par le créancier sur simple relevé effectué par des personnes qui lui sont subordonnées juridiquement, ne rend pas cette créance contestable, en vertu du principe suivant lequel nul ne peut se constituer de preuve à soi-même.

Sans doute que le procédé de l'établissement de la créance sur simple relevé de compteur, encoure la critique. Il n'est pas fiable à 100 %, et reste sous la maîtrise et le contrôle du créancier. Mais, l'établissement de la créance de fourniture d'eau suivant compteur, rend son existence vraisemblable. Même si le raisonnement du juge n'est pas explicitement relaté dans l'arrêt, il est certain que les juges du fond se sont, en l'occurrence, appuyés sur cet indice pour forger leur intime conviction : il s'agit d'une lumière laissée à l'entière appréciation des juges du fait. C'est cette présomption de fait qui permet au juge de tirer d'un fait connu (l'indication fournie par le compteur) un fait inconnu (la consommation effective du client).

Une raison économique emporte également cette solution : ne pas surenchérir démesurément un service quasiment public (qui aujourd'hui ne possède pas l'eau courante !) en installant des compteurs d'une très haute fiabilité ou imposer un relevé effectué contradictoirement, c'est-à-dire en présence des deux parties présentes ou représentées. Le contrat d'abonnement au service des eaux est un contrat de consommation très courant qui, pour son bon fonctionnement, ne doit pas supporter des charges qui ne manqueraient pas, au final, de se répercuter sur les prix à la consommation, au détriment de l'intérêt bien compris de tous.

Enfin, dernier argument, tiré celui-là de la pratique, les juges savent que les cas d'erreur de comptage ou de panne de compteur sont certainement moins nombreux que les cas de fraude.

Il faut, en dernier lieu, répondre à une critique éventuelle que pourrait faire valoir le client. La créance de la Compagnie générale des eaux étant d'un montant supérieur à 800 €, ne devait-elle pas être dûment constatée dans un écrit. C'est omettre, cependant, répondrons-nous, que la créance résulte d'un fait juridique et non d'un acte juridique, ce fait étant la fourniture d'eau.

L'existence de la créance étant établie, il appartenait, rappelle la Cour de cassation, au débiteur de rapporter la preuve de sa libération, et, si celle-ci résulte du paiement, de prouver ce fait. La balle était désormais dans son camp...

II | La preuve de l'extinction de l'obligation incombe au débiteur

On envisagera, derechef, et s'agissant cette fois-ci de l'extinction de la créance, la charge de la preuve puis l'objet de la preuve.

A - La charge de la preuve

Il est naturel là encore que, le créancier ayant rapporté la preuve de l'existence de sa créance, dans son principe comme dans son étendue, il revienne au débiteur cette fois-ci de rapporter le fait justifiant l'extinction de son obligation corrélative.

L'extinction de l'obligation (son anéantissement, pour faire simple) peut résulter de divers événements : le paiement, la novation, la remise volontaire, la compensation, la confusion, la perte de la chose, la nullité, la rescision, l'avènement d'une condition résolutoire et, enfin, la prescription (liste établie à l'article 1234 du Code civil). Seul le paiement réalise l'extinction de l'obligation par réalisation de son objet (donner, faire, ne pas faire). On dit ainsi qu'elle est un mode *satisfactoire* (parce qu'il apporte satisfaction) d'extinction.

En l'espèce, l'extinction de l'obligation résulte d'un paiement. Quoique la nature juridique du paiement soit encore discutée en doctrine (s'agit-il d'un acte ou d'un fait juridiques ?), on admet que le débiteur puisse prouver son paiement en rapportant une quittance délivrée par son créancier, ou le titre représentatif (reconnaissance de dette, titre négociable, etc.) de la créance (sa remise fait présumer le paiement), ou encore par tout autre procédé utile (photocopie de chèque, relevé de compte bancaire, etc.). Ici, le débiteur est l'auteur d'un paiement seulement partiel (5 000 F sur les 11 415,88 dus). Or, comme énonce une vieille maxime, « qui paie mal, ne paie pas ». Autrement dit, le client reste débiteur des sommes restantes, du solde sur lequel il devra des dommages-intérêts moratoires (du latin *mora,* retard) légaux ou conventionnels.

B - L'objet de la preuve

La contestation du client peut avoir deux objets : invoquer l'extinction de la créance ; ou contester son existence.

Sur le premier point, notre débiteur ne soutient aucunement être l'auteur d'un paiement intégral et, comme tel, parfaitement *libératoire.*

L'objet de la contestation du client de la Compagnie générale des eaux porte sur l'existence de la créance. Il impute son caractère exceptionnellement élevé à une fuite d'eau ou à tout autre fait dont il ne serait pas responsable. Peut-être son raisonnement emprunte-t-il à l'article 1147 du Code civil. Ce texte prévoit l'exonération du débiteur contractuel en présence d'un cas fortuit ou de force majeure rendant l'exécution impossible. Mais ce texte est hors de portée ici, puisque l'exécution (payer une somme d'argent) n'est pas impossible.

Le litige porte bien sur l'existence de l'obligation, et non sur son exécution. On voit donc qu'en l'espèce, le débiteur se retrouve à devoir prouver contre une créance qui, sans être sérieusement contestable, était tout de même contestée. Il existait bel et bien un doute sur l'existence de la créance. Ce doute profite ici au créancier au détriment du débiteur, car ses droits profitent de la vraisemblance d'une situation (l'affichage du compteur d'eau). En raisonnant sur l'alinéa second de l'article 1315 (« ... celui qui se prétend libéré doit prouver le payement... », la Cour de cassation est peut-être davantage coupable que les juges du fond du renversement de la charge de la preuve qu'elle leur reproche, même si sa solution est, on l'a dit suffisamment dit, équitable.

Observations complémentaires

Remarques générales

1 / *Sur l'introduction :* elle est construite par des éléments divers que l'on a reconnus (entrée en matière, faits, procédure, thèses en présence, question de droit et annonce de plan) mais qui n'ont pas à être distingués, d'où la rédaction linéaire. Le choix d'introduire le commentaire d'arrêt par une « entrée en matière », par une « phrase d'accroche », dépend de chaque professeur. On rappellera seulement qu'il est impératif de qualifier juridiquement les parties dans l'exposé des faits, et surtout, dans la formulation du problème de droit. L'annonce du plan implique un véritable effort de présentation, voire de justification. Les annonces trop scolaires du type – « on envisagera dans une première partie... » – doivent être évitées.

2 / *Sur le choix du plan :* le plan doit proposer une ventilation cohérente des développements et montrer une progression linéaire du raisonnement. On doit, par les mots, suivre l'idée. Les plans les plus simples sont les meilleurs. Mais il faut éviter les intitulés fourre-tout, surtout, et c'est fréquent, lorsqu'ils ne cadrent pas avec le contenu des développements (du style – « le domaine... », « la portée... », « la finalité... », « l'interprétation... », etc.). Les intitulés doivent emprunter une terminologie rigoureuse, aussi juridique que possible et, surtout, utiliser les termes adéquats lorsqu'ils s'imposent.

Ne croyez pas à la « méthode miracle » qui consiste à trouver le plan en découpant simplement la solution. Il en va souvent de la solution de droit comme d'un cheveu. Le « saucissonnage » de la solution ne tient pas lieu d'acte d'intelligence.

3 / *Sur les développements :* le bon commentaire résulte d'un savant dosage effectué entre la décision et les connaissances générales connues de tous (ou censées l'être). Ce que le droit apporte à la décision, ce que la décision apporte au droit. Il est donc expédient de faire un aller-retour incessant du fait au droit et réciproquement. Ce qui distingue le professeur de l'étudiant, c'est que les mots et les formules que ce dernier aura simplement appris par cœur, lui parlent. Le professeur sait ce que sont une « faute » ou un « vice caché », ce que les mots « lien de causalité » ou « troubles anormaux de voisinage » veulent dire. Pour cette raison qu'il connaît également la jurisprudence. La décision de justice donne à la loi une signification concrète qu'elle n'avait pas auparavant. Ce qui fait lien entre le droit et le fait, s'appelle l'interprétation. Le commentaire d'arrêt consiste, en somme, à restituer l'apport, l'éclairage qu'une décision ajoute au donné du droit existant.

Remarques particulières au sujet

1 / Le commentaire a amené à traiter de la question de l'*extinction* de l'obligation. Celle-ci étant étudiée de manière approfondie dans le chapitre du cours de droit des obligations (DEUG 2e année) consacré au régime de l'obligation, seules des vues sommaires étaient ici attendues de l'étudiant.

2 / Pour aller plus loin, cf. la thèse classique de Mme Nicole Catala, *La nature juridique du paiement,* préf. J. Carbonnier, LGDJ, 1961.

3 / Étymologie : on dit que le paiement « libère » le débiteur, souvenir des temps historiques où le créancier, si son débiteur ne payait pas à l'échéance convenue et s'il ne pouvait pas fournir de caution, pouvait l'enfermer dans sa prison et l'enchaîner ou le faire travailler à son profit jusqu'à apurement de la dette, ou encore le vendre comme esclave sur un marché, voire le mettre à mort. La prison pour dette est heureusement abolie, en matière civile, depuis le milieu du XIXe siècle.

Leçon 10

Les juridictions et le procès

Cas pratiques

Jean-René Binet*

I | Déterminez la juridiction compétente dans les litiges suivants

1 / Litige entre deux commerçants en raison du non-respect d'un délai de livraison.

2 / Litige entre un salarié et son employeur à propos du paiement du salaire dû.

3 / Litige entre une victime et un responsable à propos d'un préjudice de 7 000 €

4 / Litige entre deux voisins en raison d'un trouble anormal de voisinage ayant occasionné un préjudice de 1 000 €.

5 / Litige entre deux ex-époux à propos de la prestation compensatoire de 3 000 € due par l'un à l'autre.

6 / Litige entre une victime et un responsable à propos d'un préjudice de 9 000 €.

7 / Litige entre l'État et l'auteur d'un vol à main armée.

8 / Litige entre un commerçant installé à Toulouse et un commerçant installé à Paris relatif à un contrat d'approvisionnement exclusif contenant une clause attributive de compétence rendant les juridictions parisiennes seules compétentes. Le demandeur est le commerçant parisien.

* Maître de conférences à la faculté de droit de Besançon.

9 / Litige relatif à la vente d'une automobile pour un montant de 10 000 €, entre un particulier domicilié à Bordeaux et un particulier domicilié à Besançon. C'est le Bordelais qui agit.

Remarque d'ordre général

Le but de ce type d'exercice est de permettre à l'étudiant d'envisager la plupart des questions qui peuvent se poser en termes de compétence juridictionnelle. La répétition des exercices doit le conduire à assimiler la structure de raisonnement propre à ces questions. De la même façon que le jeune musicien, le jeune juriste doit consentir l'effort de ces exercices qui semblent peu passionnants de prime abord, mais dont il appréciera l'efficacité lorsqu'il sera confronté à une situation (une œuvre) plus complexe, dans laquelle le problème de compétence ne sera qu'un élément qu'il faudra savoir traiter efficacement pour ne pas y perdre un temps souvent précieux.

La difficulté des exercices proposés est croissante. Au terme de ceux-ci, l'étudiant pourra aborder une étude de cas.

1. Litige entre deux commerçants en raison du non-respect d'un délai de livraison

Remarque

Il s'agit ici, comme pour les études suivantes, de déterminer la compétence juridictionnelle en fonction des éléments qui sont fournis. On sait que la question de la compétence a deux dimensions : compétence matérielle et compétence territoriale. Ici, puisque nous n'avons aucun élément géographique, il ne s'agit de s'intéresser qu'à la seule compétence matérielle.

Solution

La compétence matérielle, ou *ratione materiæ,* est celle qui est attribuée en fonction de la nature du litige. En l'espèce, deux points nous intéresseront : les parties concernées et l'objet de leur litige. Le litige tout d'abord, est lié à un délai de livraison. Il s'agit donc d'une modalité d'exécution d'un contrat. Le litige, relatif à un contrat, porte donc sur un acte juridique. Cet acte juridique, ensuite, unit deux parties qui, toutes deux, ont la qualité de commerçant. L'acte juridique conclut entre deux commerçants dans le cadre de leur activité commerciale est un acte de commerce. Déterminer la compétence juridictionnelle en l'espèce revient donc à déterminer la juridiction matériellement compétente pour connaître d'un litige relatif à l'exécution d'un acte de commerce entre deux commerçants. En vertu de l'article L. 411-4 du Code de l'organisation judiciaire, le tribunal de commerce est seul compétent.

Ce qu'il ne fallait pas faire

Confronté à une question aussi courte et appelant une solution tombant tellement sous le sens, l'étudiant aurait pu vouloir apporter la réponse directement, c'est-à-dire avancer que le tribunal de commerce est compétent et s'en contenter. Il aurait alors oublié l'essentiel, qui n'est pas dans la solution, mais dans la qualification juridique des faits qui seule peut conduire à la solution. En l'espèce, cette qualification était aisée. Ce n'est cependant pas une raison pour ne pas y procéder. Prendre dès à présent l'habitude d'opérer la qualification juridique des faits, c'est tout à la fois prendre une bonne habitude et éviter d'en prendre une mauvaise. Rien n'est plus naturel dans le comportement qu'une bonne habitude contractée de bonne heure. Rien n'est plus difficile à perdre qu'une mauvaise habitude.

2. Litige entre un salarié et son employeur à propos du paiement du salaire dû

Remarque

La remarque faite pour la question 1 vaut encore ici. Aucun élément géographique, on ne s'intéressera donc qu'à la compétence matérielle.

Solution

La compétence matérielle, ou *ratione materiæ,* est celle qui est attribuée en fonction de la nature du litige. En l'espèce, deux points nous intéresseront : les parties concernées et l'objet de leur litige.

Les parties, d'abord, sont un salarié et son employeur, c'est-à-dire deux personnes liées par un contrat de travail. Le litige, ensuite, porte sur le paiement du salaire dû en vertu de ce contrat de travail, c'est-à-dire qu'il porte sur l'exécution de ce contrat. Il s'agit donc, en l'espèce, de déterminer la juridiction matériellement compétente pour connaître d'un litige relatif à l'exécution du contrat de travail entre un employeur et un salarié. En vertu de l'article L. 511-1 du Code du travail, le conseil de prud'hommes est seul compétent pour en connaître.

Ce qu'il ne fallait pas faire

Aller directement à la solution, sans consentir l'effort de qualification. Les conseils donnés pour la question 1 valent pour cette question.

3. Litige entre une victime et un responsable à propos d'un préjudice de 7 000 €

Remarque

Encore une fois, nous ne disposons d'aucun élément de nature géographique. Il s'agira donc, une fois de plus, de déterminer la compétence matérielle de la juridiction. Cependant, à la différence des deux premiers exercices, le montant du litige est ici chiffré. La précision du montant du litige peut avoir de l'importance. À ce stade, l'étudiant doit avoir l'esprit en éveil pour ne pas risquer de passer à côté de la difficulté.

Solution

La compétence matérielle, ou *ratione materiæ,* est celle qui est attribuée en fonction de la nature du litige. En l'espèce, deux points nous intéresseront : les parties concernées et l'objet de leur litige. Les parties, d'abord, sont présentées comme une victime et un responsable. Le litige qui les oppose, ensuite, est lié à un préjudice. Il s'agit donc d'une hypothèse de responsabilité. La responsabilité peut être de plusieurs natures. Ce peut être la responsabilité civile, pénale, ou encore administrative. La responsabilité administrative ne concerne que les personnes morales de droit public dans leurs relations avec les administrés. Ce n'est manifestement pas le cas en l'espèce. La responsabilité pénale n'intervient, quant à elle, qu'entre l'État et un délinquant. Encore une fois, l'hypothèse présentée ne répond pas à ces conditions. Par conséquent, le litige porte sur une action en responsabilité civile. On peut préciser qu'il s'agit de responsabilité civile délictuelle, car en matière de responsabilité contractuelle on ne parlera pas de victime, mais de créancier d'une obligation inexécutée. Cette action est de nature civile. Elle porte sur un montant de 7 000 €.

En matière civile, la compétence pour connaître d'une action au premier degré peut revenir à trois juridictions. C'est le montant de la demande qui va souvent permettre de déterminer laquelle des trois est seule compétente. Lorsque l'affaire porte sur un montant n'excédant pas 1 500 €, qu'en outre l'affaire concerne les besoins non professionnels d'une personne physique, la compétence est dévolue, en vertu de l'article L. 331-2 du Code de l'organisation judiciaire, à la juridiction de proximité. Lorsque l'affaire porte sur un montant supérieur à 1 500 €, mais n'excédant pas 7 600 €, c'est le tribunal d'instance qui, en vertu de l'article R. 321-1 du Code de l'organisation judiciaire, est compétent pour connaître de l'affaire soit en premier et dernier ressort (jusqu'à 3 800 €), soit à charge d'appel (au-delà). Quand l'affaire porte sur un montant excédant 7 600 €, le tribunal de grande instance est compétent en vertu de l'article R. 311-1 lui reconnaissant une compétence de principe pour connaître de toutes les affaires pour lesquelles compétence n'est pas attribuée expressément à une autre juridiction, en raison de la nature de l'affaire ou du montant de la demande.

En l'espèce, le litige portant sur 7 000 €, c'est le tribunal d'instance qui est compétent pour connaître de l'affaire à charge d'appel.

Ce qu'il ne fallait pas faire

Omettre la question du montant du litige et se contenter de reconnaître la compétence à une juridiction civile indéterminée ou aux juridictions civiles en général. Une autre erreur aurait consisté à envisager la compétence du tribunal d'instance sans envisager, pour les exclure, celles du tribunal de grande instance et de la juridiction de proximité. Enfin, le tribunal d'instance ayant un taux de ressort, l'étudiant devait retenir sa compétence et préciser qu'en raison du montant du litige, supérieur au taux de ressort (3 500 €, à ne pas confondre avec le taux de compétence qui est de 7 600 €), le tribunal est amené à juger à charge d'appel.

4. Litige entre deux voisins en raison d'un trouble anormal de voisinage ayant occasionné un préjudice de 1 000 €

Remarque

Cette question appelle le même raisonnement que la précédente. Seule la solution sera différente en raison du montant du litige qui n'est pas le même.

Solution

La compétence matérielle, ou *ratione materiæ,* est celle qui est attribuée en fonction de la nature du litige. En l'espèce, deux points nous intéresseront : les parties concernées et l'objet de leur litige. Les parties, d'abord, sont présentées comme une victime et un responsable. Le litige qui les oppose, ensuite, est lié à un préjudice. Il s'agit donc d'une hypothèse de responsabilité. La responsabilité peut être de plusieurs natures. S'agissant d'un trouble anormal de voisinage, il convient de dire que la responsabilité encourue, fondée sur l'article 1382 du Code civil, est de nature civile. C'est une action personnelle mobilière. En l'espèce, elle porte sur un montant de 1 000 €.

En matière civile, la compétence pour connaître d'une action au premier degré peut revenir à trois juridictions. C'est le montant de la demande qui va souvent permettre de déterminer laquelle des trois est seule compétente. Lorsque l'affaire porte sur un montant n'excédant pas 1 000 €, qu'en outre l'affaire concerne les besoins non professionnels d'une personne physique, la compétence est dévolue, en vertu de l'article L. 331-2 du Code de l'organisation judiciaire, à la juridiction de proximité. Lorsque l'affaire porte sur un montant supérieur à 1 500 €, mais n'excédant pas 7 600 €, c'est le tribunal d'instance qui, en vertu de l'article R. 321-1 du Code de l'organisation judiciaire, est compétent pour connaître de l'affaire soit en premier et dernier ressort (jusqu'à 3 800 €), soit à charge d'appel (au-delà). Quand l'affaire porte sur un montant excédant 7 600 €, le tribunal de grande instance est compétent en vertu de l'article R. 311-1 lui reconnaissant une compétence de principe pour connaître de toutes les affaires pour lesquelles compétence n'est pas attribuée expressément à une autre juridiction, en raison de la nature de l'affaire ou du montant de la demande.

En l'espèce, le litige portant sur un montant de 1 000 €, n'excédant pas le taux de compétence de la juridiction de proximité, c'est cette dernière juridiction qui doit être saisie.

Ce qu'il ne fallait pas faire

Les indications de la question 3 valent pour cette question.

5. Litige entre deux ex-époux à propos de la prestation compensatoire de 3 000 € due par l'un à l'autre

Remarque

Pour l'essentiel, cette question appelle le même raisonnement que la précédente. Seule la solution sera différente en raison, cette fois, de la spécificité de la demande.

Solution

La compétence matérielle, ou *ratione materiæ,* est celle qui est attribuée en fonction de la nature du litige. En l'espèce, deux points nous intéresseront : les parties concernées et l'objet de leur litige. Il s'agit d'un conflit opposant deux ex-époux au sujet de la prestation compensatoire due par l'un à l'autre. La prestation compensatoire, prévue par l'article 270 du Code civil (modifié à compter du 1er janvier 2005 par la loi n° 2004-439 du 27 mai 2004 relative au divorce) est une conséquence pécuniaire du divorce. En vertu de l'article 247 du Code civil, le tribunal de grande instance est seul compétent pour se prononcer sur le divorce et ses conséquences. Cette hypothèse relève de la compétence exclusive du tribunal de grande instance (C. org. jud., art. L. 311-2). Par conséquent, en l'espèce, la juridiction compétente pour connaître de cette action est le tribunal de grande instance.

Ce qu'il ne fallait pas faire

Il ne fallait pas accorder d'importance au montant de la demande et retenir la compétence du tribunal d'instance, car la question relevait de la compétence exclusive du tribunal de grande instance. C'était un piège tendu à dessein par l'auteur de l'exercice. Quand on s'y fait prendre une fois, on est plus prudent la seconde fois. Le tribunal de grande instance est compétent pour diverses matières, déterminées par les lois et règlements. Ces matières sont répertoriées *sous* (et non pas dans) l'article L. 311-2 du Code de l'organisation judiciaire (autrement dit, ce n'est pas le texte même de l'article qui fournit la liste des compétences exclusives). Il n'est pas du tout évident d'être en possession de ce Code le jour de l'épreuve de droit civil. En revanche, il est aisé d'aller le consulter en bibliothèque dans le cadre de sa préparation et d'en mémoriser la substance.

6. Litige entre une victime et un responsable à propos d'un préjudice de 9 000 €

Remarque

Il s'agit du même problème que dans la question 3. Seul le montant du préjudice diffère et conduira peut-être à une solution différente.

Solution

La compétence matérielle, ou *ratione materiæ,* est celle qui est attribuée en fonction de la nature du litige. En l'espèce, deux points nous intéresseront : les parties concernées et l'objet de leur litige. Les parties, d'abord, sont présentées comme une victime et un responsable. Le litige qui les oppose, ensuite, est lié à un préjudice. Il s'agit donc d'une hypothèse de responsabilité. La responsabilité peut être de plusieurs natures. Ce peut être la responsabilité civile, pénale, ou encore administrative. La responsabilité administrative ne concerne que les personnes morales de droit public dans leurs relations avec les administrés. Ce n'est manifestement pas le cas en l'espèce. La responsabilité pénale n'intervient, quant à elle, qu'entre l'État et un délinquant. Encore une fois, l'hypothèse présentée ne répond pas à ces conditions. Par conséquent, le litige porte sur une action en responsabilité civile. On peut préciser qu'il s'agit de responsabilité civile délictuelle, car en matière de responsabilité contractuelle on ne parlera pas de victime, mais de créancier d'une obligation inexécutée. Cette action est de nature civile. Elle porte sur un montant de 9 000 €.

En matière civile, la compétence pour connaître d'une action au premier degré peut revenir à trois juridictions. C'est le montant de la demande qui va souvent permettre de déterminer laquelle des trois est seule compétente. Lorsque l'affaire porte sur un montant n'excédant pas 1 500 €, qu'en outre l'affaire concerne les besoins non professionnels d'une personne physique, la compétence est dévolue, en vertu de l'article L. 331-2 du Code de l'organisation judiciaire, à la juridiction de proximité. Lorsque l'affaire porte sur un montant supérieur à 1 500 €, mais n'excédant pas 7 600 €, c'est le tribunal d'instance qui, en vertu de l'article R. 321-1 du Code de l'organisation judiciaire, est compétent pour connaître de l'affaire soit en premier et dernier ressort (jusqu'à 3 800 €), soit à charge d'appel (au-delà). Quand l'affaire porte sur un montant excédant 7 600 €, le tribunal de grande instance est compétent en vertu de l'article R. 311-1 lui reconnaissant une compétence de principe pour connaître de toutes les affaires pour lesquelles compétence n'est pas attribuée expressément à une autre juridiction, en raison de la nature de l'affaire ou du montant de la demande.

En l'espèce, le litige portant sur 9 000 €, c'est le tribunal de grande instance qui est compétent pour connaître de l'affaire à charge d'appel.

Ce qu'il ne fallait pas faire

Omettre la question du montant du litige et se contenter de reconnaître la compétence à une juridiction civile indéterminée ou aux juridictions civiles en général. Une autre erreur aurait consisté à envisager la compétence du tribunal de grande instance sans envisager, pour les exclure, celles du tribunal d'instance et de la juridiction de proximité.

7. Litige entre l'État et l'auteur d'un vol à main armée

Remarque

Il s'agit ici d'un problème de compétence matérielle faisant intervenir l'État. C'est dans cette intervention que gît la difficulté de l'exercice.

Solution

La compétence matérielle, ou *ratione materiæ,* est celle qui est attribuée en fonction de la nature du litige. En l'espèce, deux points nous intéresseront : les parties concernées et l'objet de leur litige. Les parties, sont ici l'État et l'auteur d'un vol à main armée. Cette affaire est de nature pénale. En matière pénale, la compétence des juridictions dépend de la qualification de l'infraction. C'est le tribunal de police et le juge de proximité qui sont compétents pour les contraventions. Le tribunal correctionnel est compétent pour les délits. La cour d'assises est compétente pour les crimes. C'est l'importance de la peine qui permet d'opérer la qualification de l'infraction. Les peines criminelles sont la réclusion ou la détention criminelle à perpétuité ou à temps de dix au moins. Les peines correctionnelles sont l'emprisonnement de six mois à dix ans et l'amende. Les peines contraventionnelles sont principalement des amendes d'un montant inférieur à 1 500 €.

En l'espèce, l'infraction est un vol à main armée. En vertu de l'article 311-8 du Code pénal, il est puni de vingt ans de réclusion criminelle et de 150 000 € d'amende. Il s'agit donc d'un crime. La cour d'assises est compétente.

Ce qu'il ne fallait pas faire

Penser qu'il s'agissait d'un litige de droit administratif parce que l'État était mentionné ou d'un litige de droit des biens en raison de la dépossession résultant du vol. Une autre erreur aurait consisté à retenir la compétence du tribunal correctionnel sur le fondement de l'article 311-3 du Code pénal punissant le vol de trois ans d'emprisonnement et de 45 000 € d'amende, sans voir qu'en l'espèce il s'agissait d'un vol aggravé.

8. Litige entre un commerçant installé à Toulouse et un commerçant installé à Paris relatif à un contrat d'approvisionnement exclusif contenant une clause attributive de compétence rendant les juridictions parisiennes seules compétentes. Le demandeur est le commerçant parisien

Remarque

Même chose que pour l'exercice précédent, on dispose d'indications nous invitant à envisager la compétence sous les deux angles : compétence matérielle et territoriale. Deux éléments viennent en outre compliquer les choses : la qualité des parties et la présence d'une clause relative à la compétence.

Solution

La compétence matérielle, ou *ratione materiæ,* est celle qui est attribuée en fonction de la nature du litige. En l'espèce, deux points nous intéresseront : les parties concernées et l'objet de leur litige. Les parties concernées sont deux commerçants. Leur litige porte sur un contrat relatif à leur activité commerciale. Il s'agit donc d'une demande relative à un acte de commerce entre commerçants. En vertu de l'article L. 411-4 du Code de l'organisation judiciaire, ce litige relève de la compétence du tribunal de commerce.

La compétence territoriale, ou *ratione loci,* est celle qui est attribuée en raison du lieu. Par application de la maxime *actor sequitur forum rei,* sa détermination dépend, en principe, du lieu du domicile du défendeur. C'est ce dont dispose l'article 42 du NCPC : « La juridiction territorialement compétente est, sauf disposition contraire, celle du lieu où demeure le défendeur. » Le Nouveau Code de procédure civile prévoit des exceptions à ce principe. La clause d'attribution de compétence territoriale en est une. D'après l'article 48, une telle clause est nulle sauf si elle a été stipulée entre des parties ayant contracté en qualité de commerçant et spécifiée de façon très apparente dans l'engagement de la partie à qui elle est opposée. En l'espèce, on sait que les deux parties ont contracté en qualité de commerçant. Par conséquent la première condition de validité de la clause est respectée. En revanche, on ignore si cette clause a été spécifiée de façon très apparente.

Par conséquent, si cette seconde condition est respectée, la clause pourra produire ses effets : le tribunal de commerce de Paris sera compétent. En revanche si cette condition n'est pas respectée, la clause ne pourra s'appliquer. La juridiction territorialement compétente sera alors déterminée par application de l'article 42. Le défendeur étant le commerçant toulousain, le tribunal de commerce de Toulouse sera compétent.

Ce qu'il ne fallait pas faire

Dans cet exercice, il ne fallait pas omettre de s'attacher à la qualité des parties dont dépendaient tant la compétence *ratione materiæ* que la compétence *ratione loci* par le jeu de la clause d'attribution de compétence territoriale. Les choses étaient cependant assez simples, car la qualité des parties était spécifiée. On aurait pu se trouver confronté à un énoncé ne faisant que donner des indications sur la profession de chaque partie. Il aurait alors fallu en déduire leur qualité. Autre erreur qui aurait pu être commise, foncer bille en tête sur l'application de la clause sans rappeler le principe d'attribution de compétence territoriale en raison du domicile du défendeur à l'action. Enfin, il fallait impérativement vérifier les conditions de validité de la clause et, dans le doute, exposer les deux solutions possibles.

9. Litige relatif à la vente d'une automobile pour un montant de 10 000 €, entre un particulier domicilié à Bordeaux et un particulier domicilié à Besançon. C'est le Bordelais qui agit

Remarque

Cet exercice est de la même nature que le précédent. L'étudiant qui a consciencieusement travaillé jusqu'ici devrait s'y sentir très à l'aise. Si c'est le cas, il pourra envisager sans peine le cas pratique qui est proposé à la suite.

Solution

La compétence matérielle, ou *ratione materiæ,* est celle qui est attribuée en fonction de la nature du litige. En l'espèce, deux points nous intéresseront : les parties concernées et l'objet de leur litige.

Les parties concernées sont deux particuliers. Leur litige porte sur un contrat qui a nécessairement une nature civile.

En matière civile, la compétence pour connaître d'une action au premier degré peut revenir à trois juridictions. C'est le montant de la demande qui va souvent permettre de déterminer laquelle des trois est seule compétente. Lorsque l'affaire porte sur un montant n'excédant pas 1 500 €, qu'en outre l'affaire concerne les besoins non professionnels d'une personne physique, la compétence est dévolue, en vertu de l'article L. 331-2 du Code de l'organisation judiciaire, à la juridiction de proximité. Lorsque l'affaire porte sur un montant supérieur à 1 500 €, mais n'excédant pas 7 600 €, c'est le tribunal d'instance qui, en vertu de l'article R. 321-1 du Code de l'organisation judiciaire, est compétent pour connaître de l'affaire soit en premier et dernier ressort (jusqu'à 3 800 €), soit à charge d'appel (au-delà). Quand l'affaire porte sur un montant excédant 7 600 €, le tribunal de grande instance est compétent en vertu de l'article R. 311-1 lui reconnaissant une compétence de principe pour connaître de toutes les affaires pour lesquelles compétence n'est pas attribuée expressément à une autre juridiction, en raison de la nature de l'affaire ou du montant de la demande.

En l'espèce, le tribunal de grande instance est matériellement compétent pour connaître de cette demande. Reste à déterminer quel tribunal de grande instance doit être saisi.

La compétence territoriale, ou *ratione loci,* est celle qui est attribuée en raison du lieu. Par application de la maxime *actor sequitur forum rei,* sa détermination dépend, en principe, du lieu du domicile du défendeur. C'est ce dont dispose l'article 42 du NCPC : « La juridiction territorialement compétente est, sauf disposition contraire, celle du lieu où demeure le défendeur. » Le Nouveau Code de procédure civile prévoit des exceptions à ce principe, mais aucune ne trouve à s'appliquer en la cause.

Par conséquent, le défendeur à l'action étant bisontin, c'est le tribunal de grande instance de Besançon qui est seul compétent pour connaître de l'action intentée par le particulier bordelais.

Ce qu'il ne fallait pas faire

Ne traiter que la compétence matérielle ou que la compétence territoriale, omettre les règles et répondre sans réfléchir. En principe, tous ces défauts doivent avoir été corrigés à l'occasion des applications précédentes et les exercices portant sur la compétence ne doivent plus vous poser de problèmes. Il est temps pour vous de vous attaquer à un vrai cas pratique.

II | Résoudre le cas pratique suivant

M. François d'Hauteville, domicilié à Caen, rue Demolombe, exerce une activité passionnante. Depuis une dizaine d'années déjà, il achète en gros et à bas prix du sable des plages du débarquement, qu'il revend ensuite à prix d'or dans des bouteilles, aux vétérans de la Seconde Guerre mondiale. Pour éviter les désagréments liés aux mouvements de grève dans les services postaux, il a mis sur pied une tournée de livraison des hôtels de la côte normande, où les clients s'arrachent ses souvenirs.

À l'approche des cérémonies de commémoration du 60e anniversaire du « Jour J », ses affaires devenant de plus en plus prospères, il a dû faire le 1er juin 2004, l'acquisition d'un véhicule de transport d'occasion. Cette acquisition s'est faite auprès d'une personne qu'il croise souvent dans les salons de produits régionaux, Mme Léopoldine Cello, domiciliée à Rennes, place Sainte-Anne. Le métier de cette dernière consiste à réaliser de ses mains des poteries en terre cuite qu'elle vend aux touristes visitant la Normandie et la Bretagne.

La vente du véhicule a été réalisée, en la présence de Mlle Eugénie Petipas, domiciliée à Besançon, square Saint-Amour, entre deux personnes liées par de sincères sentiments d'amitié et d'estime mutuelle, dès lors, nul n'a jugé bon de rédiger un quelconque écrit bien que la somme en jeu fût importante (4 000 €). Il a été convenu entre les parties que le prix serait payé quinze jours après que l'acheteur aurait pris possession du véhicule, à Caen. Or, le 15 juin 2004, M. d'Hauteville est revenu voir Mme Cello en lui disant : « Désolé, mais je renonce à l'acquisition car finalement je n'ai aucun besoin de ton camion. »

Perplexe, Mlle Cello vient vous voir. Elle aimerait que vous répondiez aux questions suivantes :

— Comment qualifier cette opération juridique au regard de sa nature et de la qualité des parties ?
— Quelle juridiction devrait-elle saisir si elle voulait obtenir le paiement de la somme qu'elle estime lui être due ?
— Dans cette hypothèse, qui devra prouver et de quelle manière l'opération juridique du 1er avril 2004 ?

Remarque

Le cas pratique proposé déborde la seule question de la compétence. Il porte, en effet, aussi sur la qualification des actes juridiques et la preuve de ceux-ci. Ainsi, en le traitant, l'étudiant va devoir mettre en application les connaissances contenues dans les trois dernières leçons du *Manuel d'introduction au droit* dont le présent ouvrage est le complément naturel. Il devrait trouver dans cette résolution un entraînement complet pour son épreuve de fin de semestre.

Lorsque, comme dans le cas présent, des questions distinctes sont posées, il est hors de propos de les envisager ensemble. Distinctes sont les questions, distinctes doivent être les réponses. Par conséquent, il est conseillé de répondre dans l'ordre aux questions en précisant de quelle question il s'agit chaque fois.

Solution

Le cas pratique qui nous est soumis comprenant trois questions, nous y répondrons en envisageant, en trois points successifs : la qualification de l'acte, la compétence juridictionnelle et la preuve de l'acte.

I | Qualification de l'acte

La qualification d'un acte dépend, notamment, de la qualité des parties. En l'espèce, il est précisé que l'un effectue des opérations d'achat en gros et de revente au détail, tandis que l'autre exerce une activité manuelle consistant en la transformation de matière première en produit destiné à la vente. L'activité du premier constitue un achat pour revendre, c'est-à-dire un acte de commerce. Il est donc commerçant. L'activité du second, essentiellement manuelle, fait de lui un artisan, soumis au droit civil. L'acte d'acquisition du véhicule a été réalisé, par le commerçant, pour les besoins de son commerce. Il ne s'agit pas d'un acte de commerce par nature. En effet, il n'est pas dit qu'il l'a acheté pour le revendre, mais pour l'utiliser. Il s'agit donc, à son égard d'un acte civil par nature mais commercial par accessoire. À l'égard de l'artisan l'acte est un acte civil. Cet acte, conclu d'une part, par un commerçant pour les besoins de son activité commerciale et, d'autre part, par une personne civile doit être qualifié d'acte mixte.

II | Compétence juridictionnelle

La question de la compétence juridictionnelle suppose d'envisager la compétence matérielle et la compétence territoriale.

La compétence matérielle, ou *ratione materiæ,* est celle qui est attribuée en fonction de la nature du litige. En l'espèce, deux points nous intéresseront : les parties concernées et l'objet de leur litige. Les parties concernées sont un artisan, soumis au droit civil et un commerçant, soumis au droit commercial dans le cadre de son activité. Leur litige porte sur un acte mixte.

En pareille hypothèse, la compétence matérielle dépend de la qualité de la personne qui prend l'initiative de l'action. Lorsque le demandeur est le particulier, il dispose d'une option de juridiction lui permettant de porter l'action soit devant le tribunal de commerce, soit devant la juridiction civile compétente en raison du montant de l'affaire. Lorsque le commerçant agit, il doit porter l'affaire devant les juridictions civiles.

En l'espèce, l'action serait intentée par Mlle Cello, qui est non commerçante. Elle peut donc saisir, à sa convenance, soit le tribunal de commerce, soit une juridiction civile. Laquelle ?

En matière civile, la compétence pour connaître d'une action au premier degré peut revenir à trois juridictions. C'est le montant de la demande qui va souvent permettre de déterminer laquelle des trois est seule compétente. Lorsque l'affaire porte sur un montant n'excédant pas 1 500 €, qu'en outre l'affaire concerne les besoins non professionnels d'une personne physique, la compétence est dévolue, en vertu de l'article L. 331-2 du Code de l'organisation judiciaire, à la juridiction de proximité. Lorsque l'affaire porte sur un montant supérieur à 1 500 €, mais n'excédant pas 7 600 €, c'est le tribunal d'instance qui, en vertu de l'article R. 321-1 du Code de l'organisation judiciaire, est compétent pour connaître de l'affaire soit en premier et dernier ressort (jusqu'à 3 800 €), soit à charge d'appel (au-delà). Quand l'affaire porte sur un montant excédant 7 600 €, le tribunal de grande instance est compétent en vertu de l'article R. 311-1 lui reconnaissant une compétence de principe pour connaître de toutes les affaires pour lesquelles compétence n'est pas attribuée expressément à une autre juridiction, en raison de la nature de l'affaire ou du montant de la demande.

En l'espèce, la juridiction compétente est, au choix du demandeur, soit le tribunal d'instance, soit le tribunal de commerce. L'une et l'autre juridictions jugeront à charge d'appel. Reste à déterminer quel tribunal d'instance ou quel tribunal de commerce doit être saisi.

La compétence territoriale, ou *ratione loci,* est celle qui est attribuée en raison du lieu. Par application de la maxime *actor sequitur forum rei,* sa détermination dépend, en principe, du lieu du domicile du défendeur. C'est ce dont dispose l'article 42 du NCPC : « La juridiction territorialement compétente est, sauf disposition contraire, celle du lieu où demeure le défendeur. » Le Nouveau Code de procédure civile prévoit des exceptions à ce principe, mais aucune ne trouve à s'appliquer en la cause.

Par conséquent, le défendeur à l'action étant M. d'Hauteville, domicilié à Caen, la juridiction territorialement compétente est la juridiction caennaise.

Mlle Cello, si elle entend agir en justice devra donc saisir soit le tribunal d'instance de Caen, soit le tribunal de commerce de Caen.

III | Preuve de l'acte

Si Mlle Cello entend agir en justice pour obtenir paiement de la somme qu'elle estime lui être due, la question de la preuve de l'acte se posera inévitablement, dès lors que M. d'Hauteville conteste son existence. La question de la preuve nécessite d'abord de déterminer qui doit prouver.

L'article 1315 du Code civil dispose en son alinéa 1er que celui qui réclame l'exécution d'une obligation doit la prouver *(actori incumbit probatio)*. Réciproquement, précise le 2e alinéa, celui qui se prétend libéré doit prouver le paiement ou le fait libératoire *(reus in excipiendo fit actor)*. En vertu de ce texte, c'est donc le demandeur qui doit prouver l'objet de sa demande.

En l'espèce, le demandeur est Mlle Cello. C'est sur elle que pèsent la charge et le risque de la preuve. Que doit-elle prouver ?

L'objet de la preuve peut être un fait juridique, événement volontaire ou involontaire auquel la loi attache des conséquences juridiques, ou un acte juridique, accord de volontés destiné à produire ou éteindre des effets de droit. En l'espèce, l'objet de la preuve est le contrat de vente du véhicule en date du 1er avril 2004. Il s'agit d'un acte juridique.

L'article 1341 du Code civil prévoit que la preuve d'un acte juridique doit être rapportée par écrit lorsqu'il porte sur un montant excédant 800 €. À ce principe, diverses exceptions sont prévues. Notamment l'article 1341 dispose *in fine* qu'en matière commerciale les règles sont différentes. Précisément, l'article L. 110-3 du Code de commerce permet que la preuve des actes de commerce soit rapportée par tous moyens lorsqu'il s'agit de prouver contre un commerçant. Cette règle s'applique aussi à la preuve d'un acte mixte opposé à la partie commerçante.

En l'espèce, s'agissant d'un acte juridique supérieur à 800 €, il devrait en principe être prouvé par écrit. Cependant, comme il s'agit d'un acte mixte que Mlle Cello, non-commerçante, entend opposer à M. d'Hauteville, commerçant, la preuve peut en être rapportée par tous moyens.

Lorsque la preuve peut être rapportée par tous moyens, le témoignage, comme les présomptions peuvent être admis. Le témoignage, ou preuve testimoniale est la relation d'un tiers au litige de faits dont il a eu personnellement connaissance.

En l'espèce, la vente a été conclue en présence d'une tierce personne, Mlle Petipas. Elle en a donc personnellement connaissance. Son témoignage pourra être admis et permettra d'établir l'existence du contrat de vente, dont Mlle Cello pourra dès lors obtenir l'exécution.

Ce qu'il ne fallait pas faire

Il ne fallait surtout pas mélanger les trois questions, car elles étaient posées dans un ordre logique. L'étudiant ne pouvait pas répondre à la question de la preuve ou de la compétence juridictionnelle sans avoir, au préalable, procédé à la qualification de l'acte en cause.

Sur la première question, la difficulté principale consistait dans la détermination de la qualité des parties, nécessaire pour qualifier l'acte. Cette détermination ne pouvait en effet être réalisée qu'à la condition que l'étudiant ait connu les définitions juridiques du commerçant et de l'artisan. S'il a buté sur l'obstacle, il aura au moins le soulagement de savoir désormais distinguer l'un de l'autre. Cette question était ici d'une importance considérable car d'une bonne qualification dépendait entièrement la suite du cas. Si l'étudiant ne connaissait pas ces définitions, au moins peut-on souhaiter qu'un peu de bon sens l'ait cependant conduit à la bonne solution.

Sur la deuxième question, le risque était de ne traiter que l'un des deux aspects du problème lié à la compétence : ne parler que de compétence matérielle ou que de compétence territoriale. De plus, sur le point particulier de la compétence matérielle, il ne fallait absolument pas omettre l'option de juridiction et bien envisager que l'action était ici introduite par le non-commerçant.

Enfin, sur la troisième question, comme pour tous les cas pratiques relatifs à la preuve, il était important de procéder par ordre. D'abord la répartition de la charge de la preuve, ensuite l'objet de la preuve et, enfin l'admissibilité des modes de preuve. Sur ce dernier point, le risque principal résidait, comme souvent, dans une volonté d'aller trop vite au résultat, et avancer, sans le justifier, que le témoignage de Mlle Petipas, pouvait être admis. Il fallait impérativement rappeler le principe de l'article 1341 (preuve par écrit) et les exceptions (acte portant sur moins de 800 €, acte de commerce entre commerçants, acte mixte opposé à un commerçant). Seule cette méthode permettait en effet de voir que l'hypothèse de faits était constitutive d'une exception au principe de la preuve par écrit. Enfin, un petit piège était tendu aux étudiants. Le contrat avait été conclu entre deux personnes unies par un fort sentiment d'amitié et d'estime mutuelle et nul n'avait songé à établir un écrit. On songe tout de suite à l'exception prévue par l'article 1348, alinéa 1er du Code civil : l'impossibilité morale de se procurer un écrit qui permet le recours à la preuve par tous moyens. Il ne fallait pas envisager cette solution-là, car elle ne concerne que l'hypothèse où la preuve doit être rapportée par écrit en vertu de l'application du principe de l'article 1341. Or, en l'espèce, ce n'était pas le cas, la preuve pouvait être librement rapportée. Encore une fois, seule une démarche prudente et bien organisée pouvait permettre d'éviter cette erreur.

QRU sur l'organisation juridictionnelle

Corinne Bléry*

Il peut être utile de s'être familiarisé avec un autre type d'épreuve, parfois donné en 1er cycle. Un modèle de QRU (questionnaire à réponse unique) est donc proposé, qu'il faut résoudre dans les conditions suivantes : *en quinze minutes, aucun document n'est autorisé, l'étudiant doit apporter les réponses aux questions posées. Chaque question comporte* *une seule* *bonne réponse.*

1. Dans un petit village de la côte normande, Ernest Bigoudi exploite avec sa femme, un petit magasin d'articles de luxe sous forme de SARL. L'un des proches voisins de la société élève des poules, qui s'échappent de leur basse-cour et viennent s'agglutiner de préférence devant la porte du magasin. Ce comité d'accueil fait fuir la clientèle potentielle de la SARL. La société, par l'intermédiaire de son gérant Ernest Bigoudi, est décidée à réclamer 1 000 € de dommages-intérêts. À quel tribunal doit-elle s'adresser ? Cochez l'affirmation juste :

a) Au tribunal de grande instance, exclusivement compétent pour les troubles du voisinage.

b) Au tribunal d'instance, parce qu'il s'agit d'une affaire civile, personnelle et mobilière inférieure à 7 600 €.

c) Au juge de proximité, compte tenu de la modicité de la somme.

d) Au tribunal de commerce, parce que la SARL exerce une activité commerciale.

2. L'instruction d'une affaire incombe, selon le cas (cochez l'affirmation fausse) :

a) Pour un crime et au 1er degré, à un juge d'instruction.

b) Pour une affaire civile personnelle et mobilière de 5 000 € et au 1er degré, à un juge de la mise en état.

* Maître de conférences à la faculté de droit de Caen.

c) Pour un crime et au 2e degré, à une chambre d'instruction.

d) Pour une affaire civile personnelle et mobilière de 5 000 € et au 2e degré, à un conseiller de la mise en état.

e) Pour un délit commis par un mineur et du 1er degré, soit à un juge d'instruction, soit à un juge des enfants.

3. Cochez l'affirmation juste :

a) Les jurés de la cour d'assises se prononcent sur l'existence des faits, les magistrats professionnels se prononcent sur le droit à y appliquer.

b) La cour d'assises siège toujours dans les locaux de la cour d'appel dont elle est la formation répressive.

c) La cour d'assises se réunit par sessions.

d) L'appel au fond des décisions de la cour d'assises n'est pas admis car la cour d'assises est composé d'un jury représentant la souveraineté populaire.

4. Sont des juridictions civiles d'exception (cochez l'affirmation fausse) :

a) Le tribunal paritaire des baux ruraux.

b) La Cour de justice de la République.

c) La Cour nationale de l'incapacité et de la tarification de l'assurance des accidents du travail.

d) Le tribunal d'instance.

e) Le juge de proximité.

5. La Cour de cassation (cochez l'affirmation juste) :

a) Est – comme le Conseil d'État – selon les cas, juridiction de cassation, d'appel ou de 1er degré.

b) Doit toujours renvoyer les affaires à une juridiction du fond après cassation.

c) Peut donner un avis lorsqu'elle est sollicitée en ce sens par un plaideur.

d) Unifie la jurisprudence, malgré la prohibition des arrêts de règlement.

e) N'a pas de parquet.

6. Cochez l'affirmation fausse :

a) Sous l'Ancien Régime, la justice obéissait à la règle de la vénalité des offices, en ce sens que les juges achetaient leur charge.

b) Les juges consulaires sont élus par leurs pairs.

c) Les conseils de prud'hommes sont des juridictions échevinales, car ils sont constitués pour moitié par des magistrats professionnels et pour moitié par des représentants des professions.

d) Les jurés d'assises sont désignés par tirage au sort de noms pris sur une liste de session.

e) Les juges de proximité sont nommés seulement pour une durée limitée (sept ans).

7. Cochez l'affirmation juste :

a) L'avocat plaide et postule pour son client notamment devant la cour d'appel.

b) L'avocat agit pour le compte de son client, qu'il représente, en vertu d'un mandat *ad litem.*

c) Celui qui a exercé les fonctions d'avocat ne pourra jamais devenir magistrat par la suite.

d) La loi du 11 février 2004 a réformé certaines professions judiciaires et juridiques, mais pas celle d'avocat.

e) L'avocat a divers droits et devoirs, mais ceux-ci ne peuvent faire l'objet de sanctions disciplinaires.

8. Cochez l'affirmation fausse :

a) Les officiers de police judiciaire ont notamment la charge de recueillir les plaintes des victimes d'infraction.

b) Lorsqu'un juge d'instruction délivre une commission rogatoire à un officier de police judiciaire, il doit bien spécifier les limites de la mission impartie à l'auxiliaire de justice.

c) Le greffier est un auxiliaire du juge dont la présence authentifie les actes du juge.

d) L'avis de l'expert sur une question donnée lie le juge qui l'a nommé, car – à la différence du juge – c'est un spécialiste de cette question.

e) L'avocat aux Conseils a un statut intermédiaire entre celui des avocats ordinaires (profession libérale) et celui d'officier ministériel.

Corrigé

1*b* ; 2*b* ; 3*c* ; 4*b* ; 5*d* ; 6*c* ; 7*b* ; 8*d*.

Dissertation : « La Cour de cassation est-elle une cour suprême ? »

Catherine Ginestet*

I | Le sujet

◆ Compréhension du sujet

Le sujet proposé invite le candidat à réfléchir sur la place et sur le rôle de la Cour de cassation dans l'ordre interne, c'est-à-dire par rapport aux juridictions du fond, mais aussi dans l'ordre international, singulièrement par rapport aux juridictions européenne et communautaire. Pour raisonner sur l'ordre interne, des liens nécessaires devront apparaître avec d'autres thèmes étudiés en première année. De manière générale, le sujet suppose de revenir sur les sources du droit et plus particulièrement sur la jurisprudence. Il permet de montrer également l'originalité de cette juridiction en la comparant à d'autres, comme le Conseil d'État.

Il ne faut donc pas avoir une vision trop étroite du sujet, bien au contraire, ce serait sanctionné.

◆ Recherche des idées

Dans la droite ligne de ce qui précède, dresser un tableau statique de l'organisation judiciaire, aussi complet soit-il, serait évidemment tout à fait insuffisant et hors de propos. L'important est

* Maître de conférences à la faculté de droit de Toulouse.

de comprendre que le devoir doit répondre clairement à la question posée.

Au préalable, il est donc indispensable de définir les termes du sujet. Les premières difficultés surgissent bien vite, car si la Cour de cassation peut être considérée comme familière dès la fin de la première année de droit, il n'en va pas de même de la cour suprême. Qu'est-ce qui caractérise une cour suprême ? Le mot « suprême » est-il simplement synonyme de « supérieur » ? Certainement pas, puisque alors se serait admettre que la cour d'appel, hiérarchiquement supérieure au tribunal du premier degré, est une cour suprême, ce qui ne peut se concevoir. Quelques systèmes judiciaires étrangers possèdent de telles institutions comme l'Angleterre ou les États-Unis d'Amérique. Si elles peuvent être comparables sur certains points, elles ne sont cependant pas identiques. Des constantes apparaissent toutefois, il s'agit le plus souvent de cours qui statuent seulement en droit et qui ne rendent que peu d'arrêts dont l'importance est inversement proportionnelle à leur nombre. Une cour suprême n'est donc pas uniquement une cour supérieure dans la hiérarchie des juridictions, c'est aussi une cour souveraine qui échappe au contrôle d'un organe supérieur (cf. *Le vocabulaire juridique,* Cornu). Par voie de conséquence, elle doit être unique. Or le droit français connaît non seulement la Cour de cassation mais aussi le Conseil d'État ayant des fonctions de cassation dans l'ordre administratif et le Conseil constituionnel.

La démarche la plus judicieuse pour aborder le sujet consiste donc à rechercher quels sont les arguments qui permettent de penser que la Cour de cassation est une cour suprême et ceux qui militent en sens inverse, sans perdre de vue pour autant qu'il ne peut exister plusieurs cours suprêmes en France, cela n'aurait aucun sens.

1 / Les arguments en faveur d'une réponse positive à la question posée :

— La Cour de cassation est juge du droit et non du fait.
— La Cour de cassation n'est pas un troisième degré de juridiction. Elle est au sommet de la hiérarchie judiciaire. Ses décisions ne sont pas susceptibles de recours dans l'ordre interne.

— Les arrêts qu'elle rend ont une autorité supérieure aux décisions des juridictions du fond, surtout s'il s'agit d'arrêt de principe (à distinguer des arrêts de règlement prohibés par l'article 5 C. civ.) et d'arrêt rendu par la formation la plus solennelle de la juridiction, l'Assemblée plénière (statuant en particulier sur second pourvoi en cassation). Son rôle est déterminant dans la création de la jurisprudence et les juristes savent combien il est utile de connaître, sur tel ou tel point, la jurisprudence de la Cour de cassation elle-même.
— La saisine de la Cour de cassation pour avis permet, *a priori*, de fixer une interprétation sûre avant même que la Cour ne soit amenée à statuer à la suite d'un pourvoi en cassation.
— Ne pas oublier non plus que la Cour de cassation a une grande part dans l'évolution du droit privé. Elle a créé, à partir de textes généraux, des principes comme celui « d'équité qui interdit de s'enrichir au détriment d'autrui » ou encore la théorie de l'abus de droit, la responsabilité générale du fait des choses. Elle peut susciter, de façon plus ou moins directe, des interventions du législateur ce qui est à mettre en parallèle avec la publication désormais attendue du rapport annuel de la Cour de cassation.

2 / Les arguments en faveur d'une réponse négative à la question posée :

— Dans certaines hypothèses, la Cour de cassation sort de son strict contrôle de la légalité pour devenir juge du fait (cf. cassation sans renvoi lorsque les faits tels qu'ils ont été constatés par le juge du fond permettent à la Cour d'appliquer la règle de droit sans renvoi).
— *In fine,* ce n'est pas la Cour de cassation qui tranche le litige mais la cour de renvoi qui peut parfois convaincre les hauts magistrats. De façon plus générale, la résistance des juridictions du fond peut amener la Cour de cassation à modifier sa jurisprudence ;
— Le volume d'affaires traité par la Cour de cassation est trop important et la qualité des arrêts souvent médiocre. Le législateur essaie donc de remédier à l'encombrement de la juridiction.
— La jurisprudence est instable, les arrêts sont, trop souvent, peu ou mal motivés. Les revirements de jurisprudence ne sont pas toujours justifiés ou expliqués. Certains d'entre eux, rendus sur des questions sensibles, focalisent les critiques ; de sorte que le

législateur intervient parfois pour « briser » une jurisprudence inopportune ou infondée. Le débat s'amplifie alors d'une autre dimension, celle de la séparation des pouvoirs.

— Après que la Cour de cassation ait statué, il existe des recours internationaux ; ainsi la Cour européenne des droits de l'homme apprécie l'application que les juridictions françaises font du droit conventionnel et la solution défendue par la Cour de cassation peut ainsi être censurée par la CEDH. La Cour de justice des communautés européennes joue aussi un rôle important. La jurisprudence de ces institutions pèsent de plus en plus lourdement sur celle de la Cour de cassation. Bien plus, le fonctionnement de la Cour de cassation elle-même a été remis en cause par ces cours supérieures – ou devrait-on dire « suprêmes » ?

◆ Ordonnancement des idées et plan

Le simple fait de lister ces différents points aboutit à un découpage du devoir qui semble pouvoir être directement exploité pour concevoir le plan. Le problème ne consiste donc pas à trouver les deux idées maîtresses mais plutôt à subdiviser, à l'intérieur des parties, tout en ménageant un certain nombre de réflexions pour l'introduction.

Tout ce qui ressort des deux points majeurs (« pour » et « contre ») doit figurer dans le corps du devoir car c'est là que réside la réponse à la question posée. En revanche, pour ce qui est de la présentation générale de la Cour de cassation, de son histoire, de son organisation et de la composition des chambres notamment, l'introduction est le lieu idéal de situation de ces développements.

Reste l'habillage... ou, si l'on préfère, le choix des intitulés qui doivent refléter l'idée fondamentale du développement. Il est certainement maladroit et déconseillé de choisir les intitulés suivants :

I. Les arguments pour
II. Les arguments contre

ou de manière moins abrupte,

I. La Cour de cassation est une cour suprême
II. La Cour de cassation n'est pas une cour suprême.

Dans l'un comme dans l'autre cas, la forme n'est pas satisfaisante dans la mesure où la réponse n'apparaît pas ; pire, le doute persiste. Bien évidemment, le fond peut compenser la faiblesse de la forme mais autant mettre les titres des parties en adéquation avec le contenu des développements. Il semble alors plus intéressant d'ordonner les idées à partir de l'expression à expliquer, « cour suprême ». Même si ce n'est pas la dénomination officielle de la Cour de cassation, elle est parfois utilisée, comme l'expression « cour régulatrice », de sorte que l'on pourrait faire valoir que, d'un côté, le qualificatif est usité (parce qu'il correspond à un aspect des choses) alors que, de l'autre côté, ce qualificatif est erroné (eu égard aux arguments mentionnés au 2°). Au fond, ces sont les mêmes idées qui vont être exploitées mais elles seront servies par des annonces plus explicites. L'avantage est de donner une réponse à la question posée ; reste à convaincre le correcteur, par une rédaction soignée, que vous avez choisi la bonne !

I. Cour suprême : un qualificatif usité
II. Cour suprême : un qualificatif erroné.

Pour ce qui est des sous-parties, il faut rechercher dans les deux séries d'arguments s'il peut se trouver des idées directrices permettant une articulation satisfaisante. La césure apparaît plus facilement pour les éléments menant à une réponse négative. En effet, certains d'entre eux relèvent exclusivement du droit interne (les faiblesses de la jurisprudence, le jugement au fond) au contraire des références à la CEDH par exemple. Quant à la première partie, il s'agit de mettre en exergue les caractéristiques qui sont systématiquement mises en avant et qui permettent de souligner la supériorité de la Cour de cassation. Elle est juge du droit et elle a un rôle déterminant dans la création jurisprudentielle, deux points qui doivent permettre de fédérer les autres idées. Le plan retenu est donc le suivant :

I. Cour suprême : un qualificatif usité

A. La Cour de cassation, juge du droit
B. Le rôle régulateur de la Cour de cassation

II. Cour suprême : un qualificatif erroné

A. Le fonctionnement critiquable de la Cour de cassation
B. La Cour de cassation dans l'ordre international.

Réaliser un plan en trois parties semble ici envisageable, bien que moins classique. Sur le fondement des mêmes idées, pourquoi ne pas procéder graduellement dans la réponse en proposant par exemple :

I. La Cour de cassation est une cour supérieure
II. La Cour de cassation est juge du droit
III. La Cour de cassation n'est pas une cour suprême.

L'exercice serait peut-être plus difficile dans la mesure où une telle structure (qui semble au demeurant plus simple) impose une plus grande rigueur dans la rédaction des développements en particulier ceux du I et du II.

II | Le corrigé type

« Il y a, pour toute la République, une Cour de cassation. » Cette règle de l'article L. 111-1 du Code de l'organisation judiciaire fait apparaître d'emblée toute l'originalité, la singularité de cette juridiction unique dont le siège se trouve à Paris. Elle est l'héritière du tribunal de cassation, créé en 1790, qui succédait lui-même au Conseil du roi d'Ancien Régime, au moins dans sa fonction de contrôle de l'application de la loi par les juges. Moins qu'un véritable organe judiciaire, le tribunal de cassation n'était conçu, au départ, que comme un auxiliaire du pouvoir législatif. C'est en l'an XII que la juridiction prend le nom de Cour de cassation mais elle ne gagne véritablement son indépendance que le 1er avril 1837 avec l'abolition du référé-législatif. À partir de ce moment-là, la Cour de cassation prend une tout autre envergure car elle peut alors interpréter elle-même la loi et imposer peu à peu la lecture qu'elle en fait aux juridictions du fond. Le Conseil d'État est, en quelque sorte, son *alter ego,* dans l'ordre administratif. C'est en effet l'organe hiérarchiquement supérieur de cet ordre de juridictions, mais aussi celui qui conseille le gouvernement et émet des avis sur les projets de lois par exemple. Sa double fonction pose d'ailleurs un problème récurrent de dépendance vis-à-vis du pouvoir exécutif.

Au contraire, la position de la Cour de cassation ne présente plus aucune ambiguïté puisqu'elle est aujourd'hui totalement détachée du pouvoir législatif, au point de voir le législateur « briser » des jurisprudences critiquables. Ainsi, la loi du 4 mars 2002 relative aux droits des malades et à la qualité du système de santé va-t-elle contre l'arrêt Perruche, en proclamant sans détour dès son article 1er : « Nul ne peut se prévaloir d'un préjudice du seul fait de sa naissance. » Par un raccourci commode, les juristes la connaissent sous le nom de « loi anti-Perruche ». C'est assez dire l'importance de cet organe, unique en son genre, dont l'autorité est réelle même si elle ressort ici de manière inattendue. La question se pose alors de la séparation des pouvoirs législatif et judiciaire.

L'originalité de la Cour de cassation, quant à elle, est palpable, aussi bien dans la procédure que dans sa composition, tout à fait spécifique. Elle comprend six chambres, trois civiles, une commerciale et financière, une sociale et une criminelle, chacune composée d'un président, de conseillers, de conseillers référendaires, de greffiers et d'un représentant du ministère public. Selon le type de questions à régler, la Cour se réunit en formations très différentes les unes des autres. La plus simple est la formation restreinte de chaque chambre, réduite à trois conseillers, qui filtre les pourvois en cassation et rejette ceux qui ne semblent pas sérieux. Mais les arrêts peuvent aussi être rendus en chambre mixte présidée par le premier président et composée de trois magistrats appartenant au moins à trois chambres de la Cour, notamment lorsque la question relève normalement des attributions de plusieurs chambres. Enfin, l'Assemblée plénière est présidée par le premier président et comprend en particulier les présidents et les doyens de chaque chambre. Le recours à cette formation, qui est de loin la plus solennelle, permet de résoudre les solutions divergentes entre juridictions du fond par exemple ou de statuer sur un second pourvoi au cas de résistance des juges du fond.

Qui songerait donc à nier la singularité de la Cour de cassation ? Faut-il aller pourtant jusqu'à admettre que la Cour de cassation est une cour suprême ? La réponse à cette question suppose de cerner au préalable la notion de « cour suprême ». L'exercice n'est pas simple. En effet, si certains pays connaissent ce genre de juridiction comme l'Angleterre avec la Chambre des lords ou les États-Unis avec la Cour suprême, il est hasardeux de dresser des critères universels. Il semble toutefois que des constantes apparaissent : une cour suprême statue seulement en droit, en donnant éventuellement des directives aux praticiens sur des points faisant difficultés, elle rend donc *a priori* peu d'arrêts lesquels ne peuvent être remis en cause devant aucune autre instance. Pour autant qu'il soit possible de transposer ces critères à la Cour de cassation et compte tenu des règles qui la régissent, il apparaît que si le qualificatif de cour suprême est usité par certains (I), non sans quelques raisons, il s'avère que ce qualificatif est erroné (II).

I | Cour suprême : un qualificatif usité

Pour désigner la Cour de cassation, les juristes lui donnent, surtout par commodité, des qualificatifs qui traduisent certaines de ses caractéristiques. En insistant sur son rôle régulateur (B) ou sur le fait qu'elle est juge du droit (A), ils accréditent l'idée selon laquelle la Cour de cassation est une cour suprême, ce qui contient une indéniable part de vérité.

A - La Cour de cassation, juge du droit

La Cour de cassation est au sommet de la pyramide judiciaire et en ce sens elle est, sans conteste, une cour suprême car elle ne juge que du droit et non du fait. Autrement dit, elle censure les arrêts et jugements rendus en dernier ressort, en fait et en droit, par les juridictions du fond, sans considération pour l'affaire elle-même. La Cour se borne à vérifier que les juridictions ont fait une exacte application de la règle de droit, ce qui justifie le caractère unique de la Cour de cassation. Aussi, cette juridiction est-elle très particulière puisque ne jugeant pas les faits, mais seulement le droit, elle ne peut être considérée comme un troisième degré de juridiction.

Sa saisine suppose de former un pourvoi en cassation qui est une voie extraordinaire de recours plus exigeante que l'appel. Ce pourvoi doit répondre à l'un des cas d'ouverture prévus par la loi comme la violation de la loi ou l'insuffisance de motifs. Par ailleurs, les arrêts rendus par la Cour de cassation sont eux-mêmes insusceptibles de recours. En effet, lorsque l'Assemblée plénière de la Cour de cassation statue sur un second pourvoi en cassation, c'est à la suite d'une résistance d'une juridiction du fond, de même nature et de même degré que celle qui a rendu la décision attaquée par le premier pourvoi, qui ne s'est pas conformée à la première décision de la Cour de cassation.

L'existence de cas d'ouverture à cassation et le fait que la juridiction ne juge que le droit expliquent aussi l'importance des solutions qu'elle rend. Dépouillées de considérations factuelles, elles doivent permettre, dans l'absolu, une bonne compréhension du droit et partant une bonne application. C'est par ce biais que la Cour de cassation joue son rôle régulateur.

B - Le rôle régulateur de la Cour de cassation

Souvent mise en exergue, la fonction régulatrice de la Cour de cassation correspond à ce que le doyen Carbonnier nommait *la mission de politique judiciaire* de la juridiction.

Le rôle de la Cour est déterminant dans la création de la jurisprudence, car elle sanctionne la mauvaise application de la loi. Ses décisions permettent d'orienter de façon plus ou moins énergique celle des juridictions du fond. La pérennité des solutions proposées par cette Cour est toutefois fonction de leurs vertus pacificatrices dans le corps social. Dans le florilège des décisions rendues, certaines sont cependant plus importantes que d'autres. Ainsi, les arrêts de principe font autorité et la décision qu'ils posent sera reprise par les différentes juridictions des premier et second degrés. Sans constituer des précédents, ni des arrêts de règlement qui s'imposeraient automatiquement aux juridictions inférieures, ils créent des règles générales et impersonnelles. Ce sont ces décisions-là qui vont, en particulier, faire jurisprudence. La Cour va parfois jusqu'à créer des principes ; ainsi, de grands arrêts ont consacré le principe d'équité qui interdit de s'enrichir au dépend d'autrui et l'action *de in rem verso* qui en découle ou encore le principe général d'une responsabilité du fait des choses. Même si l'on considère que ces principes préexistent, l'œuvre jurisprudentielle de formulation de la Cour de cassation est déterminante dans l'évolution du droit privé.

La Cour joue également son rôle régulateur en rendant, depuis 1991, des avis. Inspirée de la saisine pour avis du Conseil d'État, cette procédure permet aux juridictions de l'ordre judiciaire de solliciter la Cour de cassation d'un avis concernant une question de droit nouvelle, présentant une difficulté sérieuse et se posant dans de nombreux litiges. Si l'avis rendu ne lie pas la juridiction, il a une incontestable autorité et permet au fond de faciliter l'unification des décisions, même si pour certains « cette manière de faire la jurisprudence nie la jurisprudence » (F. Zénati, « La saisine pour avis de la Cour de cassation », *D,* 1992, 242).

Enfin, depuis plusieurs années déjà, le rapport annuel de la Cour de cassation est très attendu du monde judiciaire puisqu'il fait une présentation des solutions retenues mais il ose aussi des suggestions de réformes. Il participe donc de l'effort d'harmonisation des solutions et souligne en même temps les points de droit faisant difficultés.

Qualifier la Cour de cassation de cour suprême c'est faire en quelque sorte la synthèse de ces caractéristiques et l'assertion contient une part de vérité, mais une part seulement. À y regarder de près, le qualificatif de cour suprême est, au fond, erroné.

II | Cour suprême : un qualificatif erroné

La plus haute juridiction de l'ordre interne n'est plus aujourd'hui l'ultime recours des plaideurs insatisfaits lesquels peuvent se tourner vers des juridictions de l'ordre international. Par voie de conséquence, la Cour de cassation n'est plus tout à fait au sommet de la pyramide (B). Mais, peut-être plus gravement encore, en dehors d'un recours devant une juridiction supérieure, le fonctionnement de la juridiction n'est pas exempt de critiques (A).

A - Le fonctionnement critiquable de la Cour de cassation

Les critiques les plus graves portant sur le fonctionnement de la Cour de cassation concernent surtout deux points : elle ne se comporte pas toujours en juge du droit et les décisions qu'elle rend ne sont pas à la hauteur des légitimes espérances des juristes.

En effet, la plus haute juridiction de l'ordre judiciaire interne devient, dans quelques hypothèses, juge du fait. Il en va ainsi lorsque la cassation sans renvoi intervient alors que les faits, tels qu'ils ont été souverainement constatés et appréciés par les juges du fond, permettent à la Cour de cassation d'appliquer la règle de droit appropriée. Cette dernière se comporte ainsi exactement comme une juridiction du fond car l'application de la règle de droit appropriée ne peut se faire qu'en revenant à l'affaire elle-même. Par ailleurs, lorsqu'il y a renvoi, c'est au fond la cour de renvoi qui tranche définitivement le litige, pas la Cour de cassation, laquelle finit par se rendre, à l'occasion, aux arguments des juridictions du fond. Enfin, cantonner la haute juridiction dans un rôle de juge du droit suppose de pouvoir distinguer sans ambiguïté, simplement, le fait et le droit ; or la distinction n'est pas toujours simple à faire, ce qui rend la position de la Cour de cassation plus délicate encore.

Par ailleurs, de nombreux griefs sont faits à la jurisprudence de la Cour et ce à plusieurs niveaux. Quelques contradictions flagrantes – d'autant plus célèbres qu'elles sont malgré tout relativement rares – ont existé, entre les différentes chambres de la Cour de cassation sur une même question de droit. Comment ne pas citer aussi les divergences notoires de ces cours uniques que sont la Cour de cassation, le Conseil d'État et le Conseil constitutionnel sur des questions aussi sensibles que le statut pénal du chef de l'État ? Ce qui tend à prouver qu'aucune de ces institutions n'est une cour suprême. Bien différent et plus courant est le revirement de jurisprudence de la Cour « régulatrice », parfois imprévisible, sans réelle explication de la part des hauts magistrats. Enfin, certaines décisions ne répondent pas aux canons régissant la composition des arrêts. Ainsi, par exemple, le visa fait parfois défaut ou, plus gravement encore, le dispositif procède d'une affirmation, non d'une démonstration, ce qui serait reproché à une juridiction du fond. La Cour de cassation est lucide cependant sur la portée de ses arrêts puisqu'elle choisit en fonction de leur intérêt et de leur valeur intrinsèque de les publier ou non au *Bulletin des arrêts,* ce qui peut être considéré comme un label de qualité de certaines décisions.

S'il ne saurait être question de les justifier, ces défauts s'expliquent du moins par le fait que la Cour de cassation doit faire face à de trop nombreux pourvois. Le volume d'arrêts qu'elle doit analyser va croissant, ce qui se traduit par la médiocrité de certaines décisions. Les réflexions ne manquent pas en doctrine sur « la crise » subie par la Cour de cassation et le législateur essaie d'y remédier. La création d'un filtrage des pourvois n'a pas d'autre but mais force est d'admettre qu'il ne résout pas tout.

Cela n'est pas précisément la marque d'une cour suprême et l'impression ne peut que se confirmer en analysant la situation de la Cour de cassation face aux juridictions internationales.

B - La Cour de cassation dans l'ordre international

Au-delà des frontières de la République, dans lesquelles la Cour de cassation a une place singulière, il existe d'autres juridictions qui vont avoir une influence sur la façon de juger de la Cour de cassation. Pour s'en tenir à l'espace européen, il s'agit de la Cour européenne des droits de l'homme (CEDH) et de la Cour de justice des communautés européennes (CJCE).

Sous certaines conditions précises, le plaideur insatisfait peut saisir la CEDH et ainsi soumettre la solution rendue *in fine* par la Cour de cassation à une juridiction qui lui est supérieure. Cette dernière statue sur le fondement de la Convention européenne des droits de l'homme et des libertés fondamentales et ses décisions s'imposent non seulement aux juridictions françaises, mais aussi à l'État français. C'est ainsi que pour respecter les règles du procès équitable, telles que, interprétées par la Cour européenne, la Cour de cassation est amenée à modifier régulièrement sa propre jurisprudence par des infléchissements ou plus radicalement par des revirements après des périodes de résistance plus ou moins longues. De sorte que, dans ses relations avec la juridiction européenne, la plus haute cour de l'ordre judiciaire interne se comporte comme une juridiction de rang inférieur. Pendant de longues années, ce phénomène ne touchait principalement que la matière pénale, aujourd'hui il concerne tous les types de litiges. Il se manifeste très concrètement dans le fait que les arrêts sont souvent rendus sous le visa de dispositions spécifiques de la Convention européenne et non sur celui d'articles du Code civil ou du Code pénal qui permettraient tout autant de justifier la solution. Plus gravement encore, c'est le fonctionnement ou la procédure suivie devant la Cour de cassation qui est parfois sanctionné par la CEDH. Il a été retenu qu'elle a commis une erreur manifeste d'appréciation en déclarant irrecevable un moyen prétendument nouveau. De même, l'absence de communication des conclusions de l'avocat général au demandeur qui souhaite ne pas être représenté par un avocat au conseil, est condamné. Dans de telles conditions, il est impossible de considérer la Cour de cassation comme une cour suprême (cf. J.-F. Burgelin, « La Cour de cassation en question », *D,* 2001, p. 932).

Parallèlement, le poids du droit communautaire et de la CJCE se fait sentir aussi de manière significative puisque cette dernière a décidé que le juge national – dont la Cour de cassation – est tenu d'interpréter le droit interne à la lumière des directives, quand bien même elles ne seraient pas encore transposées en droit national. Elle est donc, en quelque sorte sous l'autorité de cette juridiction internationale.

La jurisprudence de ces institutions pèsent de plus en plus lourdement sur celle de la Cour de cassation et au fond, si Cour suprême il y a, elle se situerait plutôt dans l'ordre international.

III | Les pièges à éviter

Il y en a ici essentiellement deux : le premier, le plus évident est de réciter tout ce que l'on sait de la Cour de cassation avec force détail (ce n'est tout simplement pas le sujet) ; le second est de ne pas répondre à la question ou d'y répondre par d'autres questions (parce que l'on n'a pas d'opinion ou que l'on doute de la solution).

C'est, enfin, l'ensemble du devoir qui donne et justifie la réponse. Autrement dit, le devoir ratera son but si la réponse est donnée au détour d'une phrase de l'introduction ou de la conclusion (qui ne s'impose pas) quand bien même elle serait jugée exacte.

Imprimé en France
par Vendôme Impressions
Groupe Landais
73, avenue Ronsard, 41100 Vendôme
Novembre 2004 — N° 51 677